U0362045

南开大学农业保险研究中心·农业保险系列教材

农业保险政策

李丹　李鸿敏　　主编

李新光　田佳佳　李心仪　　副主编

南开大学出版社

天　津

图书在版编目(CIP)数据

农业保险政策 / 李丹，李鸿敏主编. —天津：南
开大学出版社，2020.12
南开大学农业保险研究中心·农业保险系列教材
ISBN 978-7-310-05937-9

Ⅰ.①农… Ⅱ.①李… ②李… Ⅲ.①农业保险—中
国—高等学校—教材 Ⅳ.①F842.66

中国版本图书馆 CIP 数据核字(2020)第 114042 号

农业保险政策
NONGYE BAOXIAN ZHENGCE

南开大学出版社出版发行
出版人：陈　敬
地址：天津市南开区卫津路 94 号　　邮政编码：300071
营销部电话：(022)23508339　营销部传真：(022)23508542
http://www.nkup.com.cn

昌黎县佳印印刷有限责任公司印刷　全国各地新华书店经销
2020 年 12 月第 1 版　　2020 年 12 月第 1 次印刷
260×185 毫米　16 开本　11.5 印张　1 插页　240 千字
定价：38.00 元

如遇图书印装质量问题，请与本社营销部联系调换，电话：(022)23508339

编委会名单

主　任：虞国柱

委　员：（按姓氏笔画排序）

牛国芬　　石　践　　卢一鸣　　冯文丽

朱　航　　江生忠　　江炳忠　　李连芬

李勇权　　邱　杨　　沈光斌　　张　峭

张仁江　　张海军　　陈元良　　周县华

单　鹏　　赵　明　　段应元　　施　辉

姜　华　　郭　红

总　序

经南开大学农业保险研究中心（以下简称南开农研中心）将近两年的精心策划、筹备、招标、研讨和各位专家学者的艰苦写作，我国农业保险界第一套专业丛书陆续问世了。这是一件值得农业保险界和保险界高兴和庆贺的事。

中国的农业保险，要从 20 世纪 40 年代的商业性试验算起，到现在已有 70 多年的历史了，但是真正的制度化农业保险的启动、试验和发展过程，只不过 12 年时间。在这 12 年时间里，农业保险学界和业界，在中国农业现代化发展和乡村振兴的背景下，借鉴和吸收不同国家发展农业保险的实践和经验，努力设计出一套有我国特色的制度模式和经营方式，开发出丰富多彩的产品体系，在这个领域创造出中国的经验和中国速度。这可能是我们的农业保险界前辈和国际农业保险界做梦也没有想到的。

实践总是理论和政策的先导，理论和政策又进一步指导着实践。这些年里，农业保险的实践不断给农业保险研究提出新课题，推动着农业保险理论的不断探索。同时，我们的实践经验也在一点一滴地积累和总结。这套教材，就是政、产、学、研在这几十年里实践和研究的结晶，这些成果必定会为农险制度和政策的完善、业务经营和管理的改进提供指导和规范。

几十年来，特别是近 12 年来，我国农业保险的发展走过了一条循序渐进之路。从业务性质层面，开始是单一的商业化农业保险的试验，后来才走上政策性农业保险和商业性农业保险并行试验和全面实施的阶段。当然，目前的农业保险中政策性业务已经占到农业保险业务 95% 以上的份额。从农业保险的内容层面，也从最初的种植业和养殖业保险，扩大到涉农财产保险的广阔领域。就农业保险产品类别和作业方式层面，我们从最初的以承保少数风险责任的生产成本损失的保障，扩大到承保大多数风险责任的产量和收入的保障。承保方式也从传统的一家一户的承保理赔方式，扩展到以区域天气指数和区域产量承保和理赔的方式。从农业保险制度构建的层面，我们从商业性保险领域分离出来，建立了专门的农业保险制度。这个发展和建设过程虽然不短，但相比其他国家，特别是其他发展中国家，速度是最快的，而且从 2008 年以来我们的农业保险市场规模已经稳居亚洲第一、全球第二了。

随着农险业务和制度的发展变化，我们遇到越来越多法律的、政策的以及上述所有业务拓展领域的理论和实际问题。在商业性农业保险试验屡战屡败的背景下，最早提出来的是"农业保险有什么特殊性质"的问题。随着理论上的认识深化和逐步统一，制度和法律建设问题被提出。2007 年，政府采纳了农业保险界的意见，开始对农业保险给予保险费补贴。随着这类有财政补贴的政策性农业保险的试验和扩大，业务经营和扩展的问题也逐渐提上议事日程。《农业保险条例》出台之后，随着政策性农业保险在全国范围内的普遍实施以及广大小农户的参保遭遇承保理赔的困境,天气指数保险、区域产量保险等经营方式和产品形态便受到广泛关注和开发。当国家推出大宗农产品定价机制改革的政策时,作为配套政策的农业收入保险和其他与价格风险相关的保险产品的研究也变得迫切起来。近年来,特别是在这十几年里,制度创新、经营模式创新、组织创新、产品创新等我们需要面对和探讨的课题,一个一个被提出来了,我们的农险研究在逐步形成的政、产、学、研体制下,广泛地开展起来,参与研究的专家、学者、研究生和广大从业者越来越多,各类成果也就呈几何级数式增长的势头。我们的农业保险相关法律和政策就是在这样的基础上产生并不断完善,推动着我国农业保险的制度建设、业务规模和服务质量的快速推进和发展。

本套丛书既是适应业界业务发展的需要,也是适应学校教学的需要,是在保险监管部门的充分肯定和大力支持下,集行业之力,由众多学者、业界专家和研究生们共同努力,一边调研一边讨论,共同撰写出来的。从该创意的提出,题目征集,选题招标,提纲拟定和交流,初稿的讨论,直到审议、修改和定稿,虽然历时不短,但功夫不负有心人,现在丛书终于陆续出版,与读者见面了。我想,所有参加研讨和写作的专家、学者和研究生们,在这个过程中经受了调研和写作的艰苦,也享受到了获得成果的喜悦。我们相信,这些作品会为我们的农险实践提供帮助和支持。

本套丛书是我国第一套农业保险专业图书,也是我所知道的世界上第一套全方位讨论农业保险的图书,虽然不敢说具有多么高的理论水平和实践价值,但这是一个很好的开头,是我们这些农业保险的热心人对我国农业保险的推进,对世界农业保险发展做出的一点贡献。当然,我们的实践经验不足,理论概括能力也有限,无论观点、论证和叙述都会有很多不足之处甚至谬误,需要今后进一步修正、提高和完善。我们欢迎业界和学界广大同仁和朋友在阅读这些作品后多加批评和指正。

南开农研中心要感谢这套丛书的所有参与者、支持者和关注者,特别是各位主编及其团队,感谢大家对农业保险“基建工程”的钟爱以及付出的巨大热情和辛劳,感谢诸多外审专家不辞劳烦悉心审稿,也要感谢南开农研中心所有理事单位对这套丛书的鼎力支持和帮助。南开农研中心也会在总结组织编写这套丛书经验的基础上,继续推出其他系列的农业保险图书,更好地为所有理事单位服务,更好地为整个农业保险界服务,为推动我国农业保险事业的蓬勃发展做出更多的贡献。

南开大学出版社的各位编辑们为第一批图书能按时出版,加紧审稿,精心设计,付出诸多心血,在此表达我们的深深谢意。

庹国柱

2019 年 5 月于南开大学

前　言

　　中华人民共和国成立 70 年来，我国农业保险历经波折，支撑其前行的农业保险政策也经历了农业保险政策体系尚未形成阶段（中华人民共和国成立至 2004 年）、政策性农业保险政策制度初建时期（2004—2007 年）、农业保险政策中央财政补贴发展时期（2008—2012 年）和农业保险政策框架构建时期（2013 年至今）四个阶段。在我国农业保险发展的进程中，农业保险政策的及时出台、实施、调整均起到了认可、保障、推动的导向作用。目前，经过政府部门、相关学者、保险机构在设计、试点、纠偏等实践过程中的共同努力，具有中国特色的农业保险政策体系框架已基本形成。

　　政府相关部门在借鉴国际成功经验的基础上，结合我国农业发展特点，不断探索和完善中国特色农业保险支持政策。2002 年修订的《中华人民共和国农业法》提出"国家逐步建立和完善政策性农业保险制度"，表明政策性农业保险步入国家法律层面认可的新里程，探索和建立具有中国特色的农业保险制度被提上日程。2004 年发布的《中共中央国务院关于促进农民增加收入若干政策的意见》作为 21 世纪以来首个提及农业保险的中央一号文件，明确"加快建立政策性农业保险制度，选择部分产品和部分地区率先试点"的意见，直接推动了我国政策性农业保险试点工作的迅速开展，对我国农业保险政策适配性发展起到了深远影响。为贯彻落实 2007 年中央一号文件及《国务院关于保险业改革发展的若干意见》精神，财政部于 2007 年初印发了《中央财政农业保险保费补贴试点管理办法》，标志着我国中央财政农业保险保费补贴工作初步展开，在中央及地方各级财政支持下，我国政策性农业保险制度有了实质进展。2013 年 3 月 1 日，《农业保险条例》正式实施，标志着农业保险法制化道路开启，农业保险政策发展步入崭新的阶段。

　　在该教材编写过程中，作者积极与其他学者及业界专家进行沟通，在综合各方意见与建议的基础上最终确定了本书的基本框架。本书以保险政策、农业政策相关理论为指导，结合国际农业保险制度设计经验，梳理、概括我国农业保险政策近年来的发展状况，并对我国农业保险政策的发展进行了合理的预期和展望。首先，以农业在我国的发展状况及生产地位为引，对农业政策的重要性进行说明；其次，对我国农业保险政策基础和政策体系进行了概述，介绍了我国农业保险政策的探索、建立、发展和逐步完善的一系列过程及相关法律的演变；再次，以农业保险政策重大历史事件和重要历史节点为线索，重点从我国农业保险地方市场准入政策、保费补贴政策与实践、产品管理制度、农业保险大灾风险分散制度四个方面对我国农业保险制度及政策进行了细致的理论分析；最后，在国际背景下结合我国农业保险政策发展实际情况，对我国农业保险政策发展进行展望，为构建契合中国发展战略的农业保险制度提出建议。

本教材由李丹教授负责组织编写，全书共分为四章：农业保险与农业保险政策、中国农业保险政策和相关法律的演变、中国农业保险制度与政策分析、中国农业保险制度与政策发展预期。其中，第一章由李鸿敏、李丹、赵一杨编写；第二章由李新光、田佳佳、张良英编写；第三章由李鸿敏、田佳佳、李心仪编写；第四章由李丹、李新光、李心仪编写。此外，在本书的资料整理及校稿过程中，东北农业大学博士研究生魏帅，硕士研究生武宁、高正昊、杨昭旸都参与了大量工作。

本书在基本框架拟定过程中得到了首都经济贸易大学庹国柱教授、南开大学江生忠教授、中原农业保险股份有限公司总裁助理李志刚、发展研究中心总经理许天厚、阳光农业相互保险公司产品精算部总经理王鲁江等专家、领导的中肯建议与指导；在资料的梳理过程中，得到了亚洲资本再保险集团有限公司姚建忠、首都经济贸易大学范庆泉博士的大力支持；最终本书稿由首都经济贸易大学庹国柱教授、西南财经大学孙蓉教授、中央财经大学周县华教授及中国银行保险监督管理委员会农险处审定。在南开大学农业保险中心教材编写组历次会议中，与会专家李勇权、朱航、冯文丽、张峭、丁少群、杨汭华、邱波、郝焕婷、李慧等均给予了大量有益意见与建议，对所有为此书做出贡献的专家、领导、同仁、学生一并表示感谢！

本教材首次系统梳理了我国农业保险政策的发展变迁历程，力求将我国农业保险政策的历史情况客观地呈现给读者。我们相信，随着我国农业保险政策的成熟，相关法律制度及体系的不断完善，我国农业保险的发展未来可期。对于书中存在的不足之处，我们希望所有热爱和关心农业保险政策领域的专家、读者不吝赐教。

2019.09.20

目　录

第一章　农业保险与农业保险政策

本章学习目标

　　通过本章的学习，以农业与农业政策的相关知识为背景，熟悉农业保险政策基础以及农业保险政策体系的组成部分。

本章知识结构图

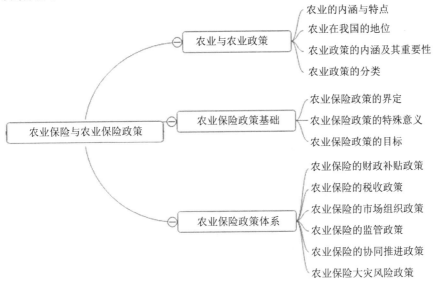

第一节　农业与农业政策

一、农业的内涵与特点

（一）农业的内涵

　　农业是利用动植物的生活机能，通过人工培育以取得产品的社会生产部门①。具体

---

　　① 辞海（缩印本）[M]. 上海：上海辞书出版社，1980：373.

表现为人们利用太阳能及植物、动物和微生物的生理机能，通过劳动去强化或控制生物的生命过程，协调生物与环境之间的关系，以取得食物和其他物质资料。农业是第一产业，是国民经济的基础产业。在社会经济生活中，农业的范围在不同国家或者一个国家的不同时期，因划分国民经济部门所采取的标准不同而有所区别。目前，人们所讨论的农业的范围有广义和狭义之分，广义的农业包括种植业、林业、畜牧业、渔业和副业；狭义的农业仅指种植业，包括生产粮食作物、经济作物、饲料作物和绿肥等农作物的生产活动。本书中所说的农业，主要是指广义的农业。

（二）农业的特点

1. 自然再生产与经济再生产交织在一起

农业的自然再生产是指农业生产的对象是有生命的有机体，其生长、繁殖都依赖一定的环境条件并遵循一定的客观规律。有机体的生长发育，与土壤、天气、雨量和光照等自然环境有着密不可分的关系，生物有机体通过与自然环境进行物质、能量的交换、转换，得以不停地生长和繁殖。所谓经济再生产，是指结成一定社会关系的社会成员，借助一定的生产手段对劳动对象进行产品生产的过程。因此农业的再生产过程，即是人们投入活劳动和物化劳动[①]，生产出满足人们生产、生活所需要的食物和其他物质资料的经济再生产过程。农业自然再生产和经济再生产两种过程是紧密结合、交织在一起的。单纯的自然再生产过程不是农业生产，它只是构成了自然界的生态循环。作为农业生产，还要有人类的生产劳动对自然再生产过程的干预。这种干预既要符合生物生长发育的自然规律，又要符合社会经济发展的客观规律。因此，农业是自然再生产和经济再生产交织的过程，同时承担了自然风险和经济风险构成的双重风险。

2. 农业密切依存于自然条件，地域性强

农业是一个特殊的产业，具有先天弱质性。作为自然再生产的农业是农业和生物之间、农业与自然环境之间的生产系统，由此决定了农业对土壤、水利、气候和生态环境等自然环境的依赖性极强。自然条件的千差万别决定了农业生产的地域性。农业生产的地域性是指农业生产在不同地区之间有显著的差异，而在一定的区域之内则有普遍的相似性。由于土壤不能移动，而自然条件又具有地区的分布规律和特点，致使农业生产具有明显的地域性。例如，高温、多雨的自然环境有利于甘蔗生长，因此甘蔗主要产于热带、亚热带地区；而温凉、干燥的环境有利于甜菜的生长，因此甜菜多生长于中温带，所以我国糖料作物分布呈现出"南蔗北甜"的特点。

3. 农业生产受动植物生物学特征的制约，季节性强

农业生产是利用生物的生命过程进行的生产，是通过加速或改善动植物生长发育过程，以取得社会所需要产品的经济活动，因此明显受到生物特征和生命运动规律的

[①] 活劳动是指物质资料与生产过程中劳动者的脑力与体力的消耗过程；物化劳动是指凝结在劳动对象中体现为劳动产品的人类劳动。

制约。首先，农业生产的周期长，短则数周，长则数年，其资金的周转速度慢，效率低；其次，农业生产有明显的季节性，固定资产利用效率低，价值转移时间长，易受到自然腐蚀和损坏。最后，农产品具有鲜活性的特点，销售及时对农业效益的实现具有决定性的意义。不仅活牛、活鸡、活鱼、稻谷和水果等产品需要及时销售，而且各种加工食品也容易在各种气候、运输方式和生物因素的作用下腐烂变质。

4. 农产品需求的价格弹性比较小

需求价格弹性又称为需求弹性，是指某种商品市场需求量对其价格变化反应的灵敏程度，即某种商品需求量变动的百分率与其价格变动百分率的比率。其公式如下：

$$Ed = \frac{\left(\Delta Q / Q\right)}{\left(\Delta P / P\right)} \tag{1-1}$$

其中，需求量的相对变化 $\Delta Q / Q$ 由价格的相对变化 $\Delta P / P$ 引起。利用需求价格弹性就可以对市场中的农产品进行分类。如果某种商品的价格弹性 $|Ed| < 1$，我们就说这种商品的需求缺乏弹性；如果某种商品的价格弹性 $|Ed| = 1$，我们就说这种商品的需求具有单位弹性；如果某种商品的价格弹性 $|Ed| > 1$，我们就说这种商品的需求富有弹性。

农产品的种类不同，需求弹性也不同。但是对于大部分的农产品来说，它们都是缺乏弹性的，农产品的需求扩张受到人们生理需求的限制，对超过生理需求的那部分农产品，人们对其效用的评价趋近于零，甚至为负数。例如，市场上常见的关系国计民生的粮、棉、油、肉、蛋、奶等农产品的需求弹性较小，而海参、松茸等高附加值的特殊农产品的需求弹性较大。

二、农业在我国的地位

农业是人类的食品之源、生存之本。从人类的存在和发展来看，农业作为人类社会存在和发展的基础，是国民经济中最主要的物质生产部门，也是国民经济的基础产业，处于举足轻重的地位。

农业的重要性体现在以下两个方面：一方面，农业是提供人类生存必需品的生产部门，它为人们生活提供粮食、副食品。迄今为止，人类所需要的最基本的生活资料及其原料，只能或者主要由动物、植物和微生物产品来提供，虽然一部分是由工业方法合成的，但其只能是零星点缀或当佐料，因此不论过去还是可以预见的未来，农业都是人类社会的衣食之源和生存之本。另一方面，农业的发展是社会分工和国民经济其他部门成为独立的生产部门的前提和进一步发展的基础。在古代，农业是整个社会的决定性生产部门。在原始社会和封建社会，人们为了生存，不得不投入几乎全部的生产力去从事农业生产，社会生产基本上就是农业生产。随着农业生产力的不断发展，农业劳动生产率不断提高，剩余农产品不断增多，社会才能把日益增多的劳动力从农业中抽离出来，从事农业生产以外的政治、经济和文化活动，工业和商业等经济部门才得以逐渐独立出来。目前，我国 40%的工业原料、70%的轻工业原料来源于农业。农业不断为国民经济的其他部门提供粮食、副食品及工业原料和出口产品，是支撑整个国民经济不断发展前进的坚实基础。可以说，没有农业发展，就没有第二产业和第三产业的发展。

正如马克思所说："食物的生产是直接生产者的生存和一切生产的首要条件""社会为生产小麦、牲畜等等所需要的时间越少，它所赢得的从事其他生产，物质的或精神的生产的时间就越多。"从农业与人民、国家的关系上看，农业的兴衰关系到国民经济的全局，农业的发展直接关系着人们的切身利益和社会的安定，以及国家在国际竞争中的地位。

三、农业政策的内涵及其重要性

关于农业政策的概念，国内外学者并没有统一的认识，我们可以从狭义和广义两个角度去界定。从狭义上讲，农业政策是专门为农业部门发展而制定的政策，如农产品价格支持政策、农业生产补贴等。广义的农业政策是政府为实现一定的农业、经济和社会发展目标，对影响农业发展的重要因素和重要环节所采取的一系列具有宏观调控作用的政策措施的总和①。农业政策涉及的领域非常广，涵盖的内容也十分丰富。

由于农业进行的是动植物生产，农业的自然再生产与经济再生产交织在一起，受自然环境条件影响大，生产周期较长，农业生产的稳定性相对较差。相对于其他产业而言，农业承受着自然风险和社会经济风险的威胁，处于弱势地位。从资金回报率和资金回报周期来看，农业相对于第二产业和第三产业处于劣势，严重影响了农业的可持续发展。粮食等农产品是人类生存的必需品，其价格不能有较大波动，否则就会造成严重的社会问题。以上原因要求政府必须采取有力的农业政策措施，发展农业生产力，提高农业劳动生产率，确保粮食等农产品安全供应，稳定农产品的价格，增加农民收入，改善农村社会福利，保证农业的市场地位和市场竞争力，从而保证整个社会经济稳定。因此，农业自身的特点决定了农业政策与其他经济政策的显著不同。

四、农业政策的分类

（一）按世界贸易组织（WTO）《农业协定》的内容进行的分类

1. WTO《农业协定》产生的历史背景

长期以来，农产品贸易一直作为一个特殊的领域游离于国际贸易规则的有效约束

---

① 冯涛. 农业政策国际比较研究[M]. 北京：经济科学出版社，2007：15.

之外，农业保护始终植根于发达国家的国内农业政策之中，以至于在历轮关贸总协定多边贸易谈判中，尽管农业贸易问题被试图纳入总协定的管理框架，在实际中却不能如愿以偿。因此，长期以来没有一个能够协调管理国际农产品贸易的国际农业规则供各成员来遵循。

关贸总协定（GATT）"肯尼迪回合"（1964—1967 年）曾把农业贸易问题列为该轮多边贸易谈判的议题之一，美国提出大幅度削减农产品进口关税，并要求取消进口数量限制，但遭到欧洲国家的拒绝，因而该轮谈判未能就抑制农业保护主义取得实质性成果。同样，在 1973—1979 年长达五年的"东京回合"谈判上，也因为美欧两个农产品贸易地区的冲突，在众多的农产品的议案中，最后仅就牛肉和奶制品达成了两项协定，农业贸易自由化进展甚微。在当时的关贸总协定农业多边贸易体制下，由于对农业保护主义不能有效地约束和抑制，发达国家利用总协定的体制缺陷，极力推行农业支持和干预政策，造成农产品严重结构失衡和过量生产。为缓解库存压力、处理剩余产品，发达国家又采取巨额出口补贴向国际市场倾销农产品，以致 20 世纪 80 年代以来，国际农业贸易冲突不断升级，严重扭曲了国际农产品市场，同时也增加了发达国家消费者及纳税者的负担，对发达国家的宏观经济产生了严重不利的影响。

1986 年"乌拉圭回合"谈判开始时，农业贸易问题被确定为谈判的中心议题。农业谈判主要在三大利益集团之间展开，即美国、欧共体和凯恩斯集团（即澳大利亚、加拿大、阿根廷、巴西、智利、新西兰、哥伦比亚、斐济、匈牙利、印度尼西亚、马来西亚、菲律宾、泰国及乌拉圭十四国）。由于大幅度削减农业生产补贴和出口补贴对美国极为有利，而有可能使欧共体处于明显的竞争劣势并导致严重的社会问题，同时，美欧的出口补贴大战和对本国农产品市场的保护使凯恩斯集团出口损失惨重，三方利益尖锐对立导致农产品贸易谈判困难重重。最终，经过多次艰苦的谈判，于 1992 年 11 月 20 日达成了《布莱尔大厦协定》，在此基础上，谈判各方终于在 1993 年 12 月 15 日签署了《乌拉圭回合农业协定》（即 WTO《农业协定》）。

2. WTO《农业协定》中的"绿箱"政策

"绿箱"政策是用来描述在 WTO 农业协定下不需要做出减让承诺的国内支持政策的术语，是指政府通过服务计划，提供没有或仅有最微小的贸易扭曲作用的农业支持补贴。《农业协定》规定：政府执行某项农业计划时，其费用由纳税人负担而不是从消费者中转移而来，没有或仅有最微小的贸易扭曲作用，对生产的影响很小的支持措施，以及不具有给生产者提供价格支持作用的补贴措施，属于该类措施的补贴被认为是绿色补贴，可免除削减义务。它主要包括以下几项：

（1）由公共基金或财政开支所提供的一般性农业生产服务。①农业科研，包括环境项目研究和特定农产品研究。②病虫害控制，包括一般性控制和针对具体产品的控制，如自然灾害的预报服务、检疫和抗灾行动等。③农业科技人员和生产操作培训，包括建设培训教育设施。④技术推广和咨询服务，如向生产者和加工者提供生产技术、传播信息和研究成果等。⑤检验服务，包括一般性检验和出于卫生、安全、分类或标准的目的而对特定农产品进行的检验。⑥市场促销服务，如提供市场信息和营销咨询及承担促销策划等，但这类支持不能导致本国产品对他国（地区）产品进行低价竞争。⑦农业基础设施建设，如电网、道路、市场、港口、供水、防洪、排水及环保项目的建设等，但这类支持措施的资金支出只能用于基础设施工程项目的建设，不得用于对农业生产者提供直接的现金补贴。

（2）为保障粮食安全而提供的储存补贴。协议允许政府直接以财政开支来维持粮食安全储备，或为私人储备提供财政补贴。但这类开支或补贴均不得表现为高价收购或低价销售储备粮。另外，储备性补贴必须保持充分透明和符合储备需要（即粮食储备性补贴不得过度）。

（3）粮食援助补贴。赈济本国（地区）饥民是每个政府所必须承担的责任，而为低收入居民保障粮食供给也是其需要承担的义务。为此目的而做出的财政开支或对非政府援助行动减免税收是正当的补贴。粮食援助补贴只能采取向符合受援资格的居民提供粮食或以补贴价格供应粮禽必须按市价采购（即不得高价采购）的方式，并且粮食援助行动必须保持充分透明。

（4）单亲家庭农场补贴。许多国家（特别是发达国家）的农业基本生产单位是家庭农场，在那里如果由于某种原因而成为单亲家庭农场，其农场收入便会大打折扣。因此，政府对这类农场的最低收入提供保障性补贴是合理的，但这类补贴的发放必须基于合理的和明确的标准（如收入标准、农业生产者身份或土地所有者身份标准、生产水平标准等），并且要保证不会使接受补贴者获得额外的生产优势。

（5）一般性农业收入保障补贴。这类补贴必须符合以下规定：①接受补贴的生产者收入损失量必须为全体农业生产者平均收入的30%以上；②接受补贴的生产者收入损失量必须超过其正常年份收入的30%以上；③有关补贴应仅针对收入的减少，而不应针对产品或产量；④若收入减少有自然灾害因素，则可同时适用收入保障补贴和自然灾害补贴，但补贴总量必须低于收入损失量的100%。

（6）自然灾害救济补贴。这类补贴要符合以下规定：①必须基于实际发生的灾害（包括一切不可抗拒的突发事故）；②补贴必须基于实际损失（包括收入损失、牲畜损失、土地及其他生产要素损失等）；③补贴量不得超过实际损失量。

（7）农业生产者退休或转业补贴。这属于农业生产结构调整性补贴。小型家庭农场主退休或转业，有利于农业集约化生产和提高生产效率，但补贴的发放必须基于合理的和明确的标准。

（8）农业生产资源闲置补贴。这类补贴应按照退出农业商品生产的资源，确立明确的受援标准，例如基于土地休耕的补贴应仅发放给休耕3年以上的土地。这类补贴措施不得以"将有关资源投入特定的农产品生产"作为受援条件，或以干预农产品市场价格为目标。

（9）农业生产结构高速性投资补贴。这类补贴可根据政府的农业生产结构调整规划而进行相应调整，但补贴应基于明确的结构调整规划和受援标准，并不得以相关农产品的市场价格作为补贴措施的目标。

（10）地区发展补贴。这类补贴是向农业生产条件明显不利的地区发放的，受援地区应基于明确的和合理的标准加以认定，所谓"不利的生产条件"必须是长期性的。为此而发放的补贴必须是受援地区农业生产者普遍能够获得的，补贴额应限于该地区的平均生产成本高出一般平均生产成本的部分。

3. WTO《农业协定》中的"黄箱"政策

根据《农业协定》，那些对生产和贸易产生扭曲作用的政策称为"黄箱"政策措施，要求成员方必须进行削减。主要包括：农产品价格支持政策；农产品营销贷款政策；按产品种植面积给予的补贴；按照牲畜数量给予的补贴；种子、肥料、灌溉等投入补贴；对农业生产贷款的补贴。但这些政策中也有些被免于减让的措施：①按固定面积或者产量提供的补贴；②根据基期生产水平85%以下所提供的补贴；③按牲口的固定头数所提供的补贴。

（二）按农业政策作用的对象分类

1. 农业结构政策

农业结构政策就是适应国民经济发展和人民生活水平的改变，用以不断调整农业结构内部各种资源和生产要素构成及其比例的手段及措施。具体包括：农业区域结构政策、农业部门结构政策、农业经营规模政策等。

2. 农业土地政策

农业土地政策是指农业土地政策主体（主要是政府）为了实现农业土地利用目标，完成农业土地管理任务而制定、实施的，协调人与农地之间关系的一系列准则、计划或规定。具体包括：农业土地产权政策、农业土地流转政策、农业土地保护政策等。

3. 农产品流通政策

农产品流通政策即以流通过程为对象，政府利用行政权力对商品流通过程，包括流通组织、流通活动、流通机构的介入干涉基本方针以及依此建立的手段体系（Batzer和武•铃木，1985）。具体包括：农产品价格政策、农产品对外贸易政策、农产品市场政策等。

4. 农业财政政策

农业财政政策是为实现农业的发展目标而调整农业财政收支规模和收支平衡的指导原则及相应措施。具体包括农业税收政策、农业补贴政策等。

5. 农业金融政策

农业金融是指农村货币资金的融通，是农业领域里进行的金融活动和金融关系的总称。农业金融政策包括农村信用贷款政策、农村金融担保政策、农村资本市场政策等。

此外，还有农业环境保护政策、农业自然资源保护政策等。

第二节　农业保险政策基础

一、农业保险政策的界定

政策就是政府利用行政强制力，就某类经济、社会等问题，制定和推行的方针、原则和实施措施。政策是比法律更宽泛的规则和制度。农业保险政策是国家根据一定时期内的政治和经济任务，制定的有关农业保险开展和管理的行动准则和要求，它是处理和调节农业保险关系的基本原则。农业保险政策作为中央强农惠农政策的重要组成部分，是农业支持保护体系的重要组成部分，本质上是一项重要的农业政策工具。在现行 WTO 规则下，农业保险政策是国际上重要的非价格农业保护工具，农业保险支持计划在一定条件下被认为是"绿箱"政策，被排除在减免承诺之外。因其精准性好、财政支出可控性强、资金使用效率高以及更符合国际规则要求等多种优势而被公认为现代农业发展的支柱政策之一，日益成为农业风险管理政策体系中最重要的工具。

当前农业保险政策的主体就是实施政策性农业保险。2002 年修订的《中华人民共和国农业法》第四十六条规定："国家逐步建立和完善政策性农业保险制度。鼓励和扶持农民和农业生产经营组织建立为农业生产经营活动服务的互助合作保险组织，鼓励商业性保险公司开展农业保险业务。"政策性农业保险是以保险公司市场化经营为依托，政府通过保费补贴等政策扶持，针对种植业、养殖业因遭受自然灾害和意外事故造成的经济损失而提供的保险。政策性农业保险是农业风险管理的主要工具，可以为农业生产提供风险保障，确保农业可持续发展和以农业保险作为支农性收入再分配手段，保障农民的经济收入稳定增长，推动实现农业和农村发展。与商业性农业保险相比，政策性农业保险由政府推动，直接组织并参与经营，或者指派并扶持其他保险公司经营，政府给予一定比例的财政补贴，不具有营利性，保障品种主要是涉及国计民生和地方支柱产业的农产品。而商业性农业保险的经营范围由商业保险公司自行确定，受市场机制调节运作，以营利为目的，保险费完全由投保人自己承担。

二、农业保险政策的特殊意义

首先，农业在国民经济中，甚至国际政治中都具有重要价值和地位，需要农业保险为农业的稳定和可持续发展做后盾。我国是一个有近 14 亿人口的国家，对于党和政府来说，维持农业持续稳定发展，实现农产品特别是粮食的自给或基本自给，将饭碗牢牢端在自己手里，并且饭碗里装的是中国生产的粮食，是国家长治久安的基本保证，也是由国际市场供给和国内需求巨大缺口所决定的。在我国，农业的成败不仅直接关系到国家的稳定，还关系到国际影响力的大小。

其次，能提供广泛风险保障责任的农业保险（多风险保险或者一切险保险）产品，对消费者来说，价格高、收益低，农业保险市场是失灵的。国内外的理论研究和大量实践一再证明，除了少数农业保险险种（例如雹灾保险）外，农业保险的商业性经营是不可能成功的。这就是大家熟知的"市场失灵"现象。也就是说，农业保险需要政府干预，特别是需要政府给予保费补贴、经营主体管理费补贴和再保险补贴。

再次，在现代农业广泛发展的条件下，虽然农业的全面风险管理有多种途径和工具，但农业保险是一种比较有效和可行的管理工具。这已经为国际农业保险80年的经验所证明。联合国粮农组织自1968年就开始向各国呼吁，要大力发展农业保险。40年时间里，已经有120多个国家建立了自己的农业保险制度。所以，政府比农户更关心农业保险。为农业的可持续发展提供保障，特别是在实现农业现代化的过程中，要有效管理农业风险，更是没有其他选择。

最后，从长远来看，政策性农业保险制度的建立，特别是政府从财政和税收方面对投保农户给予支持，也是在符合世界贸易组织规则条件下对农业生产的一种补贴或者转移支付，实际上这是增加农民收入的一种方式。从宏观意义上说，政策性农业保险制度的建立，对于中国利用现代风险管理工具对农业风险进行有效管理，促进中国农业稳定和可持续发展，保障食物特别是粮食长远基本自给，同时保证农民农业收入稳定增长，都有重要意义。

三、农业保险政策的目标

（一）农业保险政策目标的演变

我国一直没有明确地确立政策性农业保险的政策目标。从2007年以来农业保险发展和政策指导的轨迹来看，农业保险是跟随中央指导农业和农村发展，指导农业现代化进程的步伐不断前进的。政策轨迹表明，农业保险在此期间，将普通的保险业务扩展到广阔的保险保障领域，将单一的保险供给延伸为综合的多元化金融服务，新的政策目标在这个进程中逐步产生。农业保险的内容在10多年里也在不断扩大，从种植业保险的试点，扩大到养殖业保险的试点，又进一步扩大到森林保险，适应了生猪和猪肉市场的市场波动及林权改革的实际需要。

2012年颁布的《农业保险条例》第一条指出："为了规范农业保险活动，保护农业保险活动当事人的合法权益，提高农业生产抗风险能力，促进农业保险事业健康发展，根据《中华人民共和国保险法》《中华人民共和国农业法》等法律，制定本条例。"根据我们的理解，中央政府将加强对农业的风险管理、提高农业生产抗风险能力作为农业保险的政策目标。

农业及农村经济的快速发展对农业保险提出了更高的要求，政府要求农业保险机构提供保证保险产品，以增强农户的信用。为了适应农业现代化加速发展，农地流转和新型农业经营组织迅速兴起，政府需要农业保险为新型经营主体提供适应需要的新型保险产品，特别是保障水平较高的产品和土地流转合同履约保证保险，为农业规模化发展提供保险保障。为适应农产品定价机制改革的需要，农户需要农业保险不仅承保生产成本风险，也希望其承保价格风险和收入风险，政府自然要求保险市场与货币金融市场、证券市场共同提供具有多重风险保障的农业保险产品，化解改革进程中的市场风险，并且对这些创新产品和具有地方特点的农业保险产品给予多方支持，农业保险的目标也会随之不断增加。

（二）当前我国农业保险政策的目标

1. 保障农业可持续发展，维护国家粮食安全

这是当前农业保险政策的重要目标。中国是一个人口大国，解决好吃饭问题始终是治国理政的头等大事。粮食安全是中国经济发展、社会稳定和国家安全的战略基础，是全面建成小康社会的前提条件。要实现中国农业生产稳定发展，确保粮食生产安全，首先要分散和管理农业生产所面临的各种风险，包括自然风险和市场风险等。在现代农业的条件下，大部分传统的农业风险管理方法已难以发挥作用，大规模发展农业保险是管理农业风险最有效的手段和工具。有了这个手段和工具，才能保障农业简单再生产及扩大再生产的可持续发展。

2. 促进农业现代化进程，保障农户收入稳定增长

近十多年来，随着我国农业现代化和城市化步伐加速，土地流转和新型农业经营主体快速发展，无论种植业还是养殖业的经营规模都在迅速扩大。自给自足的小农业正在被商品化大农业所取代。在这种农业的集约化发展的背景下，农户特别是新型经营主体的劳动、资金和技术投入，远大于传统小农户，这些投入的风险损失补偿和经营农业的收入稳定增长，已经成为农业现代化和城镇化稳步推进的重要条件和保证。而在众多的风险补偿手段里，农业保险被证明是最好和最有效的。特别是在世界贸易组织《农业协定》约束下，这种手段的应用更具有现实必要性和可行性。

从理论上讲，农业保险只能通过空间和时间两个维度分散农业生产中的风险，减少农业产量和收入的波动，并不能增加农户经营农业生产的收入，但是政策性农业保险可以在 WTO 的规定范围内，以转移支付的方式，给予投保农户较多的灾害和价格风险转移的成本补贴，这种间接的、合法的"农业价格补贴"客观上产生了农业生产成本降低和经营收入增加的可能性。当然这种补贴机制，是在一个公平和普惠条件下实现的保险再分配。

3. 降低农产品价格，增强中国农产品的国际竞争力

我国农产品价格因为各种原因在近十多年里总体上持续上升，目前大部分产品都高于国际市场的价格，实际上缺乏国际市场竞争力。"我国现在农产品的价格绝大多数都比国际市场高，比如说粮、棉、油、糖、肉、奶。"[①]根据 2015—2017 年的国内国际市场行情的分析，"谷物的价格水平，大概我们要比国际市场平均高出 30%～50%，大豆大概要高出 40%～50%，棉花大概要比国际市场高出 30%～40%，糖要比国际市场大概高出 60%，肉类大概要高出 70%～80%。奶类的价格，2016 年全球鲜奶生产者的平均价格（奶农卖给食品厂的价格）是 1.85 元 1 升，我们的价格是 4.05 元。"[②]

这些情况表明，我国的农业确实承受着巨大的压力，改变这种状况，应当说是非常紧迫的任务。而要改革我国农产品价格形成机制，适当有效地降低农产品价格，在政府支持下管理好农产品市场风险、降低风险损失，农业保险是一个重要的途径。这种政策效果已经为美国、加拿大、日本等国的农业保险实践所证明。只有生产成本降下来，才有可能实现国内廉价的粮食供给和国际农产品的市场竞争力的提升。

4. 助力实现脱贫攻坚的艰巨任务

政策性农业保险单独或者与其他农村金融、财政手段和措施共同在农村扶贫和脱贫攻坚中已经且正在发挥着积极和重要作用。扶贫脱贫是中国特色，这项重要的民生工程被党中央和国务院列入国家发展战略之中。扶贫脱贫需要多方面的支持和努力，农业保险无疑是重要的工具和途径之一。近年来各地的实践已经证明，农业保险对于贫困县和贫困户来说，有非常重要且特殊的风险保障意义。机制和产品创新为这些贫困县的贫困人口编织了安全网，为其脱贫提供了风险保障、信用增值和扶贫开发服务。而这些手段和措施所发挥的独特作用是其他产业扶贫、金融扶贫等手段和措施无法企及的。

帮助贫困农户脱贫，是党中央和中央政府提出的重要战略任务，关系到乡村振兴战略的实施，也关系到我国全面小康社会能否如期建成。如果能使用扶贫资金为贫困户缴纳农业保险及相关财产和信用保证保险的全部或者大部分保险费，其扶贫脱贫的效果会远远大于直接资金扶持的效果。

农业现代化发展和城市化发展加速对农业保险提出了新要求。我国农业保险需要论证和设定明确的政策新目标，只有确立了政策新目标，农业保险才能得到更快、更健康和更有效的发展。

---

① 陈锡文. 国内农产品价格普遍高于国际市场 但进口绝对不能全放开. 2017-09-23. https://www.guancha.cn/ChenXiWen/2017_09_27_428874.shtml.

② 同①。

第三节　农业保险政策体系

一、农业保险的财政补贴政策

（一）农业保险财政补贴政策基础

财政补贴是指国家为了某种特定的目的而无偿地补助给居民、企业和其他受益者的支出，是财政支出的形式之一。与政府投资等其他财政支出相比，财政补贴具有以下特点：①政策性强。每一项财政补贴本身就是为了实现特定的政策目标而设置，为特定的政策服务的。②时效性强。政府可根据客观经济情况和政策目标的要求，适当设置、取消、增减财政补贴，它是政府可以随时变动的工具。③灵活性强。财政补贴既然具有政策性和时效性，就必然具有灵活性。政府可根据客观情况，灵活地采用多种补贴形式、多种补贴标准及财政补贴的设置或取消来发挥调节作用。

一般来说，财政补贴包括生产性补贴和消费性补贴两大类。生产性补贴，如生产资料价格补贴、投资补贴、利息补贴，实际上相当于对生产者的减税，能够增加生产者的利润，有利于鼓励投资，进而增加整个社会的供给。故生产性补贴宜在总需求大于总供给时使用，以达到增加社会有效供给的目的。消费性补贴，如消费品价格补贴、副食品补贴、水电费补贴、房租补贴，实际上相当于增加工资，能够增加消费者的收入，鼓励消费者消费，进而扩大了消费需求。因此，消费性补贴宜在总供给大于总需求时采用，以促进经济繁荣和发展。

对农业保险的财政补贴政策是支持农业保险制度建立和健康运行最重要的政策之一，也是政策性农业保险的基本特征之一。财政部门通过保险费补贴等政策支持，鼓励和引导农户、农业生产经营组织投保农业保险，推动农业保险市场化发展，增强农业抗风险能力。各国政策性农业保险的实践表明，若没有来自政府强有力的财政补贴，政策性农业保险业务很难正常开展。对于农业保险，公共财政的补贴是不可缺少的，其补贴方式主要体现在以下4种农业保险补贴政策中，即保险费补贴政策、管理费补贴政策、再保险补贴政策及大灾风险管理财政投入。

（二）农业保险财政补贴政策类别

1. 保险费补贴政策

为农业保险提供保险费补贴是各国政策性农业保险的通行做法（属于消费性补贴）。与其他国家相比，我国财政补贴的范围较广，除种植业保险外，也为养殖业保费补贴保险提供保费补贴。虽然补贴种类较少，但补贴力度较大。截至 2018 年末，我国中央财政提供保险费补贴的农业保险标的包括 16 类 20 多种。种植业主要包括三大粮食作物、棉花、油料作物、糖料作物及林木等。养殖业主要包括奶牛、育肥猪和能繁母猪等，部分省区针对藏系羊、牦牛等也提供保险费补贴。此外，部分地区对于包括水果、蔬菜、鸡、鸭、鱼虾在内的其他种养业保险同样提供保险费补贴，该部分补贴资金主要来源于地方政府财政。部分涉农保险产品，包括渔船、农机、农房保险等，其保险费补贴主要由地方政府和部委提供。目前我国由政府提供农业保险保险费补贴的险种资料详见表 1-1。

表 1-1　目前我国获得保险费补贴的农业保险标的一览表

保费补贴来源	保费补贴标的
中央财政补贴保费的种植业保险种类	水稻、小麦、玉米、棉花、青稞（青海）、大豆、油菜、花生、土豆（甘肃）、橡胶树（海南）、甘蔗、甜菜、森林、三大粮食作物制种
地方财政补贴保费的种植业保险种类	大棚蔬菜及大棚、香蕉、苹果、梨、西瓜、葡萄、柑橘、蔬菜
中央财政补贴保费的养殖业保险种类	能繁母猪、奶牛、育肥猪、藏系羊（青海）、牦牛（青海、西藏）
地方财政补贴保费的养殖业保险种类	养鸡、养鸭、养鹅、淡水鱼养殖、虾养殖、蟹养殖、海水（网箱）养鱼、海参养殖
地方财政补贴保费的涉农保险种类	农房、渔船、农业机械、渔民（人身意外伤害）

2. 管理费补贴政策

农业保险经营管理费补贴是指由政府向农业保险经营机构提供的用以弥补其农业保险经营管理费用的一种补贴形式，属于生产性补贴。管理费补贴是其他农业保险发达国家（如美国、加拿大、日本等）为农业保险提供补贴的常用形式之一。

在我国政策性农业保险制度建立之初，北京市政府曾为在本地经营农业保险的保险机构提供了一段时间的管理费补贴，随后又取消了这一补贴形式。截止到 2018 年末，我国政府尚未对农业保险经营机构提供管理费补贴。

目前国内有学者认为，我国中央、省、地、县各级政府提供的农业保险保险费补贴比例之和约占保费的 80%，已达到了其他国家对农业保险保险费补贴及管理费补贴之和的水平。

3. 再保险补贴政策

再保险的补贴政策同样由发达国家首创，但其实施形式并不是由政府直接提供再保险费补贴，而是由政府提供价格比较有利的再保险服务。目前我国尚未形成该类政策。

4. 大灾风险管理财政投入

农业保险的推行离不开农业保险大灾风险管理制度，其他国家的经验表明，政府可通过多种形式助力农业保险大灾风险管理。一旦农业保险经营机构遭遇超出其抗风险能力的农业大灾损失时，政府必须出面干预以降低农业大灾对本国农业造成的损失，并防止其损失程度进一步扩大。

我国农业保险大灾风险管理制度正在建立，必定需要中央及省级财政支持。但目前农业保险大灾风险准备金的管理仅在农业保险经营机构内部积累，在省级和中央级的大灾风险基金中，财政如何筹资及筹资水平目前还不得而知。

（三）农业保险财政补贴政策的发展方向

1. 进一步细化财政补贴结构

财政对农业保费补贴的政策需要进一步精细化，补贴结构需要做进一步调整。例如，中央财政对各省农业保险的补贴缺乏横向的地域公平性，不仅难以有效调节各省之间的财力失衡局面，甚至有可能会拉大各省农业保险的发展差距，进而对各省农业均衡发展产生不利影响。所以，需要在研究的基础上对不同省份的中央财政支持政策做出进一步调整，对农业大省的支持可以加大力度，也应当进一步对财力比较弱的西部省份的农业保险加大支持力度。

2. 进一步细化保险保障层次

根据有关统计，我国农业用地经营规模在逐步扩大，规模农户经营的耕地已经占到耕地总面积的40%以上，而小农户自己耕种的土地接近60%。这些农户因为农业收入在其家庭收入中的比重日益下降，有的省甚至不到20%，加之目前普遍的保险保障水平较低，农户对于农业保险的兴趣不大，家庭主要劳动力也经常不在农村。这种情况导致各地频发"虚假投保""虚假理赔"等问题。此外，还有耕地已经流转出去，投保人和被保险人还是本户而非土地经营户的情况。从保障农业可持续发展、维护国家粮食安全政策目标的角度考虑，还是需要调动绝大多数小农户参保。可以借鉴美国CAT（低保障免保费的"大灾保险"）的经验，小农户的保险费全部由政府补贴。当然这种保险的风险保障水平比较低，只保直接物化成本，但保险补贴的资金使用效果远比直接补贴的效果好。而对于具有更高保障需求的新型农业生产经营主体，若要购买高于这种普惠性低保障保险的保险金额时，可以根据其选择的保险金额多出的部分，为其支付该部分的20%或者更多的保险费，这样就可以满足新型农业主体更高的风险保障需求，促进农业规模化发展并积极采用新的农业技术手段，从而有助于提升农业生产活力和竞争力。

二、农业保险的税收政策

税收是国家凭借政治权力参与社会产品分配的重要形式。由于其具有强制性、无偿性和固定性等特征，所以成为政府财政政策最重要的工具。与其他财政政策工具相比，税收具有以下特点：①作用的范围广。税收深入到国民经济的各个领域、社会再生产的各个环节、社会经济生活的各个方面，其调节对象既包括个人的收入，又包括法人的收入，还包括流转额、财产和特定行为。②在调节方向上具有双向性。比如作为总供给与总需求平衡的工具，税收的调节就是双向的。③税收的调节作用具有灵活性。税种的开征、停征，税率的调高、调低，税收的减免与否，都是国家规定的。国家可根据客观情况的变化进行调整，或授予财政部、税务总局制定征收的具体实施办法的权限。

税收作为财政政策强有力的工具，其具体作用包括：①它可以调节总供求的平衡关系。国家可以以消费需求和投资需求为对象设立税种并调整税率，从而实现对社会总需求的调控。从调节供给看，提高税率，可以限制生产的扩大和产品的供给；降低税率，则会增大生产的规模和产品的供给。②它可以调节产业结构，从而优化资源配置。税收调节产业结构的作用，也是通过调整税率和增减税种等措施来实现的。国家为了支持某些产业的发展，可以通过降低税率和减免税的方式予以鼓励；为了限制某些产业的发展，可以通过提高税率和加征税收的办法来达到目的。目前我国税收的这种结构调节效应，主要是靠产品税和增值税来实现的。③税收可以调节各种收入，实现收入的公平分配。国家征收的各种所得税是对企业和居民收入的直接和最终调节。通过制定适当的税率，一方面使收入分配体现按劳分配的原则，拉开一定的差距，以提高效率；另一方面，收入分配上的差别不能过大，要体现社会公平的原则，防止贫富过分悬殊。总之，税收在实现财政政策目标的过程中具有重要作用，要使这种作用得到充分的发挥，必须注意完善税收体系，合理设置税种，改善税收结构，明确征纳范围，合理制定税率，做到公平税负。

为了降低政策性农业保险经营成本，鼓励保险公司经营政策性农业保险业务，除了财政补贴政策之外，各国一般会对政策性农业保险业务的经营采取优惠的税收政策。我国目前也为农业保险的经营提供了一系列税收优惠政策，主要包括：①对农业保险业务免征营业税，"营改增"之后，不缴增值税。②所得税的应税基础按照90%计算。③对于作为大灾风险准备金的积累在当年保费收入的25%的范围内可以税前列支（即免征这部分大灾准备金的所得税，超过部分还是要缴纳所得税）。目前我国对"渔业互保协会""农机安全协会"的保险业务还没有任何税收。

三、农业保险的市场组织政策

（一）农业保险市场组织形式

1. 国有农业保险公司

国有保险公司是由国家授权的投资机构或者国家政府部门拥有控制权，国家以经济人的身份参与市场经济的产物，其职能通常有两个：其一是与普通商业性公司类似，以获取经济利益为经营目标；其二则需要承担落实国家相关政策的职能，为国家发展大局服务。具体到国有农业保险公司，其创立的目的就是解决我国普遍存在的农业风险管理能力薄弱和农业风险危害性大的问题，致力于促进农业金融和农业经济发展，切实保护"三农"利益。农业保险牵涉面广，操作复杂，一旦发生风险往往损失较大，一般的商业保险公司很难承担，这就需要借助国家机器的力量设立农业保险公司，经营农业保险业务。资金充足、规模实力强、政策性强也是国有农业保险公司的典型优势，而其劣势则在于产权不明确，管理过于僵化，缺乏市场化意识。

2. 股份制农业保险公司

股份制保险公司也是世界范围保险公司通常采用的组织形式，此类公司以股票的形式在资本市场获取资金，其经营职能或者说目标就是获取最大利润，确保股东资本增值。股份制保险公司组织体系中，股东是公司所有人，依据持股比例对公司承担责任，其责任上限即出资额度。股份制农业保险公司与其他股份制公司的组织架构类似，都设有股东大会、董事会、监事会及总经理，其中股东大会是最高权力机构，董事会是决策机构，监事会是监督机构，总经理是行政负责人，各司其职，各承权责。股份制保险公司的优势在于：其一，可以利用资本市场筹集到发展所需大量资金，更符合更大范围分散农业风险的行业发展诉求；其二，市场化意识更强，专业能力强，能够积极适应市场需求开发出满足农业保险市场需求的保险产品，如巨灾险、养殖业疫病灾害险等。而其劣势则在于过于注重经济效益，很容易损害被保险人利益，进而损伤农业经济发展大局。

3. 相互制农业保险公司

相互制保险公司是保险行业特有的一种组织形式，尤其在农业保险领域被广泛使用，并且效能显著。这一类型公司以会员制为基础，会员购买保险的同时也成为公司的拥有者和控制人。公司不发行股票，通常也不以营利为目的，仅仅是会员自己组织、自己经营，并主要作用于会员的简单化公司形式。这一公司形式的组织架构有最高权力机构员工代表大会和董事会、监事会，其特点如下：一方面，相互制保险公司不以营利为目的，会员以支付保险费的形式承担相应责任并享有对应权利；另一方面，相互制保险公司是以会员的形式成立的，为会员共同所有，而会员则拥有双重身份，既是顾客也是公司所有人，既是保险人也是被保险人。具体到相互制农业保险公司而言，这一组织形式的农业保险公司具有如下优势：其一，有利于解决保险公司和农户之间的利益矛盾；其二，没有盈利压力，因而经营更为灵活、自主，利益关系也更为清晰，有利于更大范围满足农业保险需求。其劣势则是组织结构相对松散，不利于公司现代化管理。

4. 相互保险社与保险合作社

相互保险社与保险合作社都是合作制保险的重要组成部分，合作制保险有多种形式，包括相互保险公司（上文已述）和非公司形式的保险合作社、相互保险社等。相互保险社与保险合作社都属于互助合作性质的保险组织，是为了给社员提供成本低廉的保险保障，以自愿、自立、互利的原则建立的，是自下而上的组织方式，但它们又有所不同。相互保险社没有股本，保险社为全体被保险人共有，被保险人同时也是保险人。保险费采取事后分摊制，事先并不确定。社员入社时先交付暂定分担额和管理费，在年度结算时计算出确定的分担额后再多退少补。相互保险社不对外公开营业，纯粹为社员服务。如果保险关系终止，双方自动解约。保险合作社的资金来源于社员的股金和向社员或非社员借入的基金。加入保险合作社，社员必须缴纳一定金额的股本。也就是说，社员是保险合作社的股东，其权利以其认购的股金为限。保险关系的建立必须以社员为条件，但社员不一定必须建立保险关系，保险关系消灭也不影响社员关系的存在，只要社员认缴股本后，即使不利用合作社的服务，仍然可以与保险合作社保持联系。保险合作社采用确定保险费制，事后不再补缴。

上述几种保险组织形式各具特色，各有优势，同时也都存在着一定的不足。通常而言，不同的宏观经济环境和农业产业发展状况及保险需求决定了何种组织形式是更佳选择。更为重要的是，随着社会经济的飞速发展，农业保险组织形式也应积极自我更新、自我优化，不断创新组织形式以适应新的保险市场需求和农业经济发展需求，进而确保农业保险组织的长效发展。

（二）我国农业保险市场组织政策的演变

农业保险，特别是政策性农业保险的市场组织政策是比较特殊的。我国的农业保险市场组织政策有一个发展变化的过程。2007 年以前，商业保险公司自由经营，政府并不提供其他财政方面的支持。2007 年开始，财政对农业保险提供保险费补贴，但只限于商业保险公司经营的政策性农业保险业务。中国渔业互保协会和 2009 年以后诞生的"农机安全协会"等"协会组织"，并不正式被政府认可，因此，实际上它们被排除在合法的农业保险的市场组织之外。

现在，我国农业保险市场组织，包括商业保险公司、合作保险组织和协会保险组织，也应当享受同等的市场待遇。《农业保险条例》第二条规定，"本条例所称农业保险，是指保险机构根据农业保险合同，对被保险人在种植业、林业、畜牧业和渔业生产中因保险标的遭受约定的自然灾害、意外事故、疫病、疾病等保险事故所造成的财产损失，承担赔偿保险金责任的保险活动。本条例所称保险机构，是指保险公司以及依法设立的农业互助保险等保险组织"。该政策给了"渔业互保""农机互保"这些协会保险组织的生存空间，使其成为在中国大陆承办农业保险的市场主体的一部分。

四、农业保险的监管政策

（一）农业保险监管政策的重要性

1. 保障政策性农业保险可持续经营

政策性农业保险作为一种现代农业风险管理工具，既是国家金融政策的组成部分，更是国家农业政策的组成部分，其宏观目标就是要保障我国农业的可持续发展，从而保障国家的粮食安全。它也是增加农民收入，稳定农业收入，建成农村小康社会的重要政策工具。与普通的商业保险业务的监管不同，政策性农业保险的监管要着眼于国家金融和农业发展大局，保证和促进政策性农业保险业务的可持续和稳定发展，不能因为监管不力而使政策性农业保险的经营中断或者萎缩。

2. 维护市场公平交易

政策性农业保险虽然有别于商业性保险，但在保险市场上也必须接受有效监管，以创造良好的交易环境，保证市场交易双方自愿和平等，维护市场的公平性。对投保人、保险人和政府三方都要公平，既要尊重投保人的选择，不侵害投保人的合法权益，保证经营者的正当经营权益，还要使政府的财政补贴资金不被侵占，确保其使用正当和公开透明。因此，监管部门要监管市场有关各方，特别是保证依法严格执行科学合理的定价原则、行之有效的承保及理赔规则。

3. 保护投保农民利益

政策性农业保险为农民提供了稳定生产和生活的风险管理工具，农民是政策性农业保险的最直接的受益者。但在农业保险的交易中，作为投保人和被保险人的农民，由于相对分散又缺乏保险和农业保险方面的专业知识，在农业保险交易中处于弱势地位，他们在保险交易中的利益很容易被侵害。例如，目前在一些地方发生的"协议赔付""封顶赔付"、无理拒赔、欺骗投保人和被保险人等问题，严重侵害了被保险人的利益，而投保农民对此浑然不知，即使觉得有问题，也不知道找谁评理和讨回公道。事实上，在监管不到位的情况下，投保农民特别无助。这就需要保险监管部门在农业保险活动中为保险人、投保人（被保险人）和政府三方参与者当好"裁判员"，主持公道，尤其要保护好投保农户的正当利益。

4. 保证财政资金的科学合理使用

政策性农业保险不同于商业性保险的最大特点之一就是有财政资金给予农业保险价格补贴。由于这笔财政资金的无偿性使用，加上我国特殊的农业保险运作体制，用来进行价格补贴的这些财政资金很容易产生"跑冒滴漏"问题，在各个环节出现问题，从而降低财政资金的使用效率。监管部门有责任和义务，加强这方面的监管制度建设，调配足够监管力量并制订操作性强的监管方式，对价格补贴资金进行监管，充分保障财政资金不滥用、不流失、不浪费，使其最大限度地发挥在政策性农业保险中的激励、引导和促进发展的作用。

如果没人监管，市场就会发生扭曲，保险公司和农户的合法利益就难以得到保障。一旦问题蔓延，农业保险也就不再是保险了。在个别发展中国家，如孟加拉国，由于政府不适当干预，甚至严重腐败，政策性农业保险被迫停止。我们应引以为戒。因此，对于基层政府在农业保险中的行为，应该制订行为规范，也应该有专门部门来监管。

（二）我国农业保险监管政策现状

1. 银保监会只是农业保险"业务"的监管者

根据《农业保险条例》（以下简称《条例》），农业保险现在归保监会监管，但是具体监管政策并不十分明确。许多监管规则还没有制订出来。

最终颁布的《条例》没有分列各部门在农业保险推行中的"职责"，而是将各部门的职责包括监管概括在《条例》第四条中，该条规定"国务院保险监督管理机构对农业保险业务实施监督管理。国务院财政、农业、林业、发展改革、税务、民政等有关部门按照各自的职责，负责农业保险推进、管理的相关工作"。从字面上看，"农业保险业务"是由银保监会监管的，而其他各有关部门只是"按照各自的职责，负责农业保险推进、管理的相关工作"。《条例》没有具体界定"农业保险业务"的确切内容，也没有明确界定"农业保险推进、管理的相关工作"的具体内容。从上下文来看，对"农业保险相关业务"的监管，主要是指对保险人和投保人（被保险人）之间的保险合同业务的监管，而在"推进"和"管理"相关工作中，实际上也包含了一部分监管责任。之所以如此，是因为《条例》依据中国国情设计的政府介入农业保险的层面和方式非常独特。所以，谁来监管的问题还存在模糊之处。

2. 财政部门有一定的监管责任

《农业保险条例》授予财政部门一定的监管权力。例如，《条例》第三十条第一款规定，"违反本条例第二十三条规定，骗取保险费补贴的，由财政部门依照《财政违法行为处罚处分条例》的有关规定予以处理；构成犯罪的，依法追究刑事责任"。第二款规定，"违反本条例第二十四条规定，挪用、截留、侵占保险金的，由有关部门依法处理；构成犯罪的，依法追究刑事责任"。这表明对有些政府部门在财政补贴资金方面的违规行为，授权财政部门依据有关财政违法行为的处罚处分条例来监管。至于财政部门如何进行监管，是在财政部门内部设立专门的"农业保险监管机构"进行监管，还是纳入目前财政部门的行政业务来处理，还未明确规定。

（三）我国农业保险监管政策的特殊问题

1. 对政府的监管

按照目前我国的商业保险监管制度和监管框架，保险监管有三根支柱，即市场行为监管、偿付能力监管和公司治理结构监管，它们也同样适用农业保险的监管。但这"三支柱"主要是针对商业保险人和投保人（被保险人）的，一般不涉及保险合同之外的第三方。农业保险，特别是政策性农业保险的经济关系中，还有政府这个重要关系方，所以政府行为也需要监管。对于农业保险经济关系中政府行为的监管是一个新的领域和挑战。由于目前由谁实施对政府部门及其行为的监管尚不完全明确，且缺乏具体的监管规则，这方面的监管显得更加复杂和困难。

农业保险中有哪些政府行为需要监管呢？一是政府或政府部门直接插手农业保险市场活动，直接或者通过第三方控制农业保险市场资源、破坏市场规则，妨碍经营农业保险的企业和组织从事直接保险和再保险业务。二是干预保险承保和理赔活动，损害被保险人和保险人的利益，这两种情况目前存在监管空白。

2. 对经营农业保险业务的社团组织的监管

商业保险的监管主要是针对保险公司（包括中介机构），确切地说主要是针对股份有限责任公司。农业保险领域中还有一类比较特殊的保险组织，如中国渔业互保协会、农机安全协会，以及农业风险互助协会等。它们有的是自上而下由政府部门支持成立的、从事涉农保险的非营利性社团机构（在台湾地区称为"社团法人"），有的是完全由成员单位共同组织和经营的非营利性社团组织。根据《农业保险条例》规定，它们属于"依法设立的农业互助保险等保险组织"。对于这些经营农业保险的社团组织，是否要根据监管保险公司的"三支柱"监管框架来要求它们？如果也实行"三支柱"监管，对它们要制订哪些监管要求，监管要求和监管方式是否应与商业保险公司相区别，这些问题都需要解决。首先需要重新认识这些组织的性质和市场定位，这样制订的规则才有较强的针对性、规范性和可操作性，从而最大限度地发挥它们在农业保险供给体系中的积极作用。

（四）我国农业保险监管政策的发展方向

农业保险的经济和法律关系，不仅包括保险合同双方当事人，即保险人和投保人（被保险人）之间的关系，也包括虽然不是合同当事人但与合同有密切联系的保险人和政府部门之间的关系，还涉及投保人（被保险人）与政府部门之间的关系等，所涉及的监管范围远比商业保险的监管范围要宽要广。要使农业保险在国家农业发展战略中发挥更大的作用，给农业保险赋予更多的政策目标，并落到实处，政府需要建立一个有多重组织和监督职能的统一的农业保险管理机构，来完成如下艰巨任务：第一，要研究和制定农业保险的政策、农业保险的发展规划，发展农业保险涉及其他有关职能部门，例如财政、税务、农业、林业、渔业、民政、发展改革等部门的政策和业务需要由统一组织协调。第二，统一机构组织和管理主要产品的开发和精算。第三，统一安排和实施农业风险区划。第四，统一评估各省农业保险的经营模式和财政补贴的绩效。第五，统一部署和操作农业再保险及其农业保险大灾风险分散制度。第六，统一审查经营农业保险业务的资质并制订经营规范，农业保险经营活动的监管也需要统一。第七，统一组织农业保险的对外交流和内外宣传。

五、农业保险的协同推进政策

多部门协同推进是我国农业保险政策的典型特色。制定多部门共同参与的农业保险政策首先是为了适应中国投保农户过于分散，单个农户农业经营规模普遍较小，农业保险的组织和协调工作过于复杂，交易成本较高等特点。由于农业保险投保方具有上述特点，仅靠农业保险经营机构独自完成在展业、防灾、定损、理赔等重要环节的工作是存在一定困难的。除此之外，我国目前推行的农业保险险种范围比其他国家要广泛得多，除了财政部门、税务部门，农、牧、渔业保险涉及农业农村部，林业保险涉及林业局，农房保险涉及民政部，而要承办天气指数保险，也离不开气象部门等相关部委的大力支持。这些部门在提供基础数据、强化科技服务、指导科学生产、参与防灾减灾以及化解保险自身风险等方面发挥着重要作用。农经部门和技术推广部门等不仅是农业保险的间接服务者，也是农业保险的直接参与者。

我国政府在制定农业保险政策时将多个部门协同推进的理念渗透到了各个环节。《农业保险条例》第三条第二款在介绍农业保险实行原则时便将"协同推进"作为四条原则之一。《条例》第四条规定，"财政、保险监督管理、国土资源、农业、林业、气象等有关部门、机构应当建立农业保险相关信息的共享机制"。第五条规定，"县级以上地方人民政府统一领导、组织、协调本行政区域的农业保险工作，建立健全推进农业保险发展的工作机制。县级以上地方人民政府有关部门按照本级人民政府规定的职责，负责本行政区域农业保险推进、管理的相关工作"。第六条规定，"国务院有关部门、机构和地方各级人民政府及其有关部门应当采取多种形式，加强对农业保险的宣传，提高农民和农业生产经营组织的保险意识，组织引导农民和农业生产经营组织积极参加农业保险"，明确了基层政府在农业保险中的作用。除了对上述部委的要求，《条例》还在第九条第三款规定，"国家鼓励金融机构对投保农业保险的农民和农业生产经营组织加大信贷支持力度"，即指明农业保险还需要社会上的金融机构给予支持。可见，《农业保险条例》对农业保险协同推进过程中所涉及各部门的责任进行了有效界定。

六、农业保险大灾风险管理政策

（一）农业巨灾风险与农业保险大灾风险

我国自然灾害频发，农业生产面临着台风、地震、干旱、寒潮等灾害造成巨大损失的风险，这些风险被称为农业巨灾风险。农业巨灾风险对农业的影响特别突出，资料显示，2018 年我国自然灾害以洪涝、台风灾害为主，干旱、风雹、地震、地质、低温冷冻、雪灾、森林火灾等灾害也有不同程度的发生。各种自然灾害造成全国农作物受灾面积达 20814.3 千公顷，其中绝收 2585 千公顷。农业巨灾是全球共同面对的难题。世界各国对农业巨灾界定的差异比较大，美国是以受灾农户当年的损失比例进行划分，加拿大以农业巨灾发生的概率和频率进行界定，而澳大利亚则以农户的直接经济损失来进行衡量。我国目前对于农业巨灾还没有明确的划分标准。

对于农业巨灾风险而言，国际上较为发达的国家倾向于利用高保障的保险产品为农户提供较为全面的补偿，在一定程度上减轻灾害发生后政府的救灾负担。然而，过高保障的农业保险产品经营，会相应增加保险公司的经营风险，在农业巨灾发生后，需要承担巨大的赔付责任，面临着农业保险大灾风险。针对这个经营风险，保险公司需要建立一套制度加以管理。

农业保险大灾风险与农业大灾风险不是一回事。农业保险大灾风险指的是农业保险经营的大灾风险，也就是农业保险综合赔付率超过一定管理范围，保险公司的准备金不够赔付（超赔）的风险。有研究表明，一般保险公司赔款的变异系数为 8.6%，而农业保险公司赔款的变异系数是 84%，农业保险经营的风险约为普通财产保险的 10 倍（Miranda M.& Glauber J.W，1977）。

（二）我国现行农业保险大灾风险管理政策

农业保险大灾风险管理体系应该有多个层次，根据其他农业保险发达国家的经验，可以分为公司级大灾风险管理制度、再保险制度、再保险之后的融资安排（或者省级、国家级大灾风险准备金），以便解决不同风险损失条件下的赔付问题。其目的是不因保险公司破产致使被保险农户的利益受到损害，进而影响农业再生产和农户收入的稳定。从近年来部分省份的赔付率来看，形势也不大乐观，有的省区已经用完本地建立的大灾风险准备金，保险机构仍然有巨大的赔款压力。对于加快这方面政策的制定提出了更加迫切的要求。

我国在建设农业保险制度的过程中也非常重视农业保险大灾风险分散制度。2013年12月，财政部出台了《农业保险大灾风险准备金管理办法》，对公司级大灾风险管理制度做出了安排。保险机构分别按照农业保险保费收入和超额承保利润的一定比例，计提大灾准备金，逐年滚存，专项用于弥补农业保险大灾风险损失。这个文件所规定的提取保费一定比例建立"保费准备金"和提取当年经营盈余建立"利润准备金"，对于经营农业保险的机构来说，是带有一定行政强制力的。

在此基础上，出于对再保险承保能力和再保险市场稳定性的考虑，2015年在前保监会的促进下，中国财产再保险公司与各直保公司共同成立了"农业再保险共同体"，为农业保险提供比较充分的再保险。2019年2月11日，人民银行、银保监会、证监会、财政部、农业农村部联合印发的《关于金融服务乡村振兴的指导意见》中指出，要落实农业保险大灾风险准备金制度，组建中国农业再保险公司，完善农业再保险体系。中央政府决定成立专门的由财政支持的中国农业再保险公司，这将为我国农业保险市场的经营提供更加稳定的基础，并将与其他国际再保险人一道，为我国农业保险提供更加充分的风险保障。

至于在完善农业再保险制度的基础上，还要不要考虑再保险之后的融资安排，或者建立省级和国家级农业保险大灾风险准备金，是需要进一步考虑和论证的问题。

本章小结

本章主要讨论了农业与农业政策、农业保险政策基础以及农业保险政策体系，这些内容是熟悉与理解中国农业保险政策和相关法律的演变，以及中国农业保险制度与政策分析所必需的基本理论知识，也是中国农业保险制度与政策发展预期讨论内容的最基本的理论依据。

重点概念

农业政策　农业保险政策　农业保险财政补贴政策　农业保险税收政策　农业保险市场组织政策　农业保险监管政策　农业保险协同推进政策　农业保险大灾风险政策

思考与练习

1. 如何界定农业政策与农业保险政策？
2. 简述农业保险政策的意义与目标。
3. 农业保险政策体系都包含哪些内容？
4. 简述农业保险财政补贴政策的意义。
5. 简述农业保险监管政策的现状、特殊问题及发展方向。
6. 简述农业巨灾风险与农业保险大灾风险政策的区别。

参考文献

[1] 何翔舟. 政府经济管理学[M]. 杭州：浙江大学出版社，2009：217-229.

[2] 庹国柱. 中国政策性农业保险的发展导向——学习中央"一号文件"关于农业保险的指导意见[J]. 中国农村经济，2013（7）：4-12.

[3] 庹国柱，张峭. 论我国农业保险的政策目标[J]. 保险研究，2018（8）：7-15.

[4] Miranda M., Glauber J W. Systemic Risk, Reinsurance, and the Failure of Crop Insurance Markets[J]. American Journal of Agricultural Economics 1977(79).

[5] 庹国柱. 我国农业保险政策及其可能走向分析[J]. 保险研究，2019（2）.

第二章　中国农业保险政策和相关法律的演变

本章学习目标

　　通过本章的学习，了解中华人民共和国成立以来中国农业保险政策和相关法律的演变历程，了解各个阶段宏观背景下中国农业保险政策和相关法律的演变方向。

本章知识结构图

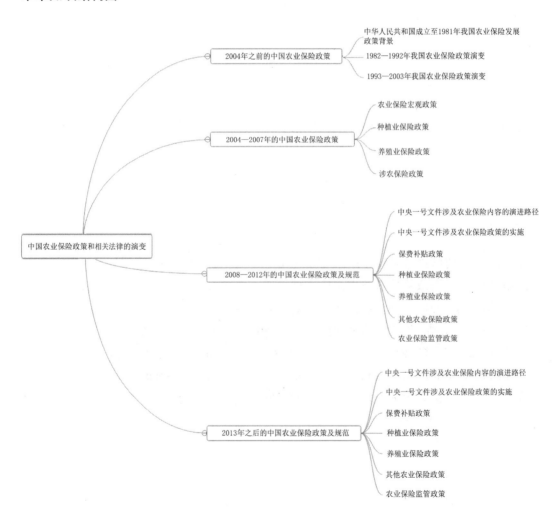

早在 20 世纪 30 年代，我国就开始了对农业保险的探索，随着我国农业保险发展的逐步深入，我国政府针对农业保险施行的政策法律也在不断迭代更新。以我国政策性农业保险试点、政策性农业保险保费补贴试点、《农业保险条例》正式实施为重要时间节点，本书将我国农业保险政策发展分为 4 个时间段：2004 年之前、2004—2007 年、2008—2012 年以及 2013 年至今，并针对各个阶段我国农业保险政策的发展历程进行介绍。

第一节　2004 年之前的中国农业保险政策

中华人民共和国成立之初，我国农业发展尚处于粗放经营时期，农业发展水平有限，政府主要将农业财政支持资金通过粮食保护价、销售农产品奖售农用物资、农用贷款贴息、免征农业税等途径进行发放，以直接为农业经营主体从事农业生产、扩大农业生产规模提供支持，而并未过多地将资金投入到农业保险制度建设上来。加之我国经济发展水平、文化发展程度等内外部因素制约着农业保险制度的发展，故当时我国农业保险发展速度缓慢。农业保险的相关配套政策法规出台较少，农业保险政策支持力度微弱，且对农业保险的险种界定较为模糊，有时甚至并不直接提及农业保险，而是以农村保险的组成部分对农业保险的发展进行大致说明。故该阶段的农业保险发展较为混乱，针对农业保险发展的制度体系尚未建立，直至 2004 年我国政策性农业保险开始试点推行，情况才有所好转。

鉴于该阶段我国农业保险政策尚未形成体系，各险种界限并不明晰，本节将以该阶段我国农业及农业保险发展背景为脉络，将我国农业保险政策及法律变迁过程置于国家农业发展的环境之下，从而对农业保险政策及法律发展进行史论结合式介绍。

一、中华人民共和国成立至 1981 年我国农业保险发展政策背景

1949 年 10 月 20 日，随着中华人民共和国的成立，中国人民保险公司建立，在建立后的一段时期内，其曾独家试办农业保险，种类包括农作物、林果、畜牧和农民财产等保险业务。最初试办的农业保险实行的是国家统一式的农业保险模式，主要借鉴了苏联的模式和经验，并与当时的行政中心工作——土地改革运动、抗美援朝结合在一起，以政治任务的形式推进。

1950 年，中国人民保险公司首先在北京郊区、山东商河、重庆北碚试办牲畜保险。1951—1952 年，在一些地区试办了农作物保险，如先后在山东、江苏、陕西、山西、四川、江西、河北及北京、西安等省市共 36 个地点试办了棉花保险。但由于急于求成、强迫命令的做法在群众中造成不良影响，1953 年初第三次全国保险工作会议确定

了"整理城市业务，停办农村业务，整顿机构，在巩固的基础上稳步前进"的工作方针。

1954 年，在东北地区辽宁、吉林、黑龙江三省的 90 个县中，继续办理了牲畜自愿保险。东北三省继续试办牲畜保险的实践表明，在互助合作运动迅速发展的新形势下，合作社有对牲畜自愿保险的需求。

1955 年，农业保险按"积极准备、稳步发展"的精神复办。至 1955 年底，全国共有 13 个地区开办大牲畜业务，东北地区业务占全国牲畜保费收入的 98％以上。1956 年前后，全国出现了农业合作化高潮，许多地方的农业生产合作社要求办理保险业务。1956—1957 年的农业保险业务在整顿、调整中开展。

1957 年以后，中国农村、农业、农民全面走向集体化的人民公社体制，国民经济全面转入计划经济体制时期。1958 年 1 月，中国人民保险公司第六次全国保险工作会议决定：农村保险要积极办理牲畜保险，扩大办理养猪保险，重点试办农作物的保险。但随着农业"大跃进"的深入以及人民公社化运动的出现，农作物保险试办时间不长就停止了。1958 年 10 月，西安全国财贸会议提出：人民公社化以后，保险工作的作用已经消失，除国外保险业务继续办理外，国内保险业务立即停办，因此农业保险与中国人民保险公司开办的其他商业保险一道被迫停办。这次农业保险的停办，从 1958 年开始一直持续到了 1981 年。

在中华人民共和国成立至 1981 年这一阶段，除停办时期外，我国农业保险业务完全采取商业化模式进行经营，而当时我国正处于计划经济时期，经济体制中的市场化程度极低，受经济体制抑制，农业保险在当时的经济环境下业务开展困难，难以发挥其风险保障作用，发展速度较为缓慢，政府对其关注程度并不高，故该时期有关农业保险的政策较少。

二、1982—1992 年我国农业保险政策演变

在国内农业保险业务停办期结束前夕，以 1978 年召开的党的十一届三中全会为标志，我国进入改革开放阶段，党的工作重心由阶级斗争转移到了经济建设上来。在之后的实践探索过程中，我国政府出台的经济政策将我国引向了经济体制改革的道路。1981 年，党的十一届六中全会通过的《关于建国以来党的若干历史问题的决议》中提出"以计划经济为主，市场调节为辅"的理论，尽管这一理论仍然坚持计划经济的总框架不变，但是必须按照尊重和利用价值规律的要求来进行经济活动已逐渐成为人们的共识，日常经济活动也开始步入市场经济的发展轨道。我国经济体制转轨的细微变化为农业保险业务的开展提供了适宜的土壤，使其商业化的运作模式得以发挥作用，而我国政府对农业保险政策态度的转变也恰逢其时。

（一）1982 年至 1987 年 10 月我国农业保险政策演变

1982 年 2 月，国务院批转中国人民银行《关于国内保险业务恢复情况和今后发展意见的报告》，文中指出："为了适应农村经济发展的新形势，保险工作如何为八亿农民服务，是必须予以重视的一个新课题。要在调查研究的基础上，按照落实农村政策的需要，从各地的实际情况出发，积极创造条件，抓紧做好准备，逐步试办农村财产保险、畜牧保险等业务。"至此，我国的农业保险在经历了 1958 年至 1982 年长达 24 年的空白之后，在改革开放的大幕下揭开了新的篇章。根据国务院的要求，中国人民保险公司（现在的中国人民财产保险公司）自 1982 年开始恢复经营农业保险业务，到 1986 年的 4 年试办阶段，中国人民保险公司仍代表政府垄断经营农业保险业务。

1982 年 9 月，党的十二大报告《全面开创社会主义现代化建设的新局面》中明确提出了系统地进行经济体制改革的任务，并且指出这是坚持社会主义道路、实现社会主义现代化的重要保证。该报告继《关于建国以来党的若干历史问题的决议》之后再次强调"计划经济为主、市场调节为辅"的原则，并提出对指令性计划和指导性计划进行划分的思想，撕开了我国传统计划经济体制的口子，进一步推动了我国市场经济体制改革的进程。1984 年 10 月，中共十二届三中全会审议通过的《中共中央关于经济体制改革的若干决定》中明确提出"社会主义经济是计划经济，即有计划的商品经济，要有步骤缩小指令性计划，扩大指导性计划"，即主张在保证计划经济主导地位的同时进一步发挥市场调节作用，促进了我国市场调节作用的进一步发挥。上述宏观政策的出台使我国市场经济体制改革的探索逐步深入。对于农业保险行业，随之而来的是政府的一系列农业保险支持政策的出台。1982 年至 1987 年 10 月党的十三大召开前夕，一系列农业保险支持政策逐步出台，其中大多数政策并未对农业保险进行具体细分，而是以"种植业保险""养殖业保险"或"农村保险"的形式呼吁发展农业保险，例如 1985 年及 1986 年的中央一号文件、1987 年的中央五号文件等。

1984 年 11 月，国务院发布的《国务院批转中国人民保险公司关于加快发展我国保险事业的报告的通知》中提出了一系列有关农业保险的发展意见，包括应"大力发展农村保险业务"，指出"农村保险业务将成为发展我国保险事业的重点之一"，要"逐步扩大办理养殖业保险"；对于种植业保险，"由于情况比较复杂，需要不断摸索经验，因地制宜地逐步扩大试办范围"；对于因"农村保险机构不够普遍和工作人员不足"而出现的农民自办农村保险合作社，"国家保险公司应当在业务上积极给以支持、指导和监督"；提出"实施机动车辆（包括拖拉机）第三者责任和船舶的法定保险"，并再次强调了《国务院关于农民个人或联户购置机动车船和拖拉机经营运输业的若干规定》（国发〔1984〕27 号）中农民个人或联户购置的机动车船和拖拉机必须参加第三者责任保险的要求。

1985 年，中央一号文件《中共中央、国务院关于进一步活跃农村经济的十项政策》中提出要"积极兴办农村保险事业"。

1985 年 10 月，国务院办公厅发布《国务院办公厅转发农牧渔业部关于改进大中城市农牧渔业工作的报告的通知》，指出为了"建设好畜、禽、鱼、虾、果、菜、花等良种繁育基地"从而实现大中城市农牧渔业发展目标，应积极"发展家畜防疫保险事业"。

1986 年，中央一号文件《中共中央、国务院关于一九八六年农村工作的部署》中强调"应积极发展农村各项保险事业"。

1987 年 1 月发布的《把农村改革引向深入》指出要"搞活农村金融，开拓生产要素市场"就应"发展农村社会保障事业，有条件的可试办合作保险"。

针对以畜牧业为主要生产活动的牧区，在整合 1987 年 6 月 4 日至 9 日北京召开的全国牧区工作会议记录的基础上，1987 年 8 月国务院发布了《国务院批转全国牧区工作会议纪要的通知》，提出为了提高牧区防灾能力，"在有条件的地区，可试行牲畜保险"。

从上述政策内容可以看出，在 1982 年初到 1987 年 10 月，我国政府对农业保险各险种的界定尚不清晰，农业保险支持政策尚未形成体系。同时，该时期农村地区始终是农业保险工作开展的主战场，1985 年提出了扶持城市地区农业保险工作的政策，这与当时我国的宏观政策有关：1978—1992 年是我国渐进式经济体制改革的探索时期，根据当时的改革重点可将其进一步细分为两个时期——以农村改革为重点的 1978—1984 年和以城市改革为重点的 1984—1992 年，随着经济体制改革的重点转向城市，以城市地区为主的农业保险政策也在 1984 年后逐步出台。

虽然该时期针对农业保险具体险种的政策不多，但对于个别农业保险险种，中央政府还是颁布了多条政策，其中最典型的险种即为渔船保险和农机具保险。

早在 1981 年末，中国人民保险公司便发布了《国内渔船保险条款》，1983 年，我国农业部和中国人民保险公司又联合颁布了《关于开展国内渔船保险工作的通知》及《国内渔船保险条款（试行）》，相较于上文中所提及政策对农业保险的笼统规定，《国内渔船保险条款》和《关于开展国内渔船保险工作的通知》通篇对国内渔船保险工作的开展进行了说明，是农业保险众多险种中最早受到政府重视和政策支持的险种之一。1984 年 1 月 1 日，中国渔船船东互保协会成立（2007 年改为中国渔业互保协会），在渔船保险领域首次引入互助保险，进一步促进了我国渔船保险业的发展。

1984 年 2 月发布的《国务院关于农民个人或联户购置机动车船和拖拉机经营运输业的若干规定》对农户投保农机具保险的行为提出了要求，指明"农民个人或联户经营运输的机动车船和拖拉机，必须在中国人民保险公司办理第三者责任保险和船舶保险（包括碰撞责任保险）；从事货运的，还要积极办理承运货物运输保险；从事客运的，还必须办理旅客意外伤害保险"。1984 年 11 月，国务院发布的《国务院批转中国人民保险公司关于加快发展我国保险事业的报告的通知》也对"农民个人或联户购置的机动车船和拖拉机必须参加第三者责任保险"的要求进行了再次强调，并指出应"实施机动车辆（包括拖拉机）第三者责任和船舶的法定保险"。

在上述一系列政策的推动下，至 1986 年，中国人民保险公司试办的农业保险险种有 100 多个，保险标的包括小麦、水稻、玉米等粮食作物，烟叶、棉花、甘蔗、甜菜、西瓜、亚麻等经济作物，以及牲畜水产等养殖物。

（二）1987 年 10 月至 1992 年我国农业保险政策演变

继《中共中央关于经济体制改革的若干决定》提出"有步骤缩小指令性计划，扩大指导性计划"之后，1987 年 10 月，党的十三大提出"社会主义有计划商品经济的体制应该是计划与市场内在统一的体制"的观点。1992 年 10 月，党的十四大正式确立"我国经济体制改革的目标是建立社会主义市场经济体制"。至此，我国社会主义经济体制改革探索阶段结束并进入正式推行阶段。在此期间，随着我国社会主义市场经济体制改革的进一步推进，农业保险相关政策也在逐步出台，且这一阶段农业保险政策的重心由农业保险总体性向细分农业保险险种政策转移。

1991 年 11 月发布的《中共中央关于进一步加强农业和农村工作的决定》是这一阶段最重要的农业保险纲领性政策之一，指出要大幅度增加农业投入，要求"积极发展农村保险事业，扩大险种范围，鼓励农民和集体投保。在各级政府的支持下，建立多层次、相互联系的农村专项保险基金，逐步建立农村灾害补偿制度"。该政策体现出该阶段政府已开始重视农村保险的发展，并试图通过政府支持建立专项基金的方式建立农村风险保障机制。

基于 1982—1987 年间中央发布的支持渔船保险业务开展的相关政策引导，多个省份开始针对本省渔船保险工作出台具体实施办法。在这一时期成文并出台的渔业保险相关政策主要包括《浙江省乡镇渔业船舶安全管理暂行办法》和《安徽省渔业船舶安全管理暂行办法》。1988 年 10 月，浙江省政府发布《浙江省乡镇渔业船舶安全管理暂行办法》，其中第十八条呼吁"乡镇渔业船舶应当参加渔船保险"。1992 年 9 月，安徽省人民政府水产局也发布了《安徽省渔业船舶安全管理暂行办法》，第三十一条规定指出对本省应投保渔船保险而未投保或无法证明其投保的渔船相关人员，渔监机关将视情节予以处罚。

在渔船保险不断发展的同时，农机具保险，尤其是拖拉机交强险作为重要涉农保险险种，其相关政策也得到进一步推广。1988 年 11 月，《中国人民保险公司、公安部、农业部关于实施拖拉机第三者责任法定保险的通知》发布，并于 1989 年 2 月 1 日开始执行，文中强调专门从事运输或既从事农业生产又从事运输活动的拖拉机必须向中国人民保险公司或其代办处投保"拖拉机第三者责任法定保险"，并积极参加"车辆损失险"，否则将禁止其上道行驶，上一保险期限内未出险的保险标的在进行续保时可获得费率优惠，并限定了拖拉机第三者责任法定保险的承办机构为中国人民保险公司，该文件发布之前地方自办的拖拉机第三者责任法定保险应停止实施，保险责任未到期的业务也应在其保险期满后停止，条款暂时按照中国人民保险公司各分公司条款执行等。该文件发布内容涵盖拖拉机第三者责任法定保险的实施范畴、投保承保注意事项及政府各部门的权责认定等多个项目，是农机具保险政策发展过程中较为详尽的实操政策之一，为当时各地执行拖拉机法定保险工作提供了较为具体的行动指南。1992 年 9 月 7 日发布的《国务院办公厅关于加强对拖拉机运输交通管理的通知》再次对参与运输活动的拖拉机保险工作进行强调，指出从事运输活动的拖拉机 "必须按照一九八八年中国人民保险公司、公安部、农业部关于实施拖拉机第三者责任法定保险的通知，向车辆登记地的中国人民保险公司投保第三者责任险"。

除针对农机具保险中的拖拉机保险多次出台文件进行规定，各地方政府也在这一时期纷纷出台政策对本地农机具保险业务的开展进行说明，其中较为典型的政策包括《甘肃省农机事故处理暂行规定》《青海省农机事故处理办法》《吉林省农机事故处理规定》和《天津市农业机械安全监理规定》。

1990 年 3 月发布的《甘肃省农机事故处理暂行规定》第三十八条指出，一旦出现农机事故，若该行政区域已实行机动车第三者责任保险，则在事故责任者逃跑未查获之前，农机事故所造成的伤、残、亡人员所需费用由保险公司垫付，事故责任者被查获后再按照该文件相关规定进行处罚。

1991 年 10 月发布的《青海省农机事故处理办法》及 1992 年 10 月发布的《吉林省农机事故处理规定》中均提出，若农机事故责任方逃逸且农机已投保第三者责任险，则在事故责任方逃逸期间，保险公司应在其保险责任范围内垫付受害方所发生的费用，且保险公司有权向抓获的逃逸者及其所在单位或者农机的所有者追偿其预付款项。《青海省农机事故处理办法》第十一条规定，若农机已投保农机具保险，则发生农机事故后，驾驶操作人员除保护现场、抢救伤员并向有关政府部门报案外，还应通知保险公司派人参加事故调查。

1992 年 10 月，天津市人民政府发布了《天津市农业机械安全监理规定》，第十五条强调 "拖拉机及自带动力的农业机械应按年度参加第三者责任保险"。

各级政府文件精神推动了农业保险的再度兴起，在中央农村改革政策的要求和农村商品经济发展的促推下，尽管农业保险没有摆脱商业保险公司的体制束缚，但由于中国人民保险公司内部领导的高度重视，同时采取了成立专门业务部门、将农村保险业务统交农村保险部经管的措施，为农业保险的发展注入了活力。在这一时期，各地积极开展创建保险先进县的活动，为农业保险争取各地方党政领导部门的政策支持、措施保障和资金资助开通了一些渠道。一些省级保险分公司还与省政府的相关技术部门结合，进行了大量的农业保险体制改革试点。这一阶段，我国农业保险工作开展过程中的不断试验使得我国农业保险市场日益活跃，6 年中，农业保险业务收入从 1987 年的 10028 万元增加到 1992 年的 86190 万元，增长了约 7.6 倍。可以说，1987—1992 年是中国农业保险大幅度增长的阶段，是中华人民共和国成立后农业保险发展的黄金时期。

总体而言，我国农业保险在 1982—1992 年间发展势头迅猛。虽然这一时期的赔付率相当高，11 年间有 5 年的赔付率超过 100%，呈现出 "大干大赔" 的现象，但是保费收入从 1982 年的 2.3 万元上升到 1992 年的 8.17 亿元，年均增速达 285.13%，且农业保险险种得到极大丰富，从 1982 年恢复试办时仅有的生猪、大牲畜等几个险种发展至 1992 年时包括棉花、水稻、烤烟、鸡、兔、羊、对虾养殖和扇贝养殖在内的近百个险种，险种覆盖面得到进一步拓宽，已涉及农业、林业、畜牧业和渔业等多个领域。

三、1993—2003 年我国农业保险政策演变

以 1992 年邓小平发表重要讲话及党的十四大为标志，我国进入了社会主义市场经济体制改革的理性推进时期，建立社会主义市场经济体制明确成为我国经济体制改革的目标，进一步细分可将 1992 年至今分为两个小阶段，即 1993—2003 年间我国建立市场经济体制框架阶段及 2003 年至今我国市场经济体制的改进与完善阶段。根据我国农业保险发展演变情况，本节仅对 1993—2003 年间的农业保险政策进行介绍。

继党的十四大提出建立社会主义市场经济体制的经济体制改革目标后，1993 年 11 月，十四届三中全会通过了《中共中央关于建立社会主义市场经济体制若干问题的决定》，该文件勾勒出社会主义市场经济体制的框架，提出了具有鲜明的系统性和针对性的改革措施，并在理论上进行创新，提出了资本市场和劳动力市场理论。在这一系列宏观经济政策的影响下，我国经济体制中市场化程度不断提高，对当时以商业化形式开展的农业保险业务本应产生强劲的支持作用，但在市场经济体制改革的同时，负责经营农业保险业务的中国人民保险公司也进行了一系列改制，破坏了前一阶段人保公司内部"抽肥补瘦"助推农业保险发展的机制，且当时政府出台的部分农民减负政策将地方组织摊派及强制农户投保保险的行为归入禁止范围，农业保险保险人与投保方双重影响导致我国农业保险体量在 1992—2003 年间逐渐萎缩，而我国农业保险业务量开始呈现明显下滑趋势主要体现在 1996 年。

虽然我国农险业务量明显下滑的趋势主要体现在 1996 年，但实际上在此之前，我国已经出台了部分与农民减负有关的政策，由于政策效果存在时滞性，故这些政策对 1996 年我国农险业务量的全面下滑现象产生一定影响。早在 1989 年 7 月，黑龙江省就已发布了《黑龙江农民负担管理条例》，其中第十五条规定"任何部门不得强制农民购买有价证券、订阅书籍、报刊。除法定保险项目外，不得强制农民参加保险"。《黑龙江农民负担管理条例》是我国较早出台的禁止基层政府强制农民投保非法定保险、维护农民参保自愿性的地方政策，具有较高的前瞻性，与之后中央政府的政策导向基本保持一致。

1990 年 2 月，国务院发布了《国务院关于切实减轻农民负担的通知》，对农民合理负担的项目和适用范围进行明确，并提出"未经县级以上农业行政主管部门或农村工作部门审核、同级人民政府批准，任何部门不得自行下文向农民收取各种费用，以及巧立名目集资、摊派、募捐、赞助等"，且原文未将农业保险归入农民合理负担项目。1991 年 12 月，《农民承担费用和劳务管理条例》出台，第二十七条指出"组织农民参

加保险，应当遵守法律、法规的规定"。该条例已提及了地方政府在组织农民参保时的合法性问题，但仍然面临着有关农民参保的法律法规尚不完善的问题。

在国务院出台《农民承担费用和劳务管理条例》这一实操说明性文件前夕，1992年7月，吉林省发布了《吉林省农民负担管理条例》，其中第四十条规定"向农民或农村集体经济组织征订书报杂志、发行有价证券，或要求其捐款捐物、投资入股、提供赞助、参加保险（法定保险除外）等，应坚持自愿原则，任何组织和个人不得以行政手段硬性下达指标，不得强制或者变相强制摊派"，第五十五条规定强制要求农民参加保险的部门负责人和直接责任人将受到行政处分甚至被追究刑事责任。从时间关系上看，该条例是在中央发布《农民承担费用和劳务管理条例》后首批响应中央号召、完善本地农民减负制度的地方政策，明确禁止当地出现农业保险摊派行为并指明处罚方式，能够对本省基层政府及个人起到一定的警示效果。

1992年7月发布的《国务院办公厅关于进一步做好农民承担费用和劳务监督管理工作的通知》是对《农民承担费用和劳务管理条例》实施的进一步解释，其中规定各地政府部门对于订阅报刊、保险、发售有价证券、放映电影等一系列会对农民造成经济负担的行为，应当遵循自愿原则，禁止摊派，从中央政策层面禁止农村地区出现保险摊派行为。此文件颁布后，多个地方政府响应中央政策精神，陆续发布了一系列地方性农民减负政策，其中均提出禁止基层政府部门强制要求农民投保保险产品的行为，典型地方政策包括1993年7月颁布的《贵州省实施〈农民承担费用和劳务管理条例〉办法》、1994年11月颁布的《辽宁省农民承担费用和劳务管理实施办法》及1995年11月颁布的《内蒙古自治区农牧民负担监督管理条例》等。《辽宁省农民承担费用和劳务管理实施办法》同时强调一旦本省出现强制农民参加非法定保险的现象，将由当地农业行政主管部门或提请本级人民政府责令事故责任人纠正并如数返还所收费用。

上述地方政策一定程度上可视为中央政策文件的实施效果，地方政策再三强调禁止摊派农业保险会从一定程度上抑制当地农业保险业务的开展，该阶段中央政策落实到地方并形成地方政策再对地方政策进行实际执行所需时间较长，由此导致1996年之前出台的一系列政策对1996年的农业保险工作产生了集中影响。另外，1996年12月，中共中央、国务院为了加强各地农民减负工作的开展力度做出《中共中央、国务院关于切实做好减轻农民负担工作的决定》，并重申"有关部门在农村开展保险业务和合作医疗，都必须坚持自愿量力，不得强求。不得以任何形式下达保险指标，强行要求农民投保"。往期政策的实施效果与当期政策共同作用，使得我国农业保险业务在1996年出现断崖式下降，同时也推动了多个省份不断出台农民减负工作的相关政策。

在《中共中央、国务院关于切实做好减轻农民负担工作的决定》发布当月，即1996年12月，安徽省发布了《安徽省农民负担管理条例》，规定组织农民参加非法定保险的行为必须遵循自愿原则，不得强行摊派。1999年11月，辽宁省人民政府发布的《辽宁省农民承担费用和劳务管理条例》中也提出了尊重农民投保自愿性、禁止强制摊派保险的规定，并在此基础上提出对本省摊派非法定保险行为的处罚方式，即"由农业行政主管部门或者本级人民政府责令纠正，如数退还非法收取的款项；对主要负责人和直接责任人员分别处以 2000 元至 1 万元的罚款；对国家机关工作人员，由其所在单位、上一级主管部门或者监察部门给予行政处分"。该条例是辽宁省首次以条例形式出台农民减负政策，相较于 1994 年发布的《辽宁省农民承担费用和劳务管理实施办法》具有更强的法律效力和更详细的工作实施管理标准。

为了解农民减负工作相关政策发布后各地实际执行情况，1998 年 12 月 15 日至 12 月 26 日，农业部、监察部、财政部、国家计委、法制办 5 个检查组对江西、甘肃、广西、浙江、重庆 5 省（自治区、直辖市）进行了一场农民负担执法检查。在对检查结果所反映的问题及解决对策进行文字整合后，1999 年 3 月，国务院发布了《国务院办公厅转发农业部、监察部、财政部、国家计委、法制办关于 1998 年农民负担执法检查情况报告的通知》，其中指出农村部分地区摊派保险等一系列问题依旧十分严重。中央政府的执法检查以及检查结果报告令地方政府在农民减负工作上不敢掉以轻心，加之 2000 年 3 月发布的《中共中央、国务院关于进行农村税费改革试点工作的通知》及其相关中央政策相继推出，农民减负工作成为当时各级政府工作的重点之一。多个省份在此背景下陆续出台了本地的相关政策，贵州、浙江等地省政府在开展农村税费改革试点工作后对农村地区的农业保险投保问题从政策层面进行了说明。

2002 年 8 月，中共浙江省委办公厅、浙江省人民政府办公厅出台的《关于加强农村经营服务价格和收费管理的意见》强调禁止强行组织农民投保非法定保险。2002 年 8 月，浙江省人民政府发布的《中共浙江省委办公厅、浙江省人民政府办公厅关于严格执行农村税费改革有关纪律的若干意见》提出针对强制农民投保非法定保险的行为将对相关党政机关工作人员进行严肃查处。

尽管该阶段来自农民减负政策的负面影响严重，但中央及地方政府依旧在不断出台对农业保险的支持政策。1993 年 7 月，第八届全国人民代表大会常务委员会第二次会议通过并发布了《中华人民共和国农业法》，第三十一条规定国家鼓励扶持农业保险事业的发展，并再次强调了农业保险投保的自愿原则，禁止出现强制农业经营主体投保农业保险的行为。在 2002 年 12 月出台的《中华人民共和国农业法》修订版中，将原版第三十一条改为第六章"农业投入与支持保护"第四十六条"国家建立和完善农业保险制度"，在原有条款内容的基础上指出国家要逐步建立完善政策性农业保险制度，鼓励扶持农户建立服务于农业生产的互助合作保险组织，同时鼓励商业性保险公司开办农业保险业务。作为一个农业大国规范农业生产行为、推动农业产业发展的基础性法律，《中华人民共和国农业法》涉及农业保险的初版内容和修订内容与所处时期政治背景对农业保险的导向保持一致：1993 年前后，我国农业保险被视为增加农民负担的业务，其在农村地区的强制投保行为也遭到了各级政府政策的抵制；到了 2002 年前后，我国政府将农业保险制度建设摆在了支持保护农业发展的重要地位，并逐步酝酿建立我国农业保险制度体系的实施举措，故对商业型保险公司、农业互助合作保险组织等不同组织形式的农业保险经营主体进入市场参与竞争的行为均持积极态度，以政策支持手段不断激发农业保险市场活力。1995 年出台的《中华人民共和国保险法》明确提出国家支持农业相关保险事业的发展，表明我国政府对农业保险法制化发展意识不断增强。

1996 年 8 月发布的《国务院关于农村金融体制改革的决定》在第五部分"逐步建立各类农业保险机构"中指出，应在农业大县逐步建立主营种养业保险的农村保险合作社，并在中国人民保险（集团）公司的原有农业保险机构基础上组建国家农业保险公司，在地方成立地方农业保险公司，为农村保险合作社提供分保和再保险服务。国家将在政策上对农业保险机构进行扶持，并对农业保险体制改革工作提出要求，指出"农业保险体制改革，今年内由中国人民银行会同有关部门制定方案，报国务院审批后实行"。该文件已从国家宏观角度对农业保险机构建设进行了初步构思，在推动基层设立农村保险合作社的同时学习国际经验，试图建立国家农业保险经营机构和地方农业保险经营机构，探索适合我国国情的农业保险组织体系。但由于这段时期农民对农业保险的抵触情绪及农村减负政策等一系列主客观因素的影响，后续一段时间内相关部门并未针对农业保险体制改革出台具体有效的方案。

2003 年 10 月发布的《中共中央关于完善社会主义市场经济体制若干问题的决定》提出我国要"探索建立政策性农业保险制度"。在《中共中央关于完善社会主义市场经济体制若干问题的决定》出台的背景下，2003 年 11 月，由保监会牵头，并邀请有关部门、保险公司和专家学者就发展农业保险问题进行了深入的专题调研，在对国内外各类农业保险制度进行深入调研和比较分析基础上，形成了《建立农业保险制度的初步方案》。该方案主要包括以下几点内容：①现阶段中国发展农业保险既不能照搬任何一种国外已有模式，也不能单纯依靠财政补贴解决保费问题，更不能依靠单一主体经营，并指出应"在具备条件的地区和市场开展试点，总结推广，逐步建立多层次体系、多渠道支持、多主体经营的符合中国国情的农业保险制度"。②将我国农业保险总的经营原则确立为"政策扶持、商业运作"。③现阶段应调剂整合政府、社会、企业、农民多方资源，共同支持农业保险发展。该方案的出台，标志着我国农业保险制度的发展途径初步形成，对我国农业保险高速发展起到了奠基性作用。

在针对我国农业保险制度宏观建设的指导性文件出台的同时，各级政府也在渔船保险和农机具保险等发展速度较快的涉农保险领域出台具有针对性的政策文件，在跟进相关险种发展进程的同时为其发展提供适宜的政策环境。

1978 年农村改革之后，渔业地区，特别是捕捞渔业地区的渔船均分配给各家各户经营，渔民所持有的渔船失去了集体的风险保障。故经民政部批准，1994 年 7 月，中国渔船船东互保协会（后于 2007 年更名为中国渔业互保协会）在农业部的支持下成立，专门为分散的捕鱼户提供渔船保险和渔民短期人身伤害保险。中央政府并未向渔民提供相应的中央财政保费补贴，但依旧为渔船保险等相关险种的发展提供了政策支持。

1997 年 1 月发布的《国务院批转农业部关于进一步加快渔业发展意见的通知》提出"围绕渔业产前、产中、产后服务，积极、稳妥地发展渔民协会、渔业技术协会、渔业互助保险等各种服务性组织"，对渔业互助保险组织的发展提出了政策支持，间接推动了这类组织所开展的渔船保险、渔业保险等险种的发展，以保障我国渔业的正常发展。但在该政策出台后，虽然政策对服务型组织的发展表示支持，却并未再出现过超越渔业互保协会的典型成功案例。

1997 年 8 月，浙江省水产局针对本省从事国际鲜销的渔船发布了《浙江省国际鲜销渔船安全管理暂行规定》，文中强制规定获批的国际鲜销渔船必须参加渔船保险或加入渔船船东互保，并将船舶及船员是否参加保险或互保作为国际鲜销渔船年度审核的项目之一。该规定将渔船保险作为国际鲜销渔船作业的强制保险，可对浙江省渔船保险及相关保险的发展起到一定推广作用。

在 1997 年 12 月《中华人民共和国渔业船舶登记办法》重新修订后，浙江省水产局积极响应中央政策，因地制宜，于 1998 年 1 月发布了《〈中华人民共和国渔业船舶登记办法〉浙江省实施办法》，在《中华人民共和国渔业船舶登记办法》的指导下细化了渔船抵押细则，将船舶是否投保相关保险与船舶抵押资格进行勾连，规定未经保险的船舶所有人的船舶不能办理船舶抵押登记，是该时期地方政府将农业保险政策与其他政策进行协同实施的典型案例。

这一时期，农机具保险政策发展主要体现为地方政府参照上一时期中央出台的相关政策精神不断出台并完善本地农机具保险政策文件。

1995 年 8 月四川省发布的《四川省农业机械管理条例》及 1996 年 8 月贵州省发布的《贵州省农业机械管理条例》均对本地须参保第三者责任保险的农用机械类型进行了界定，并要求相关农用机械必须投保第三者责任保险或参加安全互助组织以确保农业机械事故的善后处理，《贵州省农业机械管理条例》还明确指出只有投保第三者责任保险的相应农用机械才可使用。1996 年 7 月，湖北省人民政府发布的《湖北省农业机械安全监督管理办法》规定"农机监理机关的主要职责"包括"协助保险机构做好拖拉机第三者责任法定保险工作"。

1997 年 12 月安徽省发布的《安徽省农业机械管理条例》、1998 年 5 月内蒙古自治区发布的《内蒙古自治区农业机械管理条例》和 2003 年 11 月山东省农机管理办公室发布的《山东省农机跨区作业中介组织管理暂行办法》分别指出相关部门应在农机相关人员自愿的前提下鼓励其投保第三者责任保险等农机具保险，但并未以强制形式要求投保。

1994 年 9 月，江西省发布了《江西省农业机械安全监督管理办法》，第六条规定各级农机监理机构的主要职责包括"协助人民保险公司做好行走式农机的第三者责任法定保险和按自愿的原则参加的农机损失保险工作"。

从上述地方政策来看，对于农机具保险业务的开展，各地政府的态度不尽相同，部分地区选择以强制险的形式开展农机具第三者责任保险，部分地区政府以完全自愿的形式向农户推广农机具第三者责任保险，也存在部分地区在区分农机具不同险种的基础上对第三者责任保险采取强制推广措施，对其他农机具保险险种采取自愿投保模式。

除了对农机具保险进行政策推广，部分地方政策也对农机具保险的理赔阶段进行说明。1996 年 12 月，安徽省人民政府发布了《安徽省农业机械安全监督管理办法》，规定一旦发生农机事故，"在事故责任尚未分清或肇事者逃逸的情况下"，对于已投保农机具保险的农业机械，保险人应在其保险责任范围内预付受害人的相关费用。

综上所述，1993—2003 年这一阶段，初期以乡或村为单位集体投保，将保险费以乡统筹或村提留的形式向农民强行收取保险费的基层行政干预行为严重，激起了农民极大的抵触情绪。适时出台的一系列农民减负政策丰富了农民减负政策体系，但由于各级政府对强制农户投保农业保险行为的严厉打击，且农业保险并非国家规定的法定保险，基层政府难以通过组织农民投保农业保险的方式在地方推广农业保险业务，来自环境及农业保险关系人的多种主客观影响因素对这一时期我国农业保险发展产生了消极影响。故尽管这一时期我国经济体制改革形势大好，政府对农业保险的支持政策也不断涌现，但从最终效果上来讲，自 1996 年起各地农业保险投保量持续下降，农业保险跌入"低谷"，更谈不上建立农业保险可持续发展的制度体系了。到 2003 年，我国农业保险保费收入仅 5 亿元，与 1992 年（8.17 亿元）相比，下降了 38.8％。农业保险已经不能满足农村和广大农民日益增长的保险需求。

第二节　2004—2007 年的中国农业保险政策

2004—2007 年是我国农业保险实现飞跃性成长的第一个阶段，也是农业保险发展政策泉涌而出的第一个阶段，该时期以政策性农业保险试点开始推行和农业保险财政保费补贴试点开始实行两大事件为首尾，勾勒出中华人民共和国成立以来我国农业保险发展的首个黄金时期。7.5 亿农民在该时期获得了各级政府的大量政策支持，"三农"工作得到了空前发展，在此基础上，依托于农业发展水平而发展的农业保险终于成为各级政府高度重视的风险转嫁工具，得到了政府的政策支持。在农业保险整体发展路径逐渐清晰的同时，种植业保险、养殖业保险甚至其项下的各个险种也得到了详细界定，并依托各项农业生产活动强劲的发展势头而从农业保险大类中脱颖而出，成为 21 世纪初农业保险迅速发展的典型代表及行业缩影。该时期针对相应险种的政策措施也层出不穷。

本节将根据险种类别对相关政策进行分类，分别从农业保险宏观政策、种植业保险政策、养殖业保险政策和涉农保险政策 4 个部分进行介绍。由于各级政府对于部分农业标的相应险种并未出台专门的政策措施，仅在宏观政策中粗略提及，且政策数量较少，故在后文不按照农业标的品种进行分类整理，仅对当时重点发展并出台专门政策的险种政策进行单独介绍。

一、农业保险宏观政策

（一）我国农业保险发展政策背景

自 2004 年开始，国务院实行减征或免征农业税的惠农政策，减免农业税、农业特产税 294 亿元，针对农民的粮食直补达到 120 亿元，到 2005 年已有 8 亿农民直接受益。2005 年 12 月 29 日，第十届全国人大常委会第十九次会议通过《关于废止中华人民共和国农业税条例的决定》，并于 2006 年 1 月 1 日起正式实施，实施了近 50 年的农业税条例依法废止，一个在我国延续两千多年的税种宣告终结。农业税条例废止带来的直接影响是减少了农业生产成本，增加了农民收入，该项废止决定不仅仅是中国在缩小城乡差别、减轻农民负担方面迈出的历史性一步，更为农业保险提供了新的发展机会。

在此背景下，2004—2007 年农业保险发展的显著变化，最明显地反映在各项宏观政策当中。

（二）我国农业保险发展政策演变

时隔 18 年，为扭转农业发展前期停滞甚至倒退的发展状况，中共中央国务院再次发出关于"三农"问题的一号文件，于 2004 年 2 月出台《中共中央国务院关于促进农民增加收入若干政策的意见》，将解决农民增收问题作为当年农业发展工作的重中之重，并为各级政府解决农业发展中阻碍农民增收的一系列问题提供了相应意见。作为保障粮食生产、农民增收的重要一环，各项政策均提出要大力发展农业保险。2004 年中央一号文件针对"改革和创新农村金融体制"，提出了"加快建立政策性农业保险制度，选择部分产品和部分地区率先试点，有条件的地方可对参加种养业保险的农户给予一定的保费补贴"的意见。随后，国务院办公厅发布《国务院办公厅关于落实中共中央国务院关于促进农民增进收入若干政策意见有关政策措施的通知》，对 2004 年中央一号文件中部署的各项工作进行分工，其中指出保监会须牵头开展"加快建立政策性农业保险制度，选择部分产品和部分地区率先试点"工作。作为 21 世纪以来首个提及农业保险的中央一号文件，《中共中央国务院关于促进农民增加收入若干政策的意见》直接推动了我国政策性农业保险试点工作的迅速开展，同时也成为之后连续 10 多年间中央一号文件强调发展农业保险制度的奠基性政策文件，对我国农业保险的发展影响深远。

随后一年的主要工作任务是加大农业保险试点力度，探索我国农业保险发展的不同模式，并联合有关部门出台相关政策，鼓励商业性保险公司参与农业保险事业。2005

年中央一号文件《中共中央国务院关于进一步加强农村工作提高农业综合生产能力若干政策的意见》出台，将当年我国"三农"问题的工作重心转移到加强农业基础设施建设、加快农业科技进步以提高农业综合生产能力上来。文中针对"推进农村金融改革和创新"方面的工作指出，要在 2004 年我国首批农业保险试点黑龙江、吉林、上海、新疆、内蒙古、湖南、安徽、四川、浙江 9 个省区市的基础上"扩大农业政策性保险的试点范围，鼓励商业性保险机构开展农业保险业务"。为了落实该文件精神，国务院办公厅发布了《国务院办公厅关于落实中共中央国务院关于进一步加强农村工作提高农业综合生产能力若干政策意见有关政策措施的通知》，对 2005 年中央一号文件中提及的主要任务进行分工，提出对于"扩大农业政策性保险的试点范围，鼓励商业性保险机构开展农业保险业务"的工作，保监会应牵头并会同多个政府部门共同提出实施意见。

在 2003 年党的十六届三中全会通过的《中共中央关于完善社会主义市场经济体制若干问题的决定》的工作指导下，2005 年 4 月国务院发布了《国务院关于 2005 年深化经济体制改革的意见》，提出了 2005 年推进经济体制改革的总体要求并列明了本年度深化经济体制改革的重点工作内容，并在"深化农村金融改革"部分再次强调要"推进政策性农业保险试点，扩大试点范围"。

2005 年 10 月，中国共产党第十六届中央委员会第五次全体会议通过并出台了《中共中央关于制定国民经济和社会发展第十一个五年规划的建议》，在"全面深化农村改革"部分指出要"探索和发展农业保险"。作为十一届五中全会通过且与 5 年计划有关的文件，《中共中央关于制定国民经济和社会发展第十一个五年规划的建议》对发展农业保险的号召等同于政府释放的政策信号，表明我国农业保险在接下来至少 5 年时间内将得到中央政策的大力支持。在该文件下发后的一段时间内，大量支持农业保险发展的中央及地方政策围绕该建议精神陆续出台，可以说《中共中央关于制定国民经济和社会发展第十一个五年规划的建议》对"十一五"阶段我国农业保险发展政策体系的完善产生了较大影响。

"十一五"规划将建设社会主义新农村确定为短期内我国"三农"问题的工作重心，并于 2006 年 2 月发布中央一号文件《中共中央国务院关于推进社会主义新农村建设的若干意见》。该文件中，"发展农业产业化经营"指明"各级财政要增加扶持农业产业化发展资金，支持龙头企业发展，并可通过龙头企业资助农户参加农业保险"，为支持农户投保农业保险提供了新的实施路径；"加快推进农村金融改革"再次对推进政策性农业保险试点工作进行了强调，指出"稳步推进农业政策性保险试点工作，加快发展多种形式、多种渠道的农业保险"。2006 年中央一号文件明确将发展农业保险体系定义为短期内我国"三农"发展的重点项目之一，对当时全国性的农业保险发展起到进一步的激励作用。为解决该文件提及工作的分配问题，国务院办公厅发布了《国务院办公厅关于落实中共中央国务院关于推进社会主义新农村建设若干意见有关政策措施的通知》，指出保监会应参与"通过龙头企业资助农户参加农业保险"问题的解决，并负责牵头保障"稳步推进农业政策性保险试点工作,加快发展多种形式、多种渠道的农业保险"工作的顺利实施。

在中央政府以中央一号文件、"十一五"规划等政策形式一再提出发展政策性农业保险试点工作的号召后,保监会在黑龙江、吉林、上海、新疆、内蒙古、湖南、安徽、四川、浙江9个省市区的基础上不断拓宽政策性农业保险试点地区。在此背景下,相关试点地区陆续出台了本地政策性农业保险试点工作的相关政策文件,以保证本地政策性农业保险的发展速度。其中具有代表性的是浙江省人民政府发布的《浙江省人民政府关于开展政策性农业保险试点工作的通知》。该文件指出,应"充分认识开展政策性农业保险试点工作的重要意义",提出了浙江省开展政策性农业保险试点工作的总体要求,确定了本省政策性农业保险试点的运作方式为共保经营方式和互保合作方式,并为两种运作方式指定了试点地区,详细介绍了以共保经营方式开展试点工作的具体要求,如试点范围为水稻、生猪、鸡、鸭、大棚蔬菜、西瓜、柑橘、林木、淡水养殖,保障程度以物化成本为主等,同时介绍了浙江省试点工作的配套措施,并强调了本省各地方政府要加强对政策性农业保险试点工作的领导力度。作为地方政府政策文件,《浙江省人民政府关于开展政策性农业保险试点工作的通知》内容详细,可操作性强,是该时期农业保险地方政府政策的典型代表。

为了推动和完善中国保险事业的发展,国务院于2006年6月发布了《国务院关于保险业改革发展的若干意见》,简称"国十条"。该政策的出台对于我国保险行业的发展产生了长远影响,同时在重点解决"三农"问题的背景下,政策中单独针对农业保险发展提出的意见占到了1/10,同时还在"进一步完善法规政策,营造良好发展环境"中提及了"加快推进农业保险法律法规建设"的内容。在"积极稳妥推进试点,发展多形式、多渠道的农业保险"中,"国十条"重点强调了我国农业保险应建立符合中国国情的独特模式,"扩大农业保险覆盖面,有步骤地建立多形式经营、多渠道支持的农业保险体系""明确政策性农业保险的业务范围,并给予政策支持",同时应探索建立政策性农业保险财政补贴制度,明确各级财政对农户的补贴方式、品种和补贴比例,给予政策性农业保险经营主体一定补贴,并"完善多层次的农业巨灾风险转移分担机制,探索建立中央、地方财政支持的农业再保险体系"。除了对农业保险整体发展路径进行了说明,"国十条"还针对我国的农业保险经营主体提出应探索发展多种形式的农业保险组织,支持保险公司开发有吸引力的农险产品,并开办涉农保险业务等意见。

为贯彻执行《中华人民共和国国民经济和社会发展第十一个五年规划纲要》中"发挥农业保险"的建议,落实党的十六届五中全会精神,2006年7月,农业部单独针对农业和农村经济发展印发了《全国农业和农村经济发展第十一个五年规划(2006—2010年)》。其中"改善农村融资制度"部分指出,"稳步推进农业政策性保险试点工作,积极开展依托龙头企业资助农户进行农业保险试点,加快发展多种形式、多渠道的农业保险,探索符合我国国情的农业保险路子"。该政策内容较《中共中央关于制定国民经济和社会发展第十一个五年规划的建议》更加具体,同时也确定了当时进行农业保险试点的主要实施路径。2006 年 9 月，农垦局参照上述文件精神，对农垦地区"十一五"期间经济社会发展进行定位，出台了《全国农垦经济与社会发展第十一个五年规划（2006—2010 年）》，该规划在"积极落实和争取政策"中指出要"加快建立垦区政策性农业保险体系"。由于垦区大多直属于农业部，政府工作的可操作性强，故在此规划出台后，垦区的政策性农业保险工作得到了较快发展。保监会作为保险行业监督管理部门，依据中央各部门指导意见，于 2006 年 9 月印发《中国保险业发展"十一五"规划纲要》的通知，指出"十五"期间我国保险业的发展获得了部分成就，如我国保险业"市场体系逐步完善"，产生了一批农业保险公司，而在"十一五"期间我国保险业应采取的政策措施中有多个部分涉及农业保险的发展，该纲要在"优化市场主体结构"部分指出应"探索国家政策支持和市场化运作相结合的农业保险组织形式"；在"培育再保险市场"中提到应"建立国家政策支持的农业再保险体系和巨灾风险再保险体系"，将农业再保险的发展上升到了建设农业大灾风险分散机制的层次；提到"积极开拓"三农"保险市场"的重心依旧在建立符合我国国情的农业保险发展模式，"有步骤地建立多形式经营、多渠道支持的农业保险体系，完善多层次的农业巨灾风险转移分担机制"，探索建立为政策性农业保险提供财政补贴的农业保险制度，鼓励发展多种形式的农业保险组织，支持保险公司开办涉农保险及开发农业保险新产品，同时"鼓励龙头企业资助农户参加农业保险"的行为。此外，该纲要还提出要"提高对外开放水平"，引进在农业保险领域具有专长的境外保险公司，积极学习外资公司（农业保险机构）先进技术，并应"加快推进农业保险法律法规建设"。作为指导我国保险业"十一五"期间发展的纲领性文件，其从多方面多角度进行政策指导，力求通过完善农业保险的发展来达到农业和保险业的双向目标，实现建设社会主义新农村的时代任务。《中国保险业发展"十一五"规划纲要》运用了较大篇幅重点突出农业保险发展政策，可以看出我国农业保险发展得到了中央政府的高度重视，也说明在这一时期我国农业保险迎来了政策支持的黄金时期。在这一背景下，"十一五"期间我国农业保险获得了空前发展。

2004—2006 年，在政策的指导下，多家专业农业保险公司和各地政府提升了其发展农业保险的积极性，农业保险迎来了一次转折发展。而 2007 年成为我国农业保险发展的里程碑，中央财政将"农业保险保费补贴"列入"预算科目"并有史以来第一次列出 10 亿元财政预算，此后财政补贴逐步改变了农业保险从前的商业保险性质及特点，深入推进政策性农业保险的发展。

2007 年 1 月，中央一号文件《中共中央、国务院关于积极发展现代农业扎实推进社会主义新农村建设的若干意见》发布，依旧将推进社会主义新农村建设作为本年的"三农"工作重心，进一步将视角聚焦到农业现代化问题上。2007 年一号文件指明要"建立农业风险防范机制"，并将发展农业保险作为防范农业风险的重中之重，指出应完善农业保险体系，并进一步"扩大农业政策性保险试点范围"，明确提出了各级财政应为投保农业保险的农户提供保费补贴，要"完善农业巨灾风险转移分摊机制，探索建立中央、地方财政支持的农业再保险体系"，同时政府"鼓励龙头企业、中介组织帮助农户参加农业保险"。为解决该文件提及工作的分配问题，国务院办公厅发布《国务院办公厅关于落实中共中央国务院关于积极发展现代农业扎实推进社会主义新农村建设若干意见有关政策措施的通知》，指出由保监会负责会同其他政府部门完成有关"积极发展农业保险"相关的工作任务。

针对中央一号文件提出的各级财政应为投保农业保险的农户提供保费补贴的要求，财政部于 2007 年 4 月发布了《财政部关于印发〈中央财政农业保险保费补贴试点管理办法〉的通知》。该文件提出，从 2007 年开始，我国将在部分地区开展中央财政农业保险保费补贴试点工作，而 2007 年首批试点地区为内蒙古、吉林、江苏、湖南、新疆和四川 6 个省区，针对大豆、玉米、小麦、水稻、棉花、奶牛和能繁母猪 7 个种植业和养殖业保险进行保费补贴。在《中央财政农业保险保费补贴试点管理办法》中提出了中央财政农业保险保费补贴采取"自主自愿、市场运作、共同负担、稳步推进"的基本原则，对中央补贴险种的保险标的、保险金额、保险责任及补贴资金管理方式、经营机构管理、周期报告评价等内容进行了基本说明。该办法的出台标志着我国中央财政农业保险保费补贴试点工作的正式开始，完善了我国的农业保险制度，也是导致我国农险制度发展为中国特色的关键性政策之一。同年 6 月，《财政部关于财政农业保险保费补贴国库集中支付有关事项的通知》发布，该文件提出财政农业保险保费补贴将实行国库集中支付，并对实行国库集中支付方式后可能涉及的有关事项进行了具体说明。该文件的出台确立了国库集中拨付制度在我国中央财政农业保险保费补贴支付方式中的核心地位，并沿用至今。

为全面把握我国农业保险发展脉络、了解农业保险发展情况，以保证中央政府农险政策制定的科学性，2007 年 11 月，保监会发布了《关于印发〈农业保险统计制度〉的通知》，该通知对农业保险统计制度的适用范围、实施时间、保险公司报送的内容、报送方式等内容进行了具体说明，同时对农业保险统计指标口径、农业保险险种分类对照表、农业保险统计指标、农业保险统计指标校验关系及农业保险统计报表取值关系以附件形式进行详细说明。该文件的发布使保监会能够更清晰地掌握我国农业保险的发展水平及发展动向，在这之后也有许多保险机构因谎报报送信息而受到保监会的惩处。为了更好地对农业保险发展和风险分布等情况进行统计分析，同年 12 月，《关于印发农业保险统计制度分析指标和分析图表的通知》发布，以附件形式为保险机构提供了农业保险统计分析指标、农业保险统计分析表和农业保险统计分析图，作为其统计分析过程中的范例，进一步规范了各农业保险组织向保监会报送材料口径的一致性。

我国农业保险发展初期，较好的发展态势带动了其在我国农业大灾风险分散机制中发挥更大的作用。2007 年 12 月，国务院办公厅发布了《国务院办公厅关于加强抗旱工作的通知》，指出应"发挥保险机制的抗旱减灾作用"，并将推进农业保险发展，"进一步完善分散旱灾等灾害风险的保险机制"作为抵御旱灾的重要手段，充分体现了农业保险在我国农业大灾风险分散机制中的重要地位。

二、种植业保险政策

在农业保险发展的初级阶段,对一切险种的政策支持都还处于摸索中前行的状态,针对种植业保险的整体发展,仅做出宏观的政策支持,并无相关的具体指导。2004 年一号文件提出选择部分产品和地区开展政策性种植业保险试点工作。

在 2005 年以提升农业综合生产能力的发展为目标的前提下,采取加大农业投入、良种推广、建立一二级种子田、提高农业机械化水平、加强农田基本建设等措施。2007 年,我国粮食生产实现了又一个丰收年,其中油料总产量占粮食总产量比例较大,针对这一现状,国务院办公厅于 2007 年 9 月 22 日发布了《国务院办公厅关于促进油料生产发展的意见》,在"开展油料作物保险试点工作"部分提出为降低油料作物种植风险,"国家逐步将油料作物纳入农业保险范围并给予保费补贴"。为明确该文件内容涉及工作的分工问题,同年 9 月 30 日出台了《国务院办公厅关于落实促进油料生产发展有关政策措施的通知》,指出油料作物保险试点工作的开展由财政部牵头,保监会参与。从该政策可以看出,我国政府正在将不局限于粮食作物的经济作物逐步并入政策性农业保险财政补贴试点范围,以降低多数农民从事农业生产活动的投保成本,提高我国农业生产整体抗风险能力。

三、养殖业保险政策

2004 年一号文件在宏观政策上支持养殖业保险,文件指出"支持主产区进行粮食转化和加工"要"通过小额贷款、贴息补助、提供保险服务等形式,支持农民和企业购买优良畜禽、繁育良种",即以养殖业保险形式支持我国养殖业发展,同时提出选择部分产品和地区开展政策性养殖业保险试点工作。

2007 年是实施"十一五"规划的关键一年,畜牧业是养殖业发展的关键一项。为实现畜牧业现代化发展,保障农牧民收入增加,振兴农村经济,国务院于 2007 年 1 月 26 日发布了《国务院关于促进畜牧业持续健康发展的意见》,指出"要引导、鼓励和支持保险公司大力开发畜牧业保险市场,发展多种形式、多种渠道的畜牧业保险,加快畜牧业政策性保险试点工作,探索建立适合不同地区、不同畜禽品种的政策性保险制度"。在该文件发布后,中央相关部门开始针对政策性农业保险中的畜牧业保险单独出台政策文件,我国农业保险政策开始逐步丰富起来。

(一)能繁母猪保险政策

在我国农业保险发展得到中央重视以后,各种支持政策的陆续出台使得能繁母猪保险迅速崛起,成为养殖业保险中发展最迅速、最显著的险种。面对蓬勃发展的能繁母猪保险市场,中央政府于 2007 年开始出台相应法规政策对该险种进行规范。

财政部于 2007 年 7 月发布《财政部关于印发〈能繁母猪保险保费补贴管理暂行办法〉的通知》，提出要本着"政府引导、市场运作、广泛参与、协同推进"的原则，对能繁母猪保险业务给予适当保费补贴，推动建立有利于生猪产业健康发展的长效机制，并对与能繁母猪保险保费补贴有关的相关事项，包括补贴范围、资金预算编制管理、资金预算执行及监控管理等事项进行了较为详尽的规范。《能繁母猪保险保费补贴管理暂行办法》是在政策性农业保险财政保费补贴试点工作启动后首批为某一特定险种出台的规范，极大体现出中央政府对能繁母猪保险发展的重视程度。

为促进生猪生产发展和稳定市场供应工作，国务院于 2007 年 7 月发布了《国务院关于促进生猪生产发展稳定市场供应的意见》，多次强调生猪及能繁母猪保险在促进生猪生产发展、稳定生猪市场中应发挥的作用，其中"积极推进能繁母猪保险工作"指出我国要"建立能繁母猪保险制度，保费由政府负担 80%，养殖户（场）负担 20%"，对中西部将给予差别补助。在该意见精神指导下，中央及各地方政府出台了一系列配套政策以实现该意见中各项工作的具体实施，是该阶段对于能繁母猪保险发展极具影响力的政策之一。在此基础上，为扶持生猪养殖业发展、稳定生猪市场、防止猪肉价格走高现象影响居民消费，2007 年 12 月，国务院办公厅发布了《国务院办公厅关于进一步扶持生猪生产稳定市场供应的通知》。该文件指出要"继续推进能繁母猪保险"，继续扩大保险覆盖面，努力实现"应保尽保"，并在之前实施能繁母猪保险工作经验的基础上继续完善相关政策制度，且现阶段政策应保持稳定不变，"对母猪保险实行单独核算"，财政部门也应保证保险补贴资金发放到位；同时在"切实抓好生猪防疫工作"中还指出自 2008 年起，"对已投保的能繁母猪，因发生疫病需要扑杀的，除由财政按国家规定的标准给予补助外，与保额之间的差额部分由保险公司予以赔付"，鼓励通过保险的手段对因疫病而产生财产损失的养殖户进行风险补偿，间接对能繁母猪保险的推广起到了宣传作用。

针对能繁母猪保险工作推进过程中规避道德风险和逆向选择行为，2007 年 7 月 30日《能繁母猪补贴资金管理暂行办法》发布，指出地方相关部门应核实能繁母猪的饲养数量并进行登记，登记内容包括"参加保险的能繁母猪数量"。该办法的实施对于解决此类问题能够产生积极作用。

（二）生猪保险政策

由于农民风险意识淡薄，经济能力微弱，截至 2007 年 7 月，已有 25 个省份先后爆发高致病性猪蓝耳病疫情，给养殖户带来了巨大的经济损失。政府积极发挥农业保险分摊风险的作用，以政府与农民风险共担的财政支持型农业保险模式为主，下发一系列政策。

《国务院关于促进生猪生产发展稳定市场供应的意见》就促进生猪生产发展和稳定市场供应工作提出了一系列意见，其中多次强调生猪及能繁母猪保险在促进生猪生产发展、稳定生猪市场中应发挥的作用，针对"建立对生猪调出大县（农场）的奖励政策"工作方面提出国家对生猪调出大县（农场）将给予奖励，奖励资金可用于保费补助，是该阶段对于生猪及能繁母猪保险发展极具影响力的政策之一。

2007 年 8 月 2 日，保监会发布了《关于建立生猪保险体系促进生猪生产发展的紧急通知》，落实了《国务院关于促进生猪生产发展稳定市场供应的意见》精神。该文件促进了我国生猪保险体系建设，保证我国生猪市场的稳定供应，对生猪保险体系建设工作的相关事项进行了说明，内容包括充分认识建立生猪保险体系的重要性和必要性、建立健全生猪保险体系的具体措施和加强监管，做好服务三大部分，对生猪保险体系的进一步发展提供了参考。同年 8 月 8 日，为提高生猪养殖户抵御生猪疫病风险和自然风险的能力，保监会发布了《中国保监会、农业部关于做好生猪保险和防疫工作的通知》，提出了做好生猪保险工作的重要意义，从保险监管机构和保险公司的角度要求保险行业进一步提高保险业服务生猪生产的能力和水平，要求各级畜牧兽医部门"加强疫情防控，降低生猪疫病发生率和死亡率"，从防灾层面辅助完善生猪保险体系，并提出保险监管和畜牧兽医部门应"建立相互协作共同推进的工作制度"，在合作的基础上提高生猪养殖户抵御风险的能力，保证我国生猪养殖业的稳定发展。在各地积极贯彻意见精神，推动能繁母猪保险和生猪保险发展并取得一定成效的背景下，《关于进一步贯彻落实国务院促进能繁母猪保险和生猪保险发展有关要求的通知》要求各地继续遵循《关于建立生猪保险体系促进生猪生产发展的紧急通知》和《关于做好生猪保险和防疫工作的通知》中的要求，积极开展生猪保险工作，并加大生猪保险国家支持政策的宣传力度。

（三）奶牛保险政策

2007 年 9 月 27 日，国务院发布了《国务院关于促进奶业持续健康发展的意见》。该文件提出要"建立奶牛政策性保险制度"，政府为参保奶农提供保费补贴，并说明保费补贴的政府间分配情况：中央财政为中西部地区提供保费补贴，地方财政负责为东部地区提供保费补贴，并指出"保监会要督促保险公司尽快开展奶牛保险业务"。促进奶业发展意见的出台表明在大力发展能繁母猪保险之后，政府有意将奶牛保险作为养殖业保险中的另一重点发展对象，并开始提供政策支持，同时也促进了我国奶牛保险的快速发展及后续一系列奶牛保险政策的出台。

四、涉农保险政策

除种植业、养殖业之外，涉农保险于农业保险发展初期也得到了一定的政策支持。以 2004 年一号文件为主，将解决农民增收问题作为当年农业发展工作的重中之重，并为各级政府解决农业发展中阻碍农民增收的一系列问题提供了相应意见。该文件"扩大优势农产品出口"部分指出要"完善农产品出口政策性信用保险制度"。为了落实该文件精神，国务院办公厅提出，保监会须参与完善农产品出口政策性信用保险制度的相关工作。

　　基于 2004 年一号文件精神，各个部门逐年逐步发布对涉农保险的相关政策规定。国务院发布"国十条"，提及政府支持我国农业保险经营主体开办涉农保险业务；农业部提出 2005 年粮食生产意见，要求做好农业防灾减灾工作，有条件的地方可以开展农业救灾保险试点工作；保监会在保险业发展"十一五"规划中提出，我国政府应积极开拓"三农"保险市场，全面支持保险公司开办涉农保险业务。

　　为保障农产品进出口工作，深化农产品出口保险服务，2007 年一号文件中再次提及应对农产品进出口进行调控，指出要"搞好对农产品出口的信贷和保险服务"。同年，在《国务院关于促进生猪生产发展稳定市场供应的意见》中，提出加快农村信用担保体系建设，鼓励保险机构为解决养殖业经营主体"贷款难"问题提供保险服务。

　　除中央政府对相关涉农保险的不断支持与推进，地方政府也在逐步创新相关涉农保险险种及其开展模式。农房保险就是在 2004—2007 年创新程度比较大的涉农保险险种之一。农房保险始于福建省，由于福建省洪涝灾害和台风灾害严重，考虑到农民住房在遭受灾害后重建困难，自 2006 年以来，当地政府尝试与商业性保险公司合作，由政府出资补贴农房保险保费，为农户住房的灾后重建提供风险保障。此后浙江、安徽等地省政府也相继效仿，并向本省的农房保险提供保费补贴。

　　2004—2007 年，农业保险政策以解决"三农"问题为主线，以推行政策性农业保险试点及农业保险财政保费补贴试点为两大工作任务，贯彻落实中央一号文件，从实现农民增收到提升农业综合生产能力，直至逐步完善社会主义新农村建设的政策目标。这一轮我国农业保险的新探索，取得了较好的成绩和效果（见表 2-1）。不管是从政策的深度还是广度，都明显趋于成熟和完备，实现了农业保险于初级阶段的顺利开展，为其后续发展奠定了基础。

表 2-1　2004—2007 年农业保险业务统计表

年份	财产保险保费收入（亿元）	农险保费收入（亿元）	农险占财产保险比重（%）	农险赔付金额（亿元）	农险简单赔付率（%）
2004	1089.89	3.77	0.34	2.81	75.34
2005	1229.86	7.29	0.56	5.67	81.00
2006	1509.43	8.46	0.56	5.91	69.53
2007	1997.74	51.8	2.6	32.8	63.3

资料来源：河北省农业保险发展报告 2015.

第三节　2008—2012 年的中国农业保险政策及规范

　　自 2007 年国家启动中央政府支持下的农业保险后，全国性农业保险试点正式启动，我国农业保险在国家财政强有力的支持下获得重要突破和稳健发展，补贴品种逐年增加，地区逐年扩大，补贴比例逐年提高，保费规模和保险覆盖面持续扩大。各级财政部门按比例承担农业保险保费补贴责任，切实起到"四两拨千斤"的杠杆作用，放大中央财政资金。

2008 年 10 月，中国共产党第十七届中央委员会第三次全体会议通过了《中共中央关于推进农村改革发展若干重大问题的决定》，其中提出了"发展农村保险事业，健全政策性农业保险制度，加快建立农业再保险和巨灾风险分散机制"的发展要求，为今后一个时期推动建立农业保险政策体系指明了方向。在会议精神与政策的引导下，我国政策性农业保险迅速成长，2008 年起财政补贴农业保险试点范围逐步扩大，中央补贴的比例有所增加，2010 年开始中央对不同省区、不同区域的农业保险保费进行差异化补贴，至 2012 年中央财政补贴扩大至全国。在以政策性农业保险为主的农业保险体系渐成规模的背景下，《国务院关于印发〈全国现代农业发展规划（2011—2015 年）〉的通知》再次强调"健全农业再保险体系，探索完善财政支持下的农业大灾风险分散机制"，根据对农业保险相关政策的梳理可以看出，党中央始终将农业再保险和大灾风险分散机制的建设作为促进农业保险健康稳固发展的工作要点。随后，由国务院指定保监会起草的《农业保险条例》于 2012 年正式颁布实施，明确了农业保险的政策定位、经营原则、管理体制和支持政策，这是我国第一部针对农业保险的法律法规，标志着我国农业保险事业进入法制化、规范化发展的新阶段，也意味着农业保险将承担更加重要的社会职责。

这一阶段，在党中央国务院的高度关心和大力支持下，我国农业保险实现了跨越式发展，农业保险的服务水平不断提高，成为落实国家强农惠农富农政策的重要手段。农业保险覆盖面从 6 个省扩展到全国，承保近百个农作物品种，涵盖了农、林、牧、渔业各个领域；基层服务网点已覆盖全国 48% 的行政村；地方特色优势农产品保险及价格保险、指数保险等创新型产品不断涌现；农业保险与农村信贷合作不断深化；农业保险科技水平不断提高。我国农业保险产品创新加速，多方位适应农业现代化发展的客观需求，农业保险已经成为农业经济发展的重要推动力量。

本节对 2008—2012 年我国出台的农业保险相关政策进行系统梳理，在宏观政策层面对中央一号文件中涉及农业保险的条文内容及其具体实施内容进行归类，并在微观层面按照农业保险险种分类进行政策归纳。由于农业保险保费补贴政策及监管政策内容与其他内容有所交叉，但政策地位较为重要，故将对其进行单独论述。

一、中央一号文件涉及的关于农业保险政策的演进路径

随着财政支持力度不断增强，农业保险整体框架逐步建成，农业现代化加速发展也对农业保险提出了新要求。这些不断增加的新要求，最直观地反映在每年中共中央国务院印发的一号文件里。

　　在我国政策性农业保险得到较为广泛试点的基础上，2008 年中央一号文件《中共中央国务院关于切实加强农业基础建设 进一步促进农业发展农民增收的若干意见》承接上一阶段农业保险发展形势，继续以政策性农业保险为主要抓手，提出"认真总结各地开展政策性农业保险试点的经验和做法，稳步扩大试点范围，科学确定补贴品种"，支持"完善政策性农业保险经营机制和发展模式"的总体要求。政策支持的农业保险险种主要仍以粮食作物、生猪、奶牛等这些最为基本的、关乎国民生计的农产品为主。同时，提出"鼓励优势农产品出口，推进出口农产品质量追溯体系建设，支持发展农产品出口信贷和信用保险"的要求，以涉农保险为手段支持农产品对外贸易，并且首次提出"积极推进林木采伐管理、公益林补偿、林权抵押、政策性森林保险等配套改革"，尝试借助政策性森林保险为我国林业经济发展保驾护航。此外，提出"建立健全农业再保险体系，逐步形成农业巨灾风险转移分担机制"，在更大的范围内分散风险，为现代农业保险业快速稳健发展奠定基础。这一时期，农业保险前面被明确冠以"政策性"三个字，在农业经济发展中发挥着重要的保障作用，日益受到社会的关注，逐步成为我国政府强农惠农最为重要的工具。

　　2009 年中央一号文件《关于 2009 年促进农业稳定发展农民持续增收的若干意见》提出"加快发展政策性农业保险，扩大试点范围、增加险种，加大中央财政对中西部地区保费补贴力度"，首次提出在农村发展互助合作保险和商业保险业务的总体要求，尝试"探索建立农村信贷与农业保险相结合的银保互动机制"，坚持在以政策推动农业保险发展的基础之上，拓宽农业保险发展形式，循序构建立体化农业保险体系，以满足农业经营主体日益增长的农业保险需求。中共中央的这一次新尝试可能与 2008 年11 月国务院常务会议确定的当前进一步扩大内需、促进经济增长的十项措施有关，到2010 年底国家约需投资 4 万亿元，其中对我国第一产业——农业的投资也随之大幅提升，这直接为"三农"工作开展提供了十分有利的条件。同时，再次针对农产品贸易提出"扩大农产品出口信用保险承保范围，探索出口信用保险与农业保险、出口信贷相结合的风险防范机制"的要求。该文件再次提出"开展政策性森林保险试点"，持续探索适应我国国情的政策性森林保险。此外，文件再次指明"加快建立农业再保险体系和财政支持的巨灾风险分散机制"。这一时期，中央政府开始有意识地引导我国农业保险发展向政策性与商业性并驾的方向发展，这也反映出在政策支持下我国农业保险发展态势良好，农业保险在农业经济中的地位与职责愈加明朗。

　　2010 年中央一号文件《中共中央国务院关于加大统筹城乡发展力度进一步夯实农业农村发展基础的若干意见》第三次明确了"健全农业再保险体系，建立财政支持的巨灾风险分散机制"，在国内农业保险快速健康发展的同时，为多方位提高我国农产品贸易水平，再次强调了"推动农产品出口信贷创新，探索建立出口信用保险与农业保险相结合的风险防范机制"，为农产品贸易提供风险保障。

　　2011 年中央一号文件《中共中央国务院关于加快水利改革发展的决定》全面关注水利发展，首次提出"鼓励和支持发展洪水保险"，针对洪水灾害进行风险管理，减缓洪灾损失。

2012 年中央一号文件《中共中央国务院关于加快推进农业科技创新持续增强农产品供给保障能力的若干意见》提出"扩大农业保险险种和覆盖面，开展设施农业保费补贴试点，扩大森林保险保费补贴试点范围，扶持发展渔业互助保险，鼓励地方开展优势农产品生产保险"。中央一号文件对农业保险发展的要求，从以大力发展为农业生产提供基本风险保障的政策性农业保险为主，逐渐转变为丰富保险产品种类，以满足农业经营主体的多元化需求。首次提出着力抓好种业科技创新，对符合条件的种子生产开展保险试点。此外，文件再次明确"健全农业再保险体系，逐步建立中央财政支持下的农业大灾风险转移分散机制"，农业巨灾风险机制的构建一直在路上。这一时期，中央政府不再以政策性为我国农业保险发展冠名，而更加注重农业保险的多元化发展，逐步引导其走向成熟的中国特色农业保险体系。

农业保险是跟随中央指导农业和农村发展，指导农业现代化进程的步伐不断前进的。其政策轨迹表明，农业保险在此期间，将单一的保险供给延伸为综合的多元化的金融服务，新的政策目标在这个进程中逐步产生。农业保险的内容不断扩大，从种植业保险的试点，扩大到养殖业保险的试点，又进一步扩大到森林保险，适应了生猪和猪肉市场的价格波动和林权改革的实际需要，让农村金融市场得到快速发展。在 5 年时间内，农业保险总体发展的关键词逐步由"政策性农业保险"转变为"农业保险"，简单的几个字的改变却清楚地反映出我国农业保险在这一阶段质的飞跃，我国农业保险不再需要紧紧依附国家财政支持成长，而是能够切实依靠市场需求自主研发，逐步丰富农业保险体系，有效对接市场供需关系。可以说，这一阶段是我国农业保险飞速成长的过程。

二、中央一号文件涉及的关于农业保险政策的实施

除中央一号文件的宏观引导以外，还有一些政策文件，从各个角度为我国农业保险的发展绘制蓝图。

2008 年 3 月，《国务院关于印发 2008 年工作要点的通知》承袭当年中央一号文件的思想，再次提出"深化保险业改革，积极扩大农业保险范围，做好政策性农业保险试点工作"，对以政策性农业保险为主的农业保险年度工作提出要求，由此可见政策性农业保险在农村金融体系中的突出作用。同年 4 月，中国保监会为进一步落实党中央对农业保险工作开展的总体要求，研究制定了《关于做好 2008 年农业保险工作保障农业和粮食生产稳定发展的指导意见》，涵盖进一步扩大农业保险覆盖面，切实提升农业保险的服务能力和水平，加强风险管理工作，加强农业保险监管工作等意见，并明确了"全面贯彻落实中央财政安排的保费补贴规模，做好协调地方财政配套补贴，实现进一步扩大农业保险覆盖面"的工作目标，为各地方开展农业保险工作提出更为详细的要求与指导，以加强全国范围内农业保险规范化发展，将保费补贴工作落实到位。

随后，为促进政策性农业保险规范的健康发展，切实落实执行好国家支农惠农政策，更好地为农业和粮食生产服务，解决现阶段存在的问题，同年 7 月，保监会下发《中国保险监督管理委员会关于加强政策性农业保险各项政策措施落实工作的通知》，针对政策性农业保险的各项工作做出明确指示，严格把控政策性农业保险工作的开展，确保农业产业能够通过政策性农业保险得到各级政府实际的政策支持。《国务院办公厅转发发展改革委关于 2008 年深化经济体制改革工作意见的通知》中明确保监会在农业保险发展中的重要职责，指明保监会要对"逐步扩大农业保险范围，做好政策性农业保险试点工作"起牵头作用。在我国金融分业监管的情况下，保监会肩负起农业保险高质量发展的责任，直接负责对农业保险工作提供政策支持与指导。2008 年 9 月，《国务院关于进一步促进宁夏经济社会发展的若干意见》指明当地农业保险发展滞后的问题，并提出"积极支持开展设施农业、特色种植业、养殖业等农业保险，扩大农业和农村保险覆盖面"的总体要求，加强当地农业保险体系的建设，为从事相关农业生产的农业经营主体提供风险保障。同时，《国务院关于进一步推进长江三角洲地区改革开放和经济社会发展的指导意见》中提出"改善农村金融服务，加快建立农业保险体系"的要求，落实农业保险服务于长江三角洲地区农业经济发展的重要职责。

2008 年，农业保险成为保险亮点，实现了原保险保费收入比上年增长 1.1 倍，重点服务领域不断拓展，农业保险发展取得新突破。农业保险实现原保险保费收入 110.7 亿元，比上年增长 1.1 倍；农业保险赔款 69 亿元，增长 1.1 倍，受益农户 1098.7 万户次。中央财政支持的农业保险试点由 6 个省区扩展到 16 个省区和新疆生产建设兵团。种植业保险共承保农作物和林木 5.3 亿亩（按 1 亩≈666.7 平方米计算，全书同），养殖业保险承保大小牲畜 8385.9 万头（只），其中能繁母猪 4762 万头，农业保险参保农户共计 9015.9 万户次。截至 2008 年底，我国农业保险保费规模已上升至全球第二位，居亚洲第一位。

为全面贯彻 2009 年中央一号文件精神，切实做好 2009 年农业农村经济工作，2009 年 1 月，农业部下发的《农业部关于做好 2009 年农业农村经济工作的意见》中指出"推动政策性农业保险加快发展，扩大试点范围、增加保险品种，加大中央财政对中西部地区保费补贴力度，加快建立巨灾风险分散机制，发挥农业部门在确定保险品种、组织农民参保、查勘定损理赔等方面的积极作用"，明确了农业部 2009 年在发展农业保险中的工作重点。《国务院关于推进重庆市统筹城乡改革和发展的若干意见》指明积极推进"三农"保险，扩大政策性农业保险覆盖面，通过农业保险这一渠道，加强对重庆市"三农"工作的支持。同年 2 月，《中华人民共和国抗旱条例》第五十七条指出"国家鼓励在易旱地区逐步建立和推行旱灾保险制度"，借助保险手段化解旱灾风险，减轻干旱灾害及其造成的损失，促进经济社会全面、协调、可持续发展。2009 年 5 月，《国务院关于当前稳定农业发展促进农民增收的意见》要求"有关部门要进一步完善农业保险财政补贴政策，逐步扩大保险范围"，坚持以国家财政助力农业保险扩大覆盖面，逐步加强农业保险强农惠农的作用。同年 8 月，《关于保险公司提取农业巨灾风险准备金企业所得税税前扣除问题的通知》对保险公司计提农业保险巨灾风险准备金企业所得税税前扣除相关事宜进行规定，以提高农业巨灾发生后恢复生产的能力。2009年9月，《保监会关于进一步做好农业保险发展工作的通知》中再次提出努力扩大农业保险覆盖面、加强农业保险与涉农信贷的合作、积极开展涉农保险业务、加强巨灾风险管理等要求，坚持把农业保险发展作为一项重要工作，切实加强工作力度，确保把党中央国务院的强农惠农政策落到实处。由于我国东北地区遭受了严重旱灾，为切实做好农业保险理赔工作，充分发挥保险经济补偿和社会管理功能，确保受灾农户生产生活的稳定，保监会下发了《关于切实做好东北地区农业保险旱灾理赔工作的紧急通知》，对理赔工作做出相关要求。保监会《关于进一步做好农业保险发展工作的通知》中提出"以科学发展观为指导，全面贯彻落实党的十七届三中全会和中央一号文件精神，把服务农村社会经济作为工作重点，加大投入力度，创新发展方式，提高管控水平，为农业、农村、农民提供更多更好的保险服务"的农业保险发展工作的总体要求，"努力扩大农业保险覆盖面。进一步拓展重要粮油棉作物保险和大宗畜禽产品保险的覆盖面，努力提高小麦、水稻、玉米、棉花、油料作物保险以及能繁母猪和奶牛保险的承保率。在中央和地方政策支持下，积极推进森林保险、育肥猪保险和橡胶保险试点工作。针对地方农业生产实际，因地制宜开发保险产品，为地方特色农业的发展提供有力的风险保障"。

2009年，我国农业保险发展速度继续加快，保费收入、保障程度、保险覆盖面进一步扩大。2009年1～9月，保费规模已超过2008年全年，全国农业保险签单保费收入120亿元，同比增长31%，农业保险成为全国财险业第三大险种。农业保险已为广大农民提供了3300多亿元的保险保障，承保种植业8亿多亩，承保能繁母猪等畜牧、家禽5.1亿头（只），覆盖1.2亿户。与此同时，在中国、亚洲乃至全球，巨灾风险造成的农业生产、农村经济和农民财产的损失正呈现不断扩大趋势。中再集团提出农业保险再保险同样可以借鉴航天联合体的做法，成立中国农业保险再保险共同体，通过引进更多的保险公司参与再保险共同体，增强农业保险再保险的市场调节功能，进一步增强农业保险再保险市场抵抗风险的能力。当前中国农业再保险保费收入约占农险保费总收入的20%，尽管农业再保险已成为再保险业务中仅次于机动车险和财产险的第三大保费险种，但国内对于农业保险的需求、对于农业再保险制度的需求以及巨灾风险转移机制的需求仍然非常迫切。

为全面贯彻2010年中央一号文件精神，2010年1月，农业部下发《农业部关于做好2010年农业农村经济工作的意见》，提出"促进加强农村金融和保险服务""推动健全农业再保险体系"，并鼓励加强特色农业保费补贴。同年3月，为深入落实中央经济工作会议精神和十三届全国人大一次会议通过的《政府工作报告》部署，国务院下发《国务院关于落实〈政府工作报告〉重点工作部门分工的意见》，其中明确要求"加快发展农业保险"。同年5月，保监会《关于进一步做好2010年农业保险工作的通知》中提出要扩大农业保险覆盖面、坚持规范经营、做好防灾防损工作、积极开展创新、做好风险防范工作的具体要求，有关部门形成合力，切实做好农业保险工作，确保国家支农强农政策落到实处。为贯彻国务院常务会议关于抗灾减灾促进秋粮生产的要求，保监会下发了《关于加强农业保险监管切实保障秋粮生产有关工作的通知》，引领全行业积极参与防汛抗旱抢丰收工作。2010年11月，《国务院办公厅转发发展改革委农业部关于加快转变东北地区农业发展方式建设现代农业指导意见的通知》提出"探索建立财政扶持农业保险的机制，逐步扩大农业保险品种，完善理赔制度"的要求，为东北地区农业现代化发展提供可靠保障。

2010年全国农业保险实现保费收入135.68亿元，较2009年同期增长1.89亿元。全年农业保险支付赔款约100.7亿元。其中，种植业保险赔款68.5亿元，森林保险赔款1.8亿元，养殖业保险赔款30.4亿元；农业保险覆盖农户1.4亿户次，共有约2100万户次的受灾农户得到保险补偿。接受中央财政支持的省份由2007年的6个增加到2010年的18个（包括新疆建设兵团和黑龙江农垦），这些省（自治区）试验的种植业保险的保险标的由最初的6种扩大到14种，始于福建、浙江的农房保险已经扩大到14个省；由中国渔业互保协会经营的渔船保险、渔民人身保险和正在试验的海水养殖保险得到稳步发展；广大农牧渔民的投保积极性空前高涨，在不少省（自治区）投保的农作物面积稳步扩大，保险费收入不断增加。内蒙古、新疆、安徽、黑龙江4个地区的保费总收入都超过10亿元，承保面积超过70%，甚至更高。更重要的是，各地都积累了重要的制度建设和经营管理的宝贵经验。

2011年1月，为全面贯彻中央农村工作会议、中央一号文件和全国农业工作会议精神，切实做好2011年农业农村经济工作，《农业部关于做好2011年农业农村经济工作的意见》指出"推动完善农业保险保费补贴政策，加大保费补贴力度，扩大品种和区域覆盖范围，探索开展农村住房保险、小额保险、农机具保险、渔业保险，健全农业再保险体系，研究建立财政支持下的农业巨灾风险分散机制""全面取消主产区粮食风险基金地方配套"，加大中央财政投入并减轻地方财政负担。同时，提出了"提高早稻良种补贴标准""扩大畜牧良种补贴规模""完善农机购置补贴管理办法"等具体要求。2011年9月，《国务院关于支持河南省加快建设中原经济区的指导意见》提出"加大农业保险支持力度，发展具有地方特色的农产品保险品种"的要求，开展适合河南省农业产业特点的农业保险品种，配合供需关系，精准扶持河南省农村经济发展。

2011年，据相关数据显示，我国农业保险保费收入达到173.8亿元，同比增长28.1%，为农业提供风险保障6523亿元。农业保险在承保品种上已经覆盖了农、林、牧、副、渔业的各个方面，在开办区域上已覆盖了全国所有省区市。数据同时显示，2011年我国保险业为1.69亿户次农户提供风险保障，承保主要粮油棉作物7.87亿亩，占全国播种面积的33%，在内蒙古、新疆、江苏、吉林等粮食主产区，基本粮棉油作物的承保覆盖率超过50%，黑龙江农垦、安徽省等地已基本实现了100%覆盖。同时，农业保险还承保林木9.2亿亩，牲畜7.3亿头（羽）。此外，2007年以来，我国农业保险5年累计保费收入超过600亿元，年均增速达到85%。据统计，5年来农业保险共向 7000 多万农户支付保险赔款超过 400 亿元，户均赔款近 600 元，占农村人均年收入的 10%左右。农业保险补偿已成为农民灾后恢复生产和灾区重建的重要资金来源。这些披露的数据说明我国农村金融发展的保障体系正在逐步建立，农业保险的重要程度也在逐渐受到各级政府的重视，农民的保险意识在逐步提高。另一方面，农业保险与农村信贷结合，改善了农村信用环境，有效激活了农村金融服务链，促进信贷对农业的支持，缓解了农民贷款难问题。农业保险在服务农业发展中作用明显，已经成为各级政府"三农"工作的重点。农业保险的服务能力逐步提升，已经成为服务"三农"的重要渠道。目前，已有 22 家保险公司经营农业保险业务，基本实现了粮食生产大省都有 2 家以上农业保险经营机构，初步满足了农业保险的发展需要。据了解，随着农业保险不断发展，当前除了发挥保障作用，还创新了农村融资模式，农业保险已经成为农村金融发展的重要推力。虽然取得了一定成绩，但还有一些不容忽视的问题存在。尽管我国农业保险已经有了长足进步，但是险种不足，已有险种推广难、赔付比例不具吸引力等问题依旧束缚着这个重要金融门类前行的脚步。中国保监会认识到这些不足，强调必须深刻认识并准确把握农业保险面临的新机遇、新任务、新要求，力争使我国农业保险形成发展环境明显优化，覆盖范围不断扩大，制度体系逐步完善，风险分散得以加强，服务水平明显提升，市场秩序日趋规范的良好发展格局。

2012 年 1 月，《国务院关于印发全国现代农业发展规划（2011—2015 年）的通知》中提出"健全农业再保险体系，探索完善财政支持下的农业大灾风险分散机制"。农业再保险和大灾风险分散机制的建设始终是中央发展农业保险工作的要点之一，也是我国农业保险健康稳固发展的基石。随着农业现代化进程的不断推进，为支持农业龙头企业的发展，2012 年 3 月，《国务院关于支持农业产业化龙头企业发展的意见》指出"鼓励龙头企业资助订单农户参加农业保险""大力发展基于订单农业的信贷、保险产品和服务创新"的要求，以创新推动农业产业规模化发展，并提出"在有效控制风险的前提下，鼓励利用出口信用保险为农产品出口提供风险保障"，推动我国农产品对外贸易顺利进行。《国务院关于落实〈政府工作报告〉重点工作部门分工的意见》中指出"扶持发展农民专业合作社、产业化龙头企业，开展多种形式的农业社会化服务，发展农业保险，提高农业产业化、组织化程度"，再次明确了农业保险服务对于实现农业现代化的总体要求。同年 4 月，保监会《关于进一步做好 2012 年农业保险工作的通知》就积极稳妥推进农业保险发展，全面提升农业保险服务能力，切实加强农业保险风险管理，稳步推进农业保险产品创新，切实促进农业保险规范经营等方面提出要求，支持种植业保险、牧区保险、森林保险、设施农业保险等险种的发展。2012 年 12 月，《国务院关于印发服务业发展"十二五"规划的通知》提出"充分发挥保险业的功能作用，积极发展责任保险、信用保险，探索建立国家政策支持的巨灾保险体系"的总体要求，农业保险已经成为现代农业农村经济发展的中坚力量，对推动乡村振兴事业起到积极的服务作用。为贯彻落实党的十八大精神，深化农业改革，加快现代农业建设，农业部、财政部于 12 月下发《农业部、财政部关于选择部分国家现代农业示范区开展农业改革与建设试点的通知》，选择部分国家现代农业示范区开展农业改革与建设试点，农业保险参与扶持新型农业经营主体。国务院第 222 次常务会议通过了《农业保险条例》，该条例使得农业保险支持更加规范：一是国家支持发展多种形式的农业保险，健全政策性农业保险制度；二是对符合规定的农业保险由财政部门给予保险费补贴，并建立财政支持的农业保险大灾风险分散机制；三是鼓励地方政府采取由地方财政给予保险费补贴、建立地方财政支持的农业保险大灾风险分散机制等措施，支持发展农业保险；四是对农业保险经营依法给予税收优惠，鼓励金融机构加大对投保农业保险的农民和农业生产经营组织的信贷支持力度。《农业保险条例》的正式颁布，实现了农业保险制度的新突破，意味着我国农业保险发展相关事宜在法律层面得以明确，标志着农业保险发展正式步入法治化道路。

2012 年，中国保险业服务经济社会的能力有了进一步提高。其中，农业保险保费收入 240.6 亿元人民币（下同），同比增长 38.3%，为 1.83 亿户次提供了 9006 亿元风险保障，向 2818 万受灾农户支付赔款 148.2 亿元。自 2007 年以来的 5 年多时间里，在中央政策的强力支持下，我国农业保险的试验获得重要突破和稳健发展。到 2012 年春，全国所有地区只要想承办农业保险，都可以向财政部申请，并获得中央政府提供的保费补贴和税收优惠政策。中央财政补贴的保险险种已经扩大到粮、棉、油、橡胶、土豆、生猪、奶牛、藏系羊等 16 种。农业保险在商业财产保险公司中的业务比重已经上升为仅次于车险的第二位。同时，2012 年中国保险业经办新农合（即新型农村合作医疗）县市数量 129 个，受托管理资金 50.5 亿元。小额保险覆盖 3200 万人，同比增长 33.3%。出口信用保险承保企业 3.5 万家，保费收入 142.6 亿元，提供风险保障 2936.5 亿美元。保险资金运用余额 6.85 万亿元，在 23 个省市投资基础设施 3240 亿元。2012 年，保险公司赔款与给付 4716.3 亿元，同比增长 20%。在北京"7.21"暴雨、"布拉万"台风等重大灾害事故中，保险业较好地履行了赔付责任。

三、保费补贴政策

自 2007 年以来，我国财政部相继颁布了多个与农业保险财政补贴制度相关的政策文件，具体包括《中央财政种植业保险保险费补贴管理办法》《中央财政养殖业保险保险费补贴管理办法》等。2008 年的中央一号文件在农业保险补贴的试点范围和保费险种方面做了规定：各试点地区要认真总结相关政策性农业保险的实践经验，扩大试点范围，对于补贴险种的确定要力争科学。为加强农业保险保险费补贴资金管理，提高财政补贴资金使用效益，促进农业保险持续健康发展，在中央财政和地方财政联动补贴农业保险工作初见成效的基础上，2008 年 2 月，财政部印发了《中央财政种植业保险保费补贴管理办法》与《中央财政养殖业保险保费补贴管理办法》，新的政策文件内容更加详实，对补贴范围、保障措施、资金预算编制管理、资金预算执行及监控管理、机构管理、监督检查等方面进行详细规定，强调对我国种植业保险、养殖业保险保费补贴工作进行规范化管理。这两项通知取代了《财政部关于印发〈中央财政农业保险保费补贴试点管理办法〉的通知》《财政部关于印发〈能繁母猪保险保费补贴管理暂行办法〉的通知》，成为新一轮的保费补贴管理工作的依据。财政部提供保费补贴的种植业险种的保险标的为种植面广、对促进"三农"发展有重要意义的大宗农作物。财政部提供保费补贴的养殖业险种的保险标的为饲养量大、对保障人民生活及增加农户收入具有重要意义的养殖业品种。这两条管理办法的颁布进一步规范了我国种养业保险保费补贴的具体实施细则，为各地开展农业保险保费补贴工作提供了重要依据。截至 2008 年，种植业保险补贴试点区域大幅增加，由之前的 6 个扩大至 16 个。种植业享受补贴的险种增加为 7 个，养殖业不变。

2008 年 5 月，为做好河南省水稻、棉花种植业保险保费补贴管理工作，提高财政补贴资金的使用效益，根据《河南省开展水稻棉花保险试点工作实施方案》精神，河南省财政厅制定了《河南省开展水稻棉花种植业保险保费补贴管理暂行办法》，推动当地水稻棉花保险试点工作顺利开展。同年 11 月，新疆维吾尔自治区人民政府办公厅颁布《关于印发新疆维吾尔自治区政策性农业保险保费补贴资金管理暂行办法的通知》，对当地政策性农业保险保费补贴相关事宜进行规定。种植业列入农业保险的险种有玉米、水稻、小麦、棉花，以及大豆、花生、油菜等油料作物；养殖业列入农业保险的险种有能繁母猪和奶牛。种植业保费资金分担比例如下：中央财政补贴保费总额的 35%，自治区财政补贴保费总额的 25%，地州市、县（市）财政补贴保费总额的 20%，投保人自缴保费总额的 20%。养殖业保费资金分担比例如下：能繁母猪为中央财政补贴保费总额的 50%，自治区财政补贴保费总额的 30%，投保人自缴保费总额的 20%；奶牛为中央财政补贴保费总额的 30%，自治区财政补贴保费总额的 30%，地州市、县（市）财政补贴保费总额的 20%，投保人自缴保费总额的 20%。此外，为落实中央财政补贴政策，加强保费补贴资金管理，保障广大投保农户切身利益，试点省份都制定了《农业保险保费补贴资金管理暂行办法》。四川省还在 2010 年制定并出台了《四川省特色农业保险工作奖补方案》，对特色农业保险给予资金奖补。

2009 年的中央一号文件在 2008 年基础上，又提出了保费补贴地区差异化政策，同时提出要在政策上更多地支持中西部地区，标志着政府对农业保险保费补贴工作的重视程度越来越高。为做好 2009 年度中央财政种植业保险保费补贴工作，进一步推动种植业保险工作的开展，农业部于 2009 年 5 月下发《农业部关于下拨中央财政种植业保险保费补贴资金的通知》，提出拨付中央财政种植业保险保费补贴资金共计 26670 万元，用于垦区玉米、水稻、小麦和油料作物保险的种植业保险保费补贴。2009 年，中央财政承担黑龙江垦区种植业保险保费补贴比例为 65%。为进一步推进我国森林保险发展，《财政部关于中央财政森林保险保费补贴试点工作有关事项的通知》，为接下来一段时期内森林保险保费补贴工作提供了重要依据。2009 年 9 月，《国务院关于进一步实施东北地区等老工业基地振兴战略的若干意见》中指明"加快发展农业保险，扩大试点范围、增加险种，加大中央财政保费补贴力度"，明确了增加中央财政对相关地区农业保险保费补贴的投入，积极推进乡村振兴。为深入贯彻 2009 年中央一号文件和中央林业工作会议精神，积极推进集体林权制度改革，进一步做好森林保险工作，逐步建立和完善森林保险制度，财政部、林业局、保监会于同年 12 月联合下发《关于做好森林保险试点工作有关事项的通知》，提出"加强保费补贴资金管理。在林农承担一定比例保费的基础上，安排好保费补贴资金预算，根据承保进度，及时拨付保费补贴资金""研究加强各项政策的协调配合。将森林保险保费补贴政策与其他强农惠农政策有机结合，提高工作合力，在林农认可的前提下，改进保费收缴方式，降低森林保险经营成本"，推进森林保险试点工作顺利进行。2009 年，种植业保险补贴试点区域扩大至 17 个。种植业和养殖业享受补贴的险种数量分别为 9 个和 2 个，较之前都有所增加。

2010 年中央一号文件除了继续强调之前一号文件提出的保费补贴险种、补贴区域、再保险体制建设、巨灾风险转移机制以及对中西部地区的政策倾斜外，还加入了鼓励全国各地区积极支持将当地特色农业、农房等纳入保费补贴范围之内的规定。中央财政进一步扩大保费补贴的范围，合理健全农村金融服务体系。为贯彻落实 2010 年中央一号文件有关精神，做好农业保险保费补贴工作，2010 年 5 月，财政部下发《关于 2010 年度中央财政农业保险保费补贴工作有关事项的通知》，新增马铃薯和青稞为中央财政种植业保险保费补贴品种，新增牦牛和藏系羊为中央财政养殖业保险保费补贴品种。对玉米、水稻、小麦、棉花、油料作物等种植业保险的补贴范围在原有的基础上，增加云南、山西、甘肃、广东、青海、宁夏和中国储备粮管理总公司北方公司。除此之外，对于 2010 年新增的牦牛和藏系羊两个补贴险种，补贴地区为四川、青海、云南、甘肃和西藏。此外，针对森林保险、天然橡胶保险增加保费补贴范围，并对补贴比例做出相应调整。2010 年 6 月，财政部下发《财政部关于进一步做好农业保险保费补贴工作有关事项的通知》，对进一步做好农业保险保费补贴资金管理有关工作相关事宜进行规定，为农业保险保费补贴工作提供保障。2010 年，中央又新增三种养殖业险种享受保费补贴。

2011 年 12 月，《国务院办公厅关于加强鲜活农产品流通体系建设的意见》提出"鼓励保险机构研究开发鲜活农产品保险产品，积极引导企业、农民专业合作社和农民投保，有条件的地方可对保费给予适当财政补贴"，为农业规模经营提供重要政策支持，减轻了农业经营主体的财务负担。

2012 年 1 月，《国务院关于进一步促进贵州经济社会又好又快发展的若干意见》提出"增加农业保险保费补贴范围"，加大财政支持力度，推进当地农业产业发展。随后，《国务院关于印发全国现代农业发展规划（2011—2015 年）的通知》明确了"加快发展农业保险，完善农业保险保费补贴政策"的总体目标，对接下来一段时期内农业保险保费工作提出要求，推进农业保险保费补贴政策适应现代农业发展的需要，对接供需，切实惠及农业经营主体。同时，《关于进一步加大支持力度 做好农业保险保费补贴工作的通知》中指出，为更好地贯彻落实党中央、国务院有关精神，进一步发挥农业保险强农惠农作用，财政部将继续加大支持力度，完善农业保险保费补贴政策，进一步加大中央财政农业保险保费补贴支持力度，扎实做好下一步农业保险保费补贴工作，扩大农业保险保费补贴绩效评价试点的要求，并将糖料作物纳入中央财政农业保险保费补贴范围。2012 年，中央财政农业保险保费补贴险种的补贴区域扩大至全国。中央财政将糖料作物纳入中央财政农业保险保费补贴范围，从而使中央财政补贴险种达到 15 个。

为了完善保费补贴政策，加快我国政策性农业保险的发展，中央不断增加农业保险的保费补贴财政预算。2007 年预算资金为 21.5 亿元，到了 2011 年，已经增长至 97亿元左右，年均增幅 45.8%。自 2007 年中央政府开始对农业保险进行保费补贴试点以来，已累计拨付保费补贴资金 360 亿，带动农业保险累计提供逾 2.3 万亿元的风险保障，具备较强的强农惠农效果。除了中央之外，地方政府也在不断加大对农业保险保费补贴的力度，2008 年补贴总额为 86.3 亿元，2009 年为 106.8 亿元，2010 年为 115.4亿元，2011 年为 138 亿元以及 2012 年为 184.9 亿元（见图 2-1）。

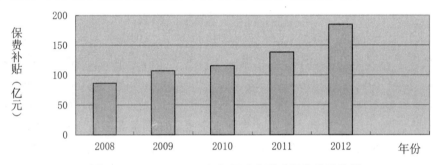

图 2-1　2008—2012 年各级政府财政保费补贴总额

资料来源：历年《农业保险年鉴》《中国保险年鉴》以及财政部关于农业保险保费补贴政策的绩效评价报告。

四、种植业保险政策

为进一步落实各级财政对种植业保险发展的支持，国务院继续以政策性农业保险为主要工具，在 2008 年中央一号文件中提出支持发展主要粮食作物的政策性保险，旨在从保证农业产业中最基本的主要粮食作物生产入手，落实为种植业生产经营提供基本的风险保障，稳固农业产业发展。随后，中央财政再次提高补贴预算，在 2007 年的基础上增加了 17.49 亿元，并在原有 5 个主要农作物的基础上，将花生和油菜也纳入中央财政的补贴范围，中央财政提供保费补贴的比例也由 25%提高到 35%。此外，试点区域由 6 个省份扩大到全国 16 个主要粮食主产区，基本形成了粮食主产区的全覆盖。同年，在中央政策的推动下，部分地方政府响应号召，开始针对当地种植业农业保险的具体实施做出相应调整，加强财政支持力度，努力提升政策性种植业保险覆盖范围。

2008 年 4 月，河北省根据《财政部关于印发〈中央财政种植业保险保费补贴管理办法〉的通知》，制定下发了《河北省种植业保险保费财政补贴管理办法》，确定财政补贴范围为小麦、玉米和棉花。小麦每亩保额 300 元，保险费率为 5%；玉米每亩保额 260 元，保险费率为 7%；棉花每亩保额 400 元，保险费率为 6.5%。保费由参保农户承担 20%，其余为财政补贴，具体比例为中央财政 35%、省财政 25%、市财政 10%、县财政 10%。同年 5 月，河南省财政厅结合省内情况，制定《河南省开展水稻棉花保险试点工作实施方案》，为当地开展水稻棉花保险试点工作提供规范性指导意见，促进当地水稻、棉花产业发展。当月，安徽省出台《安徽省人民政府关于开展政策性农业保险试点工作的实施意见》，标志着安徽省政策性农险试点工作正式启动，明确了安徽省政策性农业保险的试点品种为水稻、小麦、玉米、油菜、棉花，中央、省和市县的财政补贴保费比例分别为 35%、25%、20%，种植场（户）承担 20%。种植业保险采用"保险公司与地方政府联办"模式，风险共担。2008 年 6 月，内蒙古自治区人民政府办公厅下发《内蒙古自治区 2008 年农业保险保费补贴实施方案》，险种范围增加了补贴品种，新增油菜籽、葵花籽和奶牛。财政部补贴 35% 保费；自治区财政安排补贴 55%，其中 25% 由自治区本级以专项资金的方式补贴，其余 30% 通过一般转移支付下达给旗县，由旗县财政予以补贴；其余 10% 的保费由农户或者农户与龙头企业等共同承担。随后，宁夏回族自治区政府以文件批转了宁夏保监局、自治区财政厅、农牧厅、林业局联合制定的《2008 年宁夏政策性农业保险试点实施方案》，文件中规定，种植业补贴险种主要为设施农业、小麦、水稻、玉米、压砂西瓜、脱水蔬菜、葡萄、苹果。设施农业费率为 4%，小麦、玉米费率为 5%，水稻、压砂西瓜、脱水蔬菜、葡萄、苹果费率均为 6%。种植业保险保费由自治区财政补贴 40%，市、县（区）财政补贴 30%，投保人自筹 30%。北京市政府在"2008 年北京市政策性农业保险工作会议"上明确各区县政府要在市级补贴 50% 保费的基础上，不断加大保费补贴比例。小麦和玉米要补贴 10% 以上的保费。这一时期，种植业保险在不同地区、不同标的的财政补贴略有差异，但总体思想与中央高度契合。至此，我国政策性种植业保险在全国范围内迈上了发展的新征程。

获得各级政府财政补贴后的种植业保险发展十分迅速，各级政府财政补贴也随种植业保险市场供需的不断调整，逐步扩大覆盖范围。2009 年，财政部在原有的种植业保险补贴品种及补贴比例上，再一次将试点区域扩大至 17 个省份。上半年，以深入开展大宗粮油作物保险为重点，在全国范围内推广水稻、玉米、小麦、棉花、大豆、花生、油菜等重点农作物保险。以地方经济、特色经济发展为重点，发展烟叶、橡胶、瓜果、林木、蔬菜等农村特色作物类保险。种植业保险共承保农作物及林木 3.49 亿亩，参保农户 5221.36 万户次，原保险保费收入 54.59 亿元，同比增长 70.62%。保费收入居前五的险种分别为水稻、棉花、玉米、小麦、大豆的农作物保险。

2010 年，种植业保险支持力度持续加强，承保品种越来越多，配合中央财政保费补贴政策，保险业新开展了马铃薯、青稞、天然橡胶保险等试点。同年 8 月，《国务院关于进一步促进蔬菜生产保障市场供应和价格基本稳定的通知》发布，提出"保险公司要完善蔬菜保险产品，积极引导菜农投保，有条件的地方可对保费适当给予财政补贴"，加强财政支持力度，维系蔬菜保鲜市场稳健发展。2010 年 10 月，《国务院办公厅关于促进我国热带作物产业发展的意见》提出加大热带作物补贴力度，"在天然橡胶优势种植区域内逐步扩大良种补贴覆盖面，研究天然橡胶非生产期抚育管理补贴政策"，并"建立健全热带作物产业风险保障机制，加大对天然橡胶保险的支持力度，支持各有关地区开展优势特色热带作物产品生产保险试点"。中央政府逐步尝试开展特色农产品保险，扩大种植业保险承保范围，也预示着我国种植业保险逐步走向多元化发展的道路。

2011 年 4 月，《国务院关于加快推进现代农作物种业发展的意见》提出"建立政府支持、种子企业参与、商业化运作的种子生产风险分散机制，对符合条件的农作物种子生产开展保险试点"，同时"将制种机械纳入农机具购置补贴范围"。种业作为农业的最上游产业，种子保险制度的完善对于促进种子生产和农民增收、保障国家粮食安全等方面有十分重要的意义。同年，上海市结合当地实际创新建立了主要叶菜市场价格风险保障机制，由上海安信农业保险股份有限公司承保，2011 年 1 月开始推出"保淡"绿叶菜价格保险产品。截至 2011 年，全国农业保险承保主要粮油棉作物 7.87 亿亩，占全国播种面积的 33%，在内蒙古、新疆、江苏、吉林等粮食主产区，基本粮棉油作物的承保覆盖率超过 50%，黑龙江农垦、安徽省等地已基本实现了全覆盖。

2012 年中央一号文件提出鼓励地方开展优势农产品生产保险、尝试开展种子生产保险试点，继续完善种植业保险产品体系，扩展种植业保险覆盖面，配合农业经营主体多元化风险保障需求，更加精准施策服务于"三农"特色发展之路。同时，中央一号文件首次明确推进种子保险试点工作，推进制种保险试点工作的条件已经逐渐成熟。2012 年，中央财政补贴的种植业险种已经包括 9 种主要的农作物，具体有玉米、水稻、小麦、棉花、油料作物（大豆、油菜、花生）、马铃薯、天然橡胶、青稞、糖料作物（甘蔗和甜菜），补贴区域也扩展至全国所有省区市及主要农业生产部门。2012 年 1 月，《国务院关于进一步促进贵州经济社会又好又快发展的若干意见》明确了"增加农业保险保费补贴范围"，加大财政支持力度，针对当地农业生产对农业保险的具体需求情况，积极推进特色农产品产业发展。同年 12 月，《国务院办公厅关于印发全国现代农作物种业发展规划（2012—2020 年）的通知》提出"建立政府支持、种子企业参与、商业化运作的种子生产风险分散机制""增加种子储备财政补贴，调动企业承担国家种子储备的积极性""在现有农业保险中，增加制种风险较高的杂交玉米和杂交水稻等种子生产保险""开展种子生产保险试点，给予保费补贴""将种子精选加工、烘干、包装、播种、收获等制种机械纳入农机具购置补贴范围"几点要求，为农作物种业发展保驾护航。

五、养殖业保险政策

2008 年中央一号文件提出继续实行对畜禽养殖业的各项补贴政策，建立健全生猪、奶牛等政策性保险制度，为从事养殖业生产的农业经营主体提供财政补贴与基本风险保障，提升农业经营主体从事养殖业的积极性。在能繁母猪保险得以全面启动、顺利开展，并取得了较好成效的基础上，为进一步促进能繁母猪保险快速推进、规范发展，更好地发挥能繁母猪保险在促进生猪生产中的作用。2008 年 1 月，保监会下发《关于进一步加强能繁母猪保险工作有关要求的紧急通知》，将能繁母猪保险中出现的政府扑杀行为纳入赔偿责任范围，对能繁母猪保险发展做出明确指示，为接下来开展能繁母猪保险提供重要的指导。2008 年 4 月，中国保监会研究制定《关于做好 2008 年农业保险工作保障农业和粮食生产稳定发展的指导意见》，提出"在做好政策性农业保险保费补贴政策的同时，大力推动生猪保险""继续做好能繁母猪保险工作的同时，积极推进奶牛保险工作""能繁母猪保险要在落实'应保尽保'工作的基础上，做好 2008 年的续保工作，并对补栏的能繁母猪及时做好保险工作；奶牛保险要以产奶大省为重点，及时做好承保工作"。

2008 年 6 月，内蒙古自治区人民政府办公厅下发《内蒙古自治区 2008 年农业保险保费补贴实施方案》，规定养殖业险种范围增加奶牛，能繁母猪的保险费率为 6%，奶牛为 8%。能繁母猪保险保费由财政部补贴 50%，自治区本级财政补贴 20%，盟市、旗县级财政各补贴 10%，其余 10% 保费由农户承担，或者由农户与养殖企业共同承担；奶牛保险保费由财政部补贴 30%，自治区财政安排补贴 50%，其中 20% 由自治区本级以专项资金的方式补贴，30% 通过一般转移支付下达给旗县，由旗县财政予以补贴，其余 20% 保费由农户或者农户与养殖企业等共同承担。同年 6 月，宁夏回族自治区政府以文件方式批转了宁夏保监局、自治区财政厅、农牧厅、林业局联合制定的《2008 年宁夏政策性农业保险试点实施方案》，养殖业补贴险种主要为能繁母猪、成年奶牛和后备奶牛，费率均为 6%。对于养殖业保险保费，奶牛的中央财政补贴为 30%，自治区财政补贴为 20%，市、县（区）财政补贴为 10%，投保人自筹 40%；能繁母猪的中央财政补贴为 50%，自治区财政补贴为 30%，投保人自筹 20%。北京市政府召开"2008 年北京市政策性农业保险工作会议"，明确各区县政府要在市级补贴 50% 保费的基础上，不断加大保费补贴比例，能繁母猪要补贴 30% 的保费，奶牛补贴 10% 以上的保费。河北省根据《财政部关于印发〈中央财政养殖业保险保费补贴管理办法〉的通知》，制定下发《河北省养殖业保险保费财政补贴管理办法》，确定财政补贴范围为能繁母猪和奶牛。奶牛每头保额 5000 元，应缴保费 350 元；能繁母猪每头保额 1000 元，应缴保费 60 元。保费由参保农户承担 20%，其余为财政补贴。具体比例如下：奶牛由中央财政补贴 30%，省财政补贴 15%，市财政补贴 20%，县财政补贴 15%；能繁母猪由中央财政补贴 50%，省财政补贴 15%，市财政补贴 10%，县财政补贴 5%。2008

年 4 月，安徽省出台《安徽省人民政府关于开展政策性农业保险试点工作的实施意见》，标志着安徽省政策性农险试点工作正式启动，明确了安徽省政策性农业保险的试点品种为能繁母猪和奶牛。能繁母猪财政补贴保费中央、省和市县分别承担 50%、21%、9%，养殖场（户）承担 20%；奶牛财政补贴保费中央、省和市县分别承担 30%、21%、9%，养殖场（户）承担 40%。养殖业保险采用"保险公司自营"模式，在政府保费补贴政策框架下，自主经营，自负盈亏。

2009 年中央一号文件全文提出通过增加险种等方式，稳定发展生猪产业。继续落实生猪良种补贴、能繁母猪补贴、奶牛良种补贴、优质后备奶牛饲养补贴等政策。继续对养殖业发展提出具体要求，增加养殖业补贴范围，切实减轻农业经营主体财务压力。2009 年上半年，以加快畜牧产业发展为重点，在全国范围开办能繁母猪和奶牛，在地方开办生猪、家禽等养殖业保险。养殖业保险承保大小牲畜 2736.55 万头（只），家禽 3.35 亿只；参保农户 659.57 万户次；原保险保费收入为 15.44 亿元，同比增长 30.59%。养殖业保险原保费收入居前五位的险种分别为能繁母猪保险、奶牛保险、育肥猪保险、鸡类保险、淡水养殖保险。其中，能繁母猪保险共承保能繁母猪 1836.9 万头，同比增长 20.09%，参保农户达 586.52 万户次，实现原保费收入 9.71 亿元，同比增长 36.85%，占养殖业保险原保险保费收入的 62.89%。截至 2009 年，江苏省养殖业保险除开展了能繁母猪、奶牛两个养殖业险种外，还结合江苏实际开发了生猪、养鸡、蚕桑等地方性险种。能繁母猪保险财政补贴保费 80%，奶牛保险财政补贴保费 60%。对于能繁母猪、奶牛，以及其他种植和养殖业参保品种，省级财政实行区域化差额保费补贴政策：苏南地区补贴 20%，苏中地区补贴 30%，苏北地区补贴 50%。

2011 年 6 月，《国务院关于促进牧区又好又快发展的若干意见》提出"针对牧区特点，完善草原畜牧业生产补贴政策。继续实施畜牧良种补贴政策，在对牧区肉牛和绵羊进行良种补贴基础上，将牦牛和山羊纳入补贴范围。在实行草原生态保护补助奖励机制的 8 个省（区），实施人工种植牧草良种补贴，中央财政每亩补贴 10 元；对牧民生产用柴油等生产资料给予补贴，中央财政每户补贴 500 元。加大牧区牧业机械购置补贴支持力度"，同时"发展多种形式的草原畜牧业保险，对符合条件的畜牧业保险给予保费补贴"，从增加各类补贴、发展草原畜牧业保险、保费补贴等方面多方位推进牧区发展。同年 7 月，《国务院办公厅关于促进生猪生产平稳健康持续发展防止市场供应和价格大幅波动的通知》提出"完善生猪饲养补贴制度。实施能繁母猪饲养补贴制度，是保护生猪生产能力的关键环节。各地要继续按照每头每年 100 元的标准，对能繁母猪发放饲养补贴，中央财政对中西部地区给予 60% 的补助，对新疆生产建设兵团和中央直属垦区补助 100%"，并且提出"落实好能繁母猪保险政策。按照现行规定，继续落实好能繁母猪保险保费补贴政策。建立更加严格的保险与耳标识别、生猪防疫和无害化处理联动机制，提高能繁母猪保险覆盖面""完善能繁母猪补贴和保险制度、健全信用担保体系"的要求。截至 2011 年，全国农业保险承保牲畜 7.3 亿头（羽）。广西壮族自治区养殖业引导保险公司积极稳妥地做好能繁母猪保险工作，2010—2011

年间全区累计支付赔款 1.1 亿元，受益农户 11.09 万户（次）。

2012 年 5 月，《国务院办公厅关于印发国家中长期动物疫病防治规划（2012—2020 年）的通知》提出"将重点动物疫病纳入畜牧业保险保障范围"，为未来一段时间内畜牧业保险提供前进方向，不断增设畜牧业保险险种，积极推进我国畜牧业稳健发展。同年 8 月，《2012 年进一步推进田东县"三农"保险试点工作方案》提出引入"公司+基地+保险+农户"的林下养鸡、养羊保险模式，创新田东县"三农"保险服务方式。截至 2012 年 7 月末，新疆养殖业保险累计承保各类牲畜 37.02 万头，同比增长 134.16%。

六、涉农保险政策

（一）农机具保险

除了渔船保险、农房保险外，农机具保险也是近年来发展势头较猛的涉农保险险种之一。自 2009 年起，陕西、湖北、湖南等省在江泰保险经纪公司的支持下，先后通过农机安全协会组织开展农机互助保险，为农机户提供农机保险，几省政府也适当为其提供保险费补贴。在地方政府大力推动农机具保险产品及机构发展的同时，中央政府也就农机具保险的发展进行了多次政策指示。

2010 年 7 月，《国务院关于促进农业机械化和农机工业又好又快发展的意见》指出继续实施并完善农机购置补贴政策，"积极开展农机保险业务，有条件的地方可对参保农机给予保费补贴""财政部门要落实扶持农业机械化和农机工业发展的资金，加强农机购置补贴政策实施的监管""银行业和保险业监管部门要督促银行业金融机构和保险公司积极开展农机信贷、保险业务"。全面规定农机具补贴、保险保障相关事宜，推进农业机械化进程。

2011 年 4 月，《国务院关于加快推进现代农作物种业发展的意见》在完善种子生产收储政策中提及"加大高效、安全制种技术和先进适用制种机械的推广使用，将制种机械纳入农机具购置补贴范围"。同年 10 月，《农业部办公厅关于各地贯彻落实〈国务院关于促进农业机械化和农机工业又好又快发展的意见〉情况的通报》中指出青海省明确逐年加大农机购置补贴资金投入。在加大金融、保险支持方面，安徽省明确增加对农机专业合作社的贷款，推进大中型农机具抵押贷款业务，北京市将农业机械保险纳入政策性农业保险范围；江苏省明确加大农机保费财政补贴力度，采用财政贴息方式支持农机专业合作社和农民通过贷款购买先进适用农机；新疆维吾尔自治区明确将农业机械财产保险、拖拉机交通事故强制保险纳入政策性保险范围，实行优惠费率，进一步推动落实国务院意见规定的扶持政策，积极推动农机抵押贷款业务和农机保险业务，争取地方财政实施政策性农机保险。

为全面贯彻落实《国务院关于促进农业机械化和农机工业又好又快发展的意见》精神，推动农牧业机械工业健康快速发展，内蒙古自治区人民政府出台《内蒙古自治区人民政府关于加快自治区农牧业机械工业发展的实施意见》，提出"要探索农（牧）机保险便民途径，健全和完善农村牧区保险机构，大力发展农（牧）机保险业务""鼓励商业保险公司加大涉农涉牧保险产品的创新和开发力度，探索建立对参保农（牧）机给予保费补贴的机制""引导农（牧）机使用者依托农（牧）机专业合作社等社团组织、经营实体，开展农（牧）机保险互助合作，提高抗御风险能力"。

（二）渔业及渔船保险

2008 年 10 月，《国务院办公厅关于加强渔业安全生产工作的通知》提出"完善渔业安全风险保障机制。要充分发挥保险对分散和降低渔业安全生产风险的作用。鼓励渔船雇主购买船东责任保险，引导和鼓励渔民积极参加保险"。

2012 年中央一号文件特别指出要"扶持发展渔业互助保险，鼓励地方开展优势农产品生产保险"，这也是渔业保险在中央一号文件首次出现，承接以往渔业保险发展的工作，继续为我国渔业发展保驾护航。2012 年 12 月，《国务院关于印发服务业发展"十二五"规划的通知》明确了"扩大涉农保险覆盖面，探索发展渔业保险，建立多形式经营、多渠道支持的农业保险体系"，明确了我国渔业保险发展的重要意义。

青岛市将政策性渔业雇主责任互助保险纳入 2012 年农险推动发展范围。山东省省级财政对参加渔业保险的渔民给予 20% 的保费补贴，青岛市市级财政将继续对保额10 万元以上的渔民人身意外险实施 30% 的保费补贴，同时 6 个区（市）也将分别给予10%～20% 比例的补贴配套。

除党中央的政策支持外，农业部也对渔业相关的渔船保险、渔民人身保险等相关涉农险种提供针对性的支持措施。长期以来，农业部一直对渔船保险给予特别的关注和支持，自 2009—2016 年每年拨出一定专项费用，用于补贴渔船保险和渔民人身伤害保险保费。除此之外，浙江、江苏、福建、广东、广西、海南、辽宁、山东等省份，每年也安排财政资金支持本省渔业互保协会提供的渔船保险和渔民短期人身保险。

七、其他类别农业保险政策

（一）农产品价格保险

中央政府为稳固我国粮食价格，逐年针对粮食收购价格规定进行细化。2008 年中央一号文件指出"继续对重点地区、重点粮食品种实行最低收购价政策"。2008 年 3月，《国务院关于印发 2008 年工作要点的通知》要求发展改革委牵头，"健全大宗农产品、初级产品供求和价格变动监测预警制度，做好市场供应和价格应急预案"。

2009 年中央一号文件在以往工作基础上提出继续提高粮食最低收购价的要求。2009 年 5 月，《国务院关于当前稳定农业发展促进农民增收的意见》提出"认真执行国务院批准的《防止生猪价格过度下跌调控预案（暂行）》""继续落实好粮食最低收购价政策"的要求。

2010 年中央一号文件继续细化物价政策，指明"落实小麦最低收购价政策，继续提高稻谷最低收购价。扩大销区粮食储备规模。适时采取玉米、大豆、油菜籽等临时收储政策，支持企业参与收储，健全国家收储农产品的拍卖机制，做好棉花、食糖、猪肉调控预案，保持农产品市场稳定和价格合理水平"。2010 年 3 月，《国务院办公厅关于统筹推进新一轮"菜篮子"工程建设的意见》提出"支持建立覆盖主产区和全国主要批发市场的'菜篮子'产品产销信息公共服务平台，规范信息采集标准，健全信息工作机制，加强采集点、信息通道、网络中心相关基础设施建设，定期收集发布'菜篮子'产品生产、供求、质量、价格等信息"，将确保市场价格基本稳定纳入各地"菜篮子"工程建设考核指标体系。

2011 年 3 月，《国务院办公厅关于开展 2011 年全国粮食稳定增产行动的意见》提出"落实好粮食最低收购价和临时收储政策，完善实施预案，适时启动，保持粮价合理水平"，调动农民种粮积极性。同年 9 月，《国务院关于支持河南省加快建设中原经济区的指导意见》提出"逐步提高粮食最低收购价格"。

2012 年中央一号文件提出"稳步提高小麦、稻谷最低收购价""健全生猪市场价格调控预案，探索建立主要蔬菜品种价格稳定机制"，稳定农产品市场发展。2012 年 1 月，《国务院关于印发全国现代农业发展规划（2011—2015 年）的通知》提出"完善农产品市场调控机制，稳步提高稻谷、小麦最低收购价""探索建立以目标价格为核心的反周期补贴制度"。2012 年 3 月，《国务院关于落实〈政府工作报告〉重点工作部门分工的意见》提出"继续提高粮食最低收购价，今年（2012 年）小麦、稻谷最低收购价平均每 50 公斤分别提高 7.4 元和 16 元"。

（二）小额信贷保证保险

为扶持农业产业化发展，解决农业经营主体农用资金问题，2008 年中央一号文件提出"探索采取建立担保基金、担保公司等方式，解决龙头企业融资难问题""推进农村担保方式创新，扩大有效抵押品范围，探索建立政府支持、企业和银行多方参与的农村信贷担保机制"。2008 年 7 月，《国务院办公厅转发发展改革委关于 2008 年深化经济体制改革工作意见的通知》指出由银监会、人民银行负责"培育小额信贷组织，建立符合农村特点的担保机制"，尝试建立适应我国农业农村发展的信贷方式，盘活农村资源，促进农业产业可持续发展。同年 9 月，《国务院关于进一步推进长江三角洲地区改革开放和经济社会发展的指导意见》提出"改善农村金融服务，发展农村信用担保和农村小额贷款，加快建立农业保险体系"。同时，《国务院关于进一步促进宁夏经济社会发展的若干意见》提出"加快农村担保体系建设，支持建立农业贷款风险基金，组建扶持'三农'的信用担保机构，探索解决农村抵押担保难问题"。2008 年 12 月，《国务院办公厅关于当前金融促进经济发展的若干意见》针对当地农村信贷问题提出"积极发展面向农户的小额信贷业务，增加扶贫贴息贷款投放规模""在扩大农村有效担保物范围基础上，积极探索发展农村多种形式担保的信贷产品""指导农村金融机构开展林权质押贷款业务"。"积极发展'三农'保险，进一步扩大农业保险覆盖范围，鼓励保险公司开发农业和农村小额保险及产品质量保险"，同时"加快征信体系建设，继续推动中小企业和农村信用体系建设，进一步规范信贷市场和债券市场信用评级，为中小企业融资创造便利条件"，多层次推进农村信贷体系构建。

2009 年中央一号文件提出"鼓励和支持金融机构创新农村金融产品和金融服务，大力发展小额信贷和微型金融服务"，并积极扩展农业保险服务于农村金融的渠道，"探索建立农村信贷与农业保险相结合的银保互动机制"。这是中央一号文件首次提出以农村信贷与农村保险相结合的方式服务于农村金融，解决农业经营主体融资难题，银保协同推进农业农村经济发展。2009 年 1 月，《国务院关于推进重庆市统筹城乡改革和发展的若干意见》明确了"建立农村信贷担保机制，探索建立农业贷款贴息制度。提高农村地区支付结算业务的便利程度，加快农村信用体系建设"。

在构建农村小额贷款服务于农村信贷体系初见成效的基础上，2010 年中央一号文件再次明确"发展农村小额保险"的总体要求，促进农村小额保险发展工作持续进行。2010 年 3 月，《国务院办公厅关于统筹推进新一轮"菜篮子"工程建设的意见》提出"积极倡导担保和再担保机构在风险可控的前提下，大力开发支持龙头企业的贷款担保业务品种，提高'菜篮子'工程建设的融资能力"，解决龙头企业融资难题。2010 年 4 月，保监会与银监会联合下发《关于加强涉农信贷与涉农保险合作的意见》。同年 5 月，银监会、证监会、保监会与人民银行等联合下发《关于全面推进农村金融产品和服务方式创新的指导意见》，探索完善农村金融服务体系，加强和改进农村金融服务，推动解决农民"贷款难"问题。

2011 年 7 月《国务院办公厅关于促进生猪生产平稳健康持续发展防止市场供应和价格大幅波动的通知》提出，"加快推进农村信用担保体系建设，为标准化养殖场（小区）提供信用担保服务""着手建立规模养殖企业联合体担保贷款机制并制定具体实施办法，加强对标准化规模生猪养殖企业的信贷支持"，推动生猪养殖业发展。

2012 年中央一号文件提出"大力推进农村信用体系建设，完善农户信用评价机制"，为农村信贷长久发展奠定坚实的基础。同年 8 月，《2012 年进一步推进田东县"三农"保险试点工作方案》提出"在产品和服务方面，深入推进'贷款+保险+担保'相结合的金融保险服务产品试点，探索建立'农村信贷+保险'模式"，积极发挥保险保障和增信功能，分担农村小额信贷风险，缓解"三农"贷款难问题。

（三）森林保险

2008 年 6 月，《中共中央国务院关于全面推进集体林权制度改革的意见》提出了"加快建立政策性森林保险制度，提高农户抵御自然灾害的能力"。作为林权制度改革的配套措施，政策性森林保险得到了中央的高度重视和大力支持。同年 12 月，国务院印发《森林防火条例》，第十一条明确指出"国家鼓励通过保险形式转移森林火灾风险，提高林业防灾减灾能力和灾后自我救助能力"。通过立法的形式强调保险对于转嫁森林火灾风险的重要作用，为森林火灾风险管理提供重要的途径。

2009 年中央一号文件提出开展政策性森林保险试点的总体要求，将政策性森林保险工作提上日程，为我国林业经济发展提供重要风险保障。在以往开展农业保险保费补贴的基础上，中央决定在集体林权制度改革基本完成且已具有森林保险试点工作经验的福建、江西和湖南开展森林保险保费补贴试点工作。2009 年 5 月，为积极做好集体林权制度改革与林业发展的金融服务工作，人民银行、财政部、银监会、保监会、国家林业局共同出台了《关于做好集体林权制度改革与林业发展金融服务工作的指导意见》，"积极探索建立森林保险体系"被列为其中六条指导意见的重要一条，要求"各地要把森林保险纳入农业保险统筹安排，通过保费补贴等必要的政策手段引导保险公司、林业企业、林业专业合作组织、林农积极参与森林保险，扩大森林投保面积"，为北京解决森林保险缺失、优化林业融资环境提供了可供操作的办法和途径。同年 12 月，为进一步做好森林保险工作，逐步建立和完善森林保险制度，《财政部、林业局、保监会关于做好森林保险试点工作有关事项的通知》发布，在内蒙古、黑龙江等省份开展了中央财政森林保险保费补贴试点工作。

在政策性森林保险开展初见雏形的基础上，2010 年中央一号文件再次针对政策性森林保险提出逐步扩大政策性森林保险试点范围的要求，逐步推动政策性森林保险试点工作的进行。福建省林业厅、财政厅下发《关于印发〈森林保险理赔操作规程（试行）〉及〈森林保险灾害损失认定标准〉的通知》，对报案受理、查勘定损、赔款支付等方面做出明确规定，规范了森林综合保险理赔工作。2009 年，试点工作扩大到集体林权制度改革推进较好的辽宁、浙江、湖北、云南、广西、陕西等省份。

2011 年，农业保险承保林木 9.2 亿亩，在此基础上，2012 年中央一号文件继续提出扩大森林保险保费补贴试点范围，从保费补贴的角度继续大力推进我国森林保险发展。2011 年 12 月，《国务院办公厅关于加强林木种苗工作的意见》提出"研究开展种苗生产保险试点，提高种苗生产抗风险能力""积极推进林木采伐管理、公益林补偿、林权抵押、政策性森林保险等配套改革"的新要求，强调政策性森林保险对发展林木种苗工作的重要性，政策性森林保险已经成为林业经济稳健发展不可或缺的一部分。截至 2012 年，广西把握集体林权制度改革的发展机遇，积极争取政府支持建立政策性森林保险保障体系，鼓励辖区保险业充分利用银行投融资平台，以商业运作的模式积极拓展森林保险业务，形成了政策性和商业性林木保险同步发展的新格局，以服务地方集体林权制度改革。截至 2011 年末，广西共承保森林面积 914 万亩，实现原保费收入 2867.85 万元，同比增长 30.5%，其中藤县、武鸣、浦北 3 个县在自治区财政 380 万元保费补贴的支持下开展了政策性森林保险试点。

（四）产品质量保险

2008 年中央一号文件提出"加强农业标准化和农产品质量安全工作""实施农产

品质量安全检验检测体系建设规划，依法开展质量安全监测和检查，巩固农产品质量安全专项整治成果。深入实施无公害农产品行动计划，建立农产品质量安全风险评估机制，健全农产品标识和可追溯制度"，为我国农产品质量检测工作指明发展的方向。2008年12月，《国务院办公厅关于当前金融促进经济发展的若干意见》提出"鼓励保险公司开发农业和农村小额保险及产品质量保险"，借助农业保险这一手段，促进我国农产品质量检测体系更加完善。

2009年中央一号文件再次提出"严格农产品质量安全全程监控。抓紧出台食品安全法，制定和完善农产品质量安全法配套规章制度，健全部门分工合作的监管工作机制，进一步探索更有效的食品安全监管体制，实行严格的食品质量安全追溯制度、召回制度、市场准入和退出制度。加快农产品质量安全检验检测体系建设，完善农产品质量安全标准，加强检验检测机构资质认证""建立农产品和食品生产经营质量安全征信体系"。2009年1月，《国务院关于推进重庆市统筹城乡改革和发展的若干意见》指明"加强农业标准化建设，确保农产品质量安全"。

2010年中央一号文件提出"推进农产品质量可追溯体系建设，支持建设出口基地"，助力农产品贸易发展。2010年3月，《国务院办公厅关于统筹推进新一轮"菜篮子"工程建设的意见》提出"鼓励优势农产品出口，推进出口农产品质量追溯体系建设，支持发展农产品出口信贷和信用保险"。

八、农业保险监管政策

2008年1月，保监会发布《关于进一步加强能繁母猪保险工作有关要求的紧急通知》，进一步促进能繁母猪保险快速推进、规范发展，更好地发挥能繁母猪保险在促进生猪生产中的作用。同年4月，中国保监会研究制定《关于做好2008年农业保险工作保障农业和粮食生产稳定发展的指导意见》，提出切实提升农业保险的服务能力和水平，加强风险管理工作，加强农业保险监管工作等意见，对2008年农业保险监管工作的开展提出明确要求。2008年7月，为切实落实执行国家支农惠农政策，更好地为农业和粮食生产服务，解决现阶段存在的问题，保监会下发《关于加强政策性农业保险各项政策措施落实工作的通知》，对政策性农业保险监管工作做出明确指示，以促进政策性农业保险规范健康发展。中国保监会以规范保险市场秩序和维护投保人合法权益为重点，于2008年8月下发《中国保监会关于进一步规范财产保险市场秩序工作方案》，其中提出"对有政策支持的农业保险等业务实行更为严格的查处和监管原则"。

2009年，中国保监会在财险部下设农业保险处，专门负责农业保险业务的监管工作，凡保险监管中涉及农业保险的业务均由该部门负责把关，凡涉及农业保险的部门协调工作均由该部门统一负责。2009年2月，《中华人民共和国保险法》（2009年修订）总则第2条规定："本法所称保险，指投保人根据合同约定，向保险人支付保险费，保险人对于合同约定的可能发生的事故因其发生所造成的财产损失承担赔偿保险金责任，或者当被保险人死亡、伤残、疾病或者达到合同约定的年龄、期限等条件时承担给付保险金责任的商业保险行为。"而对农业保险，仅在附则的第一百八十六条规定："国家支持发展为农业生产服务的保险事业，农业保险由法律、行政法规另行规定。"同年 4 月，保监会下发《关于规范政策性农业保险业务管理的通知》，从市场准入、核保核赔、风险控制以及再保险安排方面，对农业保险做出规范性要求，切实保护投保农户的合法权益，促进政策性农业保险业务平稳健康发展。2009 年 8 月，为加快形成生猪保险与防疫工作相互结合、相互促进的工作局面，进一步增强生猪养殖户抵御风险的能力，促进生猪生产发展，《中国保监会　农业部关于进一步加强生猪保险和防疫工作促进生猪生产发展的通知》对生猪保险工作的开展提出相应的要求。同年 9 月，保监会发布《关于进一步做好农业保险发展工作的通知》，对进一步做好今后一段时期的农业保险发展工作提出要求，切实加强工作力度，确保把党中央国务院的强农惠农政策落到实处。2009 年，江苏保监局指导省保险行业协会、试点公司，结合实际情况共同制定《江苏省政策性农业保险实务规程（试行）》，从展业与宣传、承保理赔与流程、保费赔款管理等 10 个方面在全省范围内进行了统一和规范。

2010 年 3 月，保监会针对中部地区低温冻灾、西南旱灾及入汛以来全流域性的洪涝灾害等极端天气事件，第一时间下发了《关于做好西南地区旱灾理赔和防灾减灾工作的通知》，及时指导保险经办机构发挥防灾减灾作用，做好保险服务，为灾区恢复生产、重建家园提供了有力支持。同年 5 月，保监会下发《关于进一步做好 2010 年农业保险工作的通知》，提出要扩大农业保险覆盖面、坚持规范经营、做好防灾防损工作、积极开展创新、做好风险防范工作的具体要求。同年 6 月，由于南方地区出现持续大范围强降雨，引发了严重的洪涝灾害和次生灾害，给人民群众生命财产造成重大损失。为做好保险业应对暴雨洪涝灾害工作，保监会下发《中国保险监督管理委员会关于做好应对暴雨洪涝灾害工作的紧急通知》，对防汛抗灾工作做出全面部署，要求各保监局、各保险公司要积极应对暴雨洪涝灾害，适时启动相应级别的应急预案，迅速准确做好保险查勘理赔服务，积极开展防灾减灾工作并做好相关信息的收集和报送工作。随后又下发《关于报送暴雨洪涝灾害农业保险理赔情况的通知》，及时掌握了第一手资料。

2011 年 4 月，保监会发布《关于进一步做好 2011 年农业保险工作的通知》，要求进一步扩大农业保险覆盖面、努力提高农业保险服务水平、坚持规范经营、强化农业保险监管，并特别提出对农房保险、农机具保险、渔业保险、种业保险、设施农业保险、天气指数保险、小额信贷保证保险、农产品质量保证保险等险种进行积极探索，以满足农业和粮食生产日益增长的保险需求。为做好农业保险承保管理，加强农业保险规范经营，切实防范虚假承保行为的发生，有效控制道德风险，保监会同时下发《关于加强农业保险承保管理工作的通知》，规范了承保工作相关事宜，以促进农业保险健康发展。

2012 年 1 月，保监会发布《关于加强农业保险理赔管理工作的通知》，对农业保险理赔相关事宜进行规定，旨在规范农业保险经营行为、提高农业保险理赔服务质量、保障投保农户合法权益。同年 10 月，国务院常务会议通过了《农业保险条例》，并于2013 年 3 月 1 日起正式实施。《农业保险条例》分为总则、农业保险合同、经营规则、法律责任和附则 5 章，规定了农业保险相关参与主体的行为，明确了经营农业保险应遵循的监管原则、经营规则等内容，这是保障合法、稳健地开展农业保险业务的逻辑起点，也是监管农业保险业务的重要依据。

第四节　2013 年之后的中国农业保险政策及规范

　　随着我国第一部针对农业保险编制的法规《农业保险条例》的发布实施，我国农业保险进入了一个崭新的发展时期。截至 2013 年，我国政策性农业保险试点工作已推行近 10 年，中央财政对农业保险进行保费补贴试点的推行也已经进行了 6 年之久，我国农业保险体系日趋成熟，加之《农业保险条例》的出台使农业保险的监管实施变得有规可循，故 2013 年后我国农业保险的发展阶段是对我国已有农业保险体制进行不断完善的阶段。政府在为农业保险进一步发展源源不断提供政策支持的同时，愈发关注农业保险在我国全面深化改革、实现社会主义现代化过程中的作用，面对多元化的发展诉求，我国政府不断尝试将农业保险政策与各项宏观发展政策相结合，以促进农业保险与我国多领域事业的协同发展，在推行我国宏观政策的同时，极大地丰富了我国农业保险政策体系，有效实现了政府宏观治理与农险行业发展的"双赢"。

　　《农业保险条例》的出台标志着我国农业保险法制化水平得到巨大提高，其于 2013年 3 月 1 日正式施行，2013 年至今的发展阶段成为对于农业保险行业意义非凡的发展阶段；基于国家宏观发展角度，该时期同样是意义深远的发展阶段，该时期正处于"十二五"和"十三五"两个五年计划的新旧交替时期，新一届党中央领导集体选举在即，又是全面深化改革、全面建设小康社会的关键时期，故 2013 年之后这一发展时期的历史意义极为重大。由此可见，在现阶段，无论从国家宏观发展格局还是从行业自身发展角度考虑，农业保险都必须牢牢把握发展机遇，以保证行业自身的突破并助力农业发展，进而实现国家的宏观发展目标。为此，2013 年之后，中共中央、国务院及各部委均不断出台农业保险支持政策以适应农业保险发展速度，并保证农业保险持续快速发展。多个中长期政策为农业保险在一定时期内的发展描绘出较为详细的蓝图，也为农业保险的阶段性发展奠定了政策基础。

　　金融支农是党执政以来长期关注的"三农"工作之一。为进一步提升农村金融服务的能力和水平，贯彻落实党的十八大、十八届三中全会精神和国务院的决策部署，2014 年 4 月，在中长期内对金融支农起到指导性作用的《国务院办公厅关于金融服务"三农"发展的若干意见》出台，并对我国中长期内如何通过发展农业保险及农村金融助力"三农"工作提出了建议及规划。其中，第四章指出应"创新农村金融产品和服务方式"，促进涉农信贷与涉农保险间合作，基于涉农保险投保情况这一授信要素，探索扩大涉农保险保单质押范围。第六章"拓展农业保险的广度和深度"富有针对性地提出了一系列有关农业保险发展的意见。第十八条指出应"扩大农业保险覆盖面"，将农业保险重点发展险种定位在关系国计民生和国家粮食安全的农作物保险、主要畜产品保险、重要"菜篮子"品种保险和森林保险，同时应对农房保险、农机具保险、制种保险等一系列保险业务进行推广。第十九条指出应"创新农业保险产品"，主要粮食作物、生猪和蔬菜价格保险试点工作应逐步进行，并对天气指数保险、农村小额信贷保证保险等新险种进行开发，同时政府鼓励各地发展特色优势农产品保险并进行试点。第二十条"完善保费补贴政策"指出将调整中央财政、省级财政及产量大县县级财政对主要粮食作物保险的保费补贴水平。第二十一条指出应基于政府财政支持加快建立农业保险大灾风险分散机制。第二十二条指出要"加强农业保险基层服务体系建设"。第九章指出应基于"政府引导、市场运作"原则，运用奖励、补贴等政策工具对保险机构开展大宗农产品保险业务进行重点支持。

2014年8月，国务院发布《国务院关于加快发展现代保险服务业的若干意见》（即保险业新"国十条"）。该文件是我国保险业自2006年《国务院关于保险业改革发展的若干意见》（即保险业"国十条"）发布以来，中央政府又一保险行业发展指导性政策文件。与"国十条"相比，新"国十条"对保险业定位更为明确，内容的可操作性更强，明确了较长一段时期内我国保险业发展的总体要求、重点任务和政策措施，并提出了2020年保险业的发展目标。作为保险行业的长期发展纲领，新"国十条"运用较大篇幅为农业保险发展提供了一系列建议：第四部分第十条指出要"建立巨灾保险制度"；第五部分指出要"大力发展'三农'保险，创新支农惠农方式""积极发展农业保险"，以"中央支持保大宗、保成本，地方支持保特色、保产量，有条件的保价格、保收入"为原则，鼓励农户自愿投保农业保险，以扩大农险覆盖面，并"开展农产品目标价格保险试点，探索天气指数保险等新兴产品和服务，落实农业保险大灾风险准备金制度""鼓励开展多种形式的互助合作保险"，加强保险经营主体与农业部门、灾害预报部门等相关部门间合作，并"拓展'三农'保险广度和深度"，支持保险机构创新符合"三农"领域需求的保险产品，同时积极发展农村小额信贷保险、农房保险、农机保险、农业基础设施保险、森林保险等保险业务；第六部分指出应加快推进境外投资保险发展，并将农业和林业列入重点支持领域；第七部分指出要"加快发展再保险市场"，加大再保险对农业等国家重点项目的保险保障力度；第十部分"完善现代保险服务业发展的支持政策"中指出要"落实农业保险税收优惠政策"，完善农业保险财政补贴政策，"加大农业保险支持力度"，调整中央、省级财政对主要粮食作物的保费补贴及产粮大县三大粮食作物保险县级财政保费补贴，并在财政支持基础上建立农业保险大灾风险分散机制。新"国十条"对农业保险支持政策进行着重强调，凸显出农业保险在整个保险行业中的重要地位，也为我国农业保险中长期发展指明了方向。

2015 年 11 月，《中共中央、国务院关于打赢脱贫攻坚战的决定》发布，该文件是中共中央、国务院颁布的指导当前和今后一个时期脱贫攻坚的纲要性文件，对 2016—2020 年我国扶贫事业的发展产生了深远影响。文中第十九点"加大金融扶贫力度"提出要"积极发展扶贫小额贷款保证保险，对贫困户保证保险保费予以补助。扩大农业保险覆盖面，通过中央财政以奖代补等支持贫困地区特色农产品保险发展"，并为贫困地区以农业保险保障特色农产品产业提供政策优惠，"支持贫困地区开展特色农产品价格保险，有条件的地方可给予一定保费补贴"。自该文件出台以来，"精准扶贫"成为我国政府最为关注的政治工作之一，也是最受社会公众关注及认可的民生项目，各行各业均纷纷响应政府号召，积极支持政府的"精准扶贫"工作，金融业包括保险业也不例外。近年来，金融扶贫及保险扶贫工作在全国上下如火如荼地展开，为进一步贯彻《中共中央、国务院关于打赢脱贫攻坚战的决定》精神提供助力，后续又针对金融扶贫、保险扶贫出台了一系列政策文件，极大地丰富了我国的脱贫攻坚政策支持体系。

《中共中央关于制定国民经济和社会发展第十三个五年规划的建议》提出在"十三五"期间要"完善农业保险制度"并加快巨灾保险制度的建立，从农业保险发展角度为"十三五"规划纲要的出台提供了有效建议。2016 年 3 月，《中华人民共和国国民经济和社会发展第十三个五年规划纲要》在吸纳《中共中央关于制定国民经济和社会发展第十三个五年规划的建议》内容的基础上出台，第二十一章指出应"完善农业保险制度"，对农产品目标价格保险试点工作进行探索，对"保险+期货"试点进行稳步扩大，以期扩大相关保险覆盖面，并对当前农业保险大灾风险分散机制进行完善；第七十二章指出要"加快建立巨灾保险制度"。作为"十三五"期间我国经济社会发展的蓝图，《中华人民共和国国民经济和社会发展第十三个五年规划纲要》对 2016—2020 年农业保险的发展路径进行宏观规划，使"十三五"期间我国农业保险发展方向进一步得到明确。

为贯彻落实《中华人民共和国国民经济和社会发展第十三个五年规划纲要》的部署，大力推进农业现代化，2016 年 10 月，国务院发布了《国务院关于印发〈全国农业现代化规划（2016—2020 年）〉的通知》，对"十三五"期间我国农业现代化发展路径进行了详细设计，多次提及对农业保险助力农业现代化发展的要求。其中，第二章指出"十三五"期间农业现代化发展目标包括农业保险深度由 0.62% 上升至 0.9%，并明确将农业保险深度界定为"农业保费收入与农林牧渔业增加值的比值"；第三章指出应"探索建立集农技推广、信用评价、保险推广、营销于一体的公益性、综合性农业服务组织"；第六章指出支持鼓励保险机构创新开发农业对外合作保险产品；第七章指出应通过地方政府提供保费补贴支持的方式鼓励保险机构在贫困地区推广特色产品保险、扶贫小额贷款保证保险及农产品价格保险等农业保险产品；第八章对"十三五"阶段农业保险各险种的发展方向进行了详细介绍，包括"探索建立水产养殖保险制度"，逐步扩大产粮大县主要粮食作物保险的覆盖面，支持特色农产品保险、设施农业保险、收入保险、农机保险等险种，由中央财政为地方开展特色优势农产品保险提供以奖代补的政策支持，对主要粮食作物制种保险实行中央财政保费补贴，逐步完善农业保险大灾风险分散机制等。

上述文件作为一个时期内对我国农业保险发展乃至综合国力发展产生重要影响的政策，概括性地对我国未来中长期农业保险的发展方向进行了描述，相较于之前的发展时期，该阶段的纲领性文件对农业保险创新，包括产品创新、经营主体组织创新、经营模式创新、风险管理创新等方面的要求更加明确，对传统农业保险产品进一步推广的支持力度也在逐步上升，故该阶段我国政府在农业保险实施政策的制定过程中与2013年之前相比更富创造性，也进行了一系列大胆的尝试，进一步促成了2013年以后我国农业保险的高速发展。

本节针对2013—2019年初我国出台的农业保险相关政策进行系统梳理，同本章第三节一样，本节在宏观政策层面对中央一号文件中涉及农业保险的条文内容及其具体实施内容进行归类，并在微观层面按照农业保险险种分类进行政策归纳。由于农业保险保费补贴政策及监管政策内容与其他内容有所交叉但政策地位较为重要，故对其进行单独说明。

一、中央一号文件涉及的关于农业保险政策的演进路径

在中长期纲领性文件的统筹之下，中央一号文件作为中央政府当年政治工作精神的根本体现，自2013年以来，每年的中央一号文件均对农业保险发展给予了高度重视，并根据上一年度农业保险发展情况逐步调整农业保险发展目标，故通过分析中央一号文件对农业保险规定的演进路径可较明确地得到我国农业保险政策未来发展预期，并为我国农业保险的发展提供政策参考。

2012年12月，2013年中央一号文件《中共中央、国务院关于加快发展现代农业进一步增强农村发展活力的若干意见》成文，在第二点"改善农村金融服务"中提出应在促进涉农信贷与保险协同发展的基础上创新适合农村地区的抵（质）押担保方式和融资工具，"健全政策性农业保险制度，完善农业保险保费补贴政策"，调整对中西部地区、生产大县的农业保险保费补贴，提高对部分农业保险险种的保费补贴比例，对农作物制种保险、重点国有林区森林保险等农业保险险种实行保费补贴试点工作，在财政支持基础上推进建立农业保险大灾风险分散机制，同时中央将加强对农业保险财政支持，力求更广泛惠及农业经营主体；第三点"大力支持发展多种形式的新型农民合作组织"中指出要继续支持新型农业经营主体的发展，针对合作社生产经营特点创新保险产品及服务，多方推动规模化农业发展。为明确2013年中央一号文件中各项工作的责任分工，2013年2月发布的《国务院办公厅关于落实中共中央国务院关于加快发展现代农业进一步增强农村发展活力若干意见有关政策措施分工的通知》指出"改善农村金融服务"工作由保监会参与完成。

2014 年 1 月，中共中央、国务院印发了 2014 年中央一号文件《关于全面深化农村改革加快推进农业现代化的若干意见》，其中第二十七条指出应"加大农业保险支持力度"，调整各级财政对主要粮食作物保险保费补贴比例，提高三大粮食作物保险覆盖面及风险保障水平，拓宽畜产品保险及森林保险的范围和覆盖区域，中央财政通过以奖代补等方式对保险机构开展特色优势农产品保险提供支持，同时鼓励有条件的地方为特色优势农产品保险提供保费补贴，对开展多种形式的互助合作保险予以鼓励，在财政支持基础上加快建立农业保险大灾风险分散机制并对农业保险大灾风险准备金的管理予以规范，"探索开办涉农金融领域的贷款保证保险和信用保险等业务"。

2015 年 2 月，中央一号文件《关于加大改革创新力度加快农业现代化建设的若干意见》发布，提出完善支持农业对外合作的保险等政策，积极对农产品价格保险进行试点，加大中央及省级财政对主要粮食作物保险保费补贴力度，在中央财政保费补贴目录中加入主要粮食作物制种保险，对中央财政补贴险种的保险金额提出"覆盖直接物化成本"的要求，尽快出台有关地方特色优势农产品保险中央财政以奖代补政策，拓宽森林保险范围，并应通过积极推动农村金融立法促进农业保险的健康发展。

2016 年 1 月，中央一号文件《中共中央国务院关于落实发展新理念加快农业现代化实现全面小康目标的若干意见》发布，其中第一部分指出在建设培育新型农业经营主体的政策体系时，应完善信贷保险等政策；第二部分指出为保证食品安全战略顺利实施，应加快建设病死畜禽无害化处理与养殖业保险的联动机制；第三部分提出支持农业产业化龙头企业为农户提供贷款担保及资助订单农户参加农业保险的行为；第五部分提出应"完善农业保险制度"，将农业保险定位为支持农业发展的重要手段，对农业保险发展提出扩大覆盖面、增加保险品种、提高风险保障水平的要求，有针对性地积极创新符合新型农业经营主体需求的保险品种，探索开展重要农产品目标价格保险、收入保险及天气指数保险试点，对地方发展特色优势农产品保险、渔业保险及设施农业保险予以支持，"完善森林保险制度"，探索将农业保险及农业补贴、涉农信贷、农产品期货结合并建立联动机制，积极探索农业保险保单质押贷款融资方式及农户信用保证保险产品，支持鼓励运用保险资金开展支农融资业务创新试点，"进一步完善农业保险大灾风险分散机制"，同时要求"稳步扩大'保险+期货'试点"，这也是我国中央政府首次将"保险+期货"写入中央一号文件。

2017 年 2 月，《中共中央、国务院关于深入推进农业供给侧结构性改革加快培育农业农村发展新动能的若干意见》公布，其中第六条指出"鼓励地方探索土地流转履约保证保险"，第二十九条指出应"加快农村金融创新""鼓励发展农业互助保险"，鼓励金融机构利用互联网技术为农业经营主体提供保险等金融服务，"持续推进农业保险扩面、增品、提标"，创新符合新型农业经营主体需求的保险产品，通过以奖代补政策支持地方开展特色农产品保险，支持在农产品价格指数保险现有试点基础上进行扩大，"探索建立农产品收入保险制度"，增进银行与保险公司间合作进而发展保证保险贷款产品，"稳步扩大'保险+期货'试点"。迈入新时代的农业保险，已被定位为农业支持保护体系和农村金融体系的有机组成，是脱贫攻坚战略和乡村振兴战略的重要政策工具。该文件对农业保险总体要求是"扩面、增品、提标"，"扩面"就是要实现应保尽保；"增品"就是要尽可能多地增加适销对路的农业保险产品；"提标"要求农业保险提高服务标准和质量，农业保险产品的"需求"不仅仅是一个"量"的概念，更是一个"质"的概念。"鼓励地方多渠道筹集资金"和"采取以奖代补方式支持地方开展特色农产品保险"，充分调动地方政府和社会资本的积极性来开发更多的有各地特色的、适应农业供给侧结构性改革所需要的诸如价格保险和收入保险产品。"保险+期货"作为一种交易所、期货公司和保险公司三方联动、服务"三农"的价格风险管理新模式，连续两年写入中央一号文件，2017年在全国范围内广泛开展试点。该模式依托期货市场的价格发现和风险分散功能，充分契合了期货公司对接小农户、服务实体经济、拓展业务领域的诉求，有效解决了保险公司因缺乏价格风险分散渠道而不敢承保价格保险的痛点，成为各家保险机构纷纷试点的创新型险种，玉米、棉花、天然橡胶、大豆、白糖均成为承保品种。

2018年2月，《中共中央、国务院关于实施乡村振兴战略的意见》发布，其中第九部分指出要"完善农业支持保护制度"，探索开展三大粮食作物完全成本保险和收入保险试点，加快多层次农业保险体系的建立；第十一部分指出要"提高金融服务水平""稳步扩大'保险+期货'试点，探索'订单农业+保险+期货（权）'试点"。

2019年2月，《中共中央、国务院关于坚持农业农村优先发展做好"三农"工作的若干意见》发布，其中第五部分第四点"完善农业支持保护制度"指出应"完善农业保险政策"，推进三大粮食作物完全成本保险及收入保险试点，"扩大农业大灾保险试点和'保险+期货'试点，探索对地方优势特色农产品保险实施以奖代补试点"。

纵观7年的中央一号文件，针对农业保险发展制定的内容在逐年减少，但这并不意味中央政府对农业保险的重视程度降低。对比之下可以看出，首先，中央一号文件中农业保险方面针对传统农业保险发展的任务部署的篇幅减少，该现象的出现主要是因为当下我国传统政策性农业保险的覆盖率已经达到高位，发展空间逐步趋于饱和，不必将其视为农业保险的发展重点；其次，农业保险发展的重心有所转移，近年来中央一号文件中仅有的针对农业保险发展的部署主要集中在对不同省份差异化调整农业保险保费补贴中央及地方财政支持比例，探索进行或扩大创新型农业保险及农业保险参与的金融支农模式试点，加大力度支持农业保险产品创新，农业保险提标、扩面、增品等内容上，可以看出中央政府已经将我国农业保险发展的重心从推广普惠制的成本保险转移到了创新发展农业保险、满足各类农业经营主体不同层次的农业保险需求上。

二、中央一号文件涉及的关于农业保险政策的实施

在贯彻纲领性政策文件及各年度中央一号文件精神过程中，为保证政策实施的精

准有序，国务院相关部门及各部委又针对各自管辖领域出台了一系列政策实施文件，这些文件进一步解释了纲领性文件中无法详细说明的政策事项，使我国农业保险工作得以有条不紊地开展。

2013 年 5 月，《中国保监会关于进一步贯彻落实＜农业保险条例＞做好农业保险工作的通知》发布，鼓励保险公司进行农业保险产品创新，满足不同层次的保障需求，增强农业保险发展责任感和使命感，努力扩大农业保险覆盖面，开辟农业保险服务新领域，提高农业保险风险防范水平，加大对农业保险的监管力度，以实现全行业对《农业保险条例》的贯彻落实，从农业保险层面维护农民的合法权益。2013 年 7 月，《国务院办公厅关于金融支持经济结构调整和转型升级的指导意见》发布，其中第八点提出应"进一步发挥保险的保障作用"，拓宽农业保险的覆盖范围，对菜篮子工程保险、渔业保险、农产品质量保证保险、农房保险等新型险种进行推广，并在政府财政支持基础上建立完善农业保险大灾风险分散机制。2013 年 8 月，《国务院办公厅关于做好当前高温干旱防御应对工作的通知》发布，该通知是在我国南方长期处于高温干旱的灾害背景下中央政府针对南方受灾各省发布的救灾部署政策文件，指出南方各省应调动农民投保农业保险的积极性，引导农户参加农业保险，并督促保险公司提高理赔服务水平，以提高农业灾害防范水平。

2014 年 3 月，《政府工作报告》公开，在公布政府 2014 年重点工作时指出将"积极发展农业保险，探索建立巨灾保险制度"。2014 年 12 月末，《国务院办公厅关于引导农村产权流转交易市场健康发展的意见》发布，第十点提及可根据自身条件引入保险等金融机构"为农村产权流转交易提供专业化服务"。

国家发展改革委于 2014 年 9 月印发《国家应对气候变化规划（2014—2020 年）》，指出"开发政策性与商业性气候灾害保险，建立巨灾风险转移分担机制"，并于 2015 年 3 月印发《国家应对气候变化规划（2014—2020 年）重点工作部门分工》，继续强调要"健全气候变化风险管理机制，开发政策性与商业性气候灾害保险"。

2015 年 2 月，《农业部关于扎实做好 2015 年农业农村经济工作的意见》发布，提出鼓励以财政资金撬动保险支农，进一步完善农业保险保费补贴政策，提高农业保险保障水平及保费补贴标准，扩大保险覆盖面，以新型农业经营主体需求为导向逐步建立多层次、高保障的保险产品结构体系。2015 年 2 月，《农业部关于进一步调整优化农业结构的指导意见》发布，在"强化进一步调整优化农业结构的政策措施"部分中提到要扩大政策性农业保险覆盖面，提高补贴标准，同时应积极开展商业性、互助性农业保险，探索为区域主要特色农产品提供保费补贴，增强风险保障能力。2015 年 3 月，《政府工作报告》公开，指出将在 2015 年推出巨灾保险等保险产品以"围绕服务实体经济推进金融改革"。

2015 年 4 月，国务院办公厅转发了《中药材保护和发展规划（2015－2020 年）》，提出要"鼓励发展中药材生产保险，构建市场化的中药材生产风险分散和损失补偿机制"。2015 年 5 月，农业部和财政部发布《关于选择部分国家现代农业示范区实施以奖代补政策的通知》，提出允许国家现代农业示范区以保费补贴等方式运用以奖代补资金支持新型农业经营主体发展，在提高农业保险政策保障水平等重点环节上加大财政支农资金支持力度，并将提高新型经营主体保险保障水平政策措施的可行性和实施效果作为国家现代农业示范区的评选标准之一。2015 年 7 月，财政部、农业部联合发布《关于支持多种形式适度规模经营促进转变农业发展方式的意见》，其中第四部分第十二点提出要"加大对现代农业保险的支持力度，重点支持关系国计民生和粮食安全的大宗农产品，研究将三大粮食作物制种保险纳入中央财政保费补贴目录，积极开展农产品价格保险试点，进一步完善农业保险大灾风险分散机制，有效提高对适度规模经营的风险保障水平"。2015 年 7 月末，国务院办公厅发布了《国务院办公厅关于加快转变农业发展方式的意见》，该意见第七条指出为培养新型农业经营主体，鼓励商业保险机构针对新型农业经营主体需求开发多档次、高保障的保险产品，并探索进行产值保险、目标价格保险等产品的试点工作。第九条指出为发展农业产业化经营，政府鼓励龙头企业为农户提供农业保险资助等多种形式的服务。2015 年 11 月，中共中央办公厅、国务院办公厅印发了《深化农村改革综合性实施方案》，其中第三部分第十六点指出要进一步完善农业保险制度，支持各地区量力建设农业互助保险组织，扩大农险覆盖面并提高农险保障水平，针对新型农业经营主体需求开发新险种，深入开展农产品目标价格保险试点工作，进一步完善农业保险大灾风险分散机制。2015 年 12 月，《国务院关于支持沿边重点地区开发开放若干政策措施的意见》发布，提出要"逐步扩大农业保险覆盖范围，积极开展双边及多边跨境保险业务合作"。2015 年 12 月末，国务院办公厅发布了《国务院办公厅关于推进农村一二三产业融合发展的指导意见》，提出"支持龙头企业为农户、家庭农场、农民合作社提供贷款担保，资助订单农户参加农业保险"，应引导各地在建立一系列风险保障金制度时与农业保险相结合，并"加强涉农信贷与保险合作，拓宽农业保险保单质押范围"。该指导意见以推进农村一二三产业融合发展为目标，为保险助力三产涉农领域发展的合作模式指明了发展方向。在 2015 年《政府工作报告》、十八大及十八届三中、四中、五中全会精神指导下，2015 年 12 月末，国务院印发《推进普惠金融发展规划（2016－2020 年）》，提出保险机构等农业服务组织应积极与农民合作社进行合作，以促进农业技术的推广应用，以农业保险保障家庭经济安全，借助农村集体经济等基层机构组织构架发展和推广各项农业保险业务，完善农业保险协办、统筹规划及管理制度，通过构建全国农业保险管理信息平台来完善中国农业保险再保险共同体运行机制。

为贯彻落实 2016 年中央一号文件精神，2016 年 1 月，农业部发布了《农业部关于扎实做好 2016 年农业农村经济工作的意见》。该意见第一部分第五条指出应为农业"走出去"努力构建包括保险在内的支持政策框架；第四部分第十六条指出要"建立健全养殖业保险与无害化处理联动机制"；第五部分第二十二条指出要"支持鼓励龙头企业创新发展订单农业"，并鼓励其资助订单农户参加农业保险的行为；第六部分第二十七条指出为加快建立用于培育新型农业经营主体的政策体系，应对信贷保险、补贴等扶持政策进行不断完善，第二十九条指出应对农业保险工作进行扩面、提标、增品，"降低产粮大县三大主粮作物保费补贴县级配套比例，探索建立口粮作物基本保险普惠补贴制度。支持有条件的地方开展生猪及糖料蔗等目标价格保险试点，拓展水产养殖业保险。推动建立农业保险协同工作机制"。2016 年 3 月，《农村承包土地的经营权抵押贷款试点暂行办法》及《农民住房财产权抵押贷款试点暂行办法》出台，两者均要求保险监督管理机构要加快完善农业保险和农民住房保险等相关政策，并通过探索开展"两权抵押贷款保证保险业务等方式，为借款人提供增信支持"。为贯彻落实《中共中央国务院关于打赢脱贫攻坚战的决定》和中央扶贫开发工作会议精神，2016 年 3 月，《关于金融助推脱贫攻坚的实施意见》发布，对金融、保险助力扶贫事业发展的路径进行了设计，其中第十四条"创新发展精准扶贫保险产品和服务，扩大贫困地区农业保险覆盖范围"提出"扩大农业保险密度和深度"，并对贫困地区开展包括价格保险在内的特色农产品保险提供以奖代补、地方性保费补贴等政策支持；第十七条指出应继续落实贫困地区农业保险保费补贴等政策。2016 年 3 月，《政府工作报告》公开，其中 14 次提及保险，并着重提出五大类保险，包括大病保险、巨灾保险、农业保险、短期出口信用保险、成套设备出口融资保险，并在"加快发展现代农业，促进农民持续增收"部分提到要将"完善农业保险制度"作为当年重点工作之一。2016 年 5 月，保监会、财政部印发《建立城乡居民住宅地震巨灾保险制度实施方案》，将农村居民住宅地震巨灾保险基本保额暂定为每户 2 万元，在理赔时要求"结合各地已开展的农房保险实际做法进行定损"，在《地震巨灾保险条例》出台前"鼓励地方政府通过农房保险等扩大地震风险保障覆盖面，与城乡居民住宅地震巨灾保险实现有效衔接。同时，研究推出适用现有农房保险、地方巨灾保险试点的地震巨灾保险产品，将以上业务逐步纳入我国巨灾保险制度建设"。该文件的出台标志着我国巨灾保险制度建设迈出关键一步，以地震为突破口的巨灾保险制度即将展开实践探索。为指导各级保险监管部门、扶贫部门和保险机构贯彻落实《关于金融助推脱贫攻坚的实施意见》的总体部署，充分发挥保险行业体制机制优势，履行扶贫开发社会责任，于 2016 年 5 月发布了《中国保监会、国务院扶贫开发领导小组办公室关于做好保险业助推脱贫攻坚工作的意见》，指出要以农业保险保单质押、扶贫小额信贷保证保险等方式实现低成本盘活农户资产，"精准对接农业保险服务需求"，为满足贫困农户需求积极开发扶贫农业保险险种，要求中国农共体加大对贫困地区农险业务的再保险支持力度，实现贫困地区农业保险的提标、扩面；基于贫困地区资源产业优势开展特色优势农产品保险，积极开发推广设施农业保险等创新型农险产品；针对能带动贫困人口通过发展生产脱贫的新型农业经营主体"开发多档次、高保障农业保险产品和组合型农业保险产品，探索开展覆盖农业产业链的保险业务"；为保障贫困农户农业再生产能力，应"切实做好贫困地区农业保险服务"，支持贫困地区探索开展"农业保险+扶贫小额信贷保证保险+保险资金支农融资"模式试点及贫困农户土地流转收益保证保险,并凭借农业保险保单质押、土地承包经营权抵押贷款保证保险、农房财产权抵押贷款保证保险等途径实现农业生产融资,以加强农业保险助推脱贫攻坚能力,保障"十三五"扶贫工作如期实现。为贯彻落实《中共中央国务院关于打赢脱贫攻坚战的决定》和中央扶贫开发工作会议精神,创新保险助推脱贫攻坚的思路和途径,推进在贵州建设"保险助推脱贫攻坚"示范区的工作,2016年7月,中国保监会与贵州省人民政府联合出台了《关于在贵州建设"保险助推脱贫攻坚"示范区的实施方案》,允许"针对建档立卡贫困人口的农业保险、涉农保险产品和针对可带动农户脱贫、吸纳贫困农户就业的新型农业经营主体的保险产品"在贵州施行时费率相较于全国普惠水平下调10%~20%,支持贵州保险法人机构设立后依照有关规定申请农业保险等扶贫业务经营资质,针对贵州具有发展优势的茶叶、中药材等特色农产品推广特色优势农产品保险,"积极开发推广目标价格保险、天气指数保险、设施农业保险等产品,支持'农业保险+保险资金支农融资'业务在贵州优先试点"。针对能带动贫困人口脱贫的新型农业经营主体,"开发多档次、高保障农业保险产品和组合型农业保险产品",通过"发展扶贫小额贷款保证保险"和"引导保险机构探索开展产值综合保险保单质押、土地承包经营权抵押贷款保证保险、农房财产权抵押贷款保证保险等业务"为贫困农户提供融资机会,鼓励各地为建档立卡贫困人口参加农业保险、扶贫小额信贷保证保险等保险扶贫业务提高保费补贴支持力度,并针对农险保费补贴扶贫资金拨付出台实施细则,落实国家出台的针对农业保险、涉农保险等相关保险扶贫业务的税收优惠政策。2016年11月,国务院办公厅发布了《关于支持返乡下乡人员创业创新促进农村一二三产业融合发展的意见》,其中第五点指出应"加大对农业保险产品的开发和推广力度,鼓励有条件的地方探索开展价格指数保险、收入保险、信贷保证保险、农产品质量安全保证保险、畜禽水产活体保险等创新试点,更好地满足返乡下乡人员的风险保障需求"。为了改善民生、促进农民持续增收,2016年11月,国务院办公厅发布了《国务院办公厅关于完善支持政策促进农民持续增收的若干意见》,其中第八点指出应通过完善保险、信贷等政策为培育新型农业经营主体提供支持;第十点"创新农业保险产品和服务"中指出应"建立健全农业保险保障体系",实现农业保险对农业生产成本的完全覆盖,"健全农业保险基层服务体系",使农业保险市场形成适度竞争格局,进一步发展重要农作物保险、主要畜产品保险、重要"菜篮子"品种保险和森林保险等农险产品,对农房保险、农机具保险、设施农业保险、渔业保险、制种保险等农险业务进行推广,稳步开展各类价格保险试点工作,探索发展天气指数保险、"基本险+附加险"模式以及农业互助保险组织,鼓励各地开展符合本地产业需求的特色优势农产品保险试点,并"加快建立农业保险大灾风险分散机制";第十一点提出要运用奖励、补贴等多种政策工具,重点支持大宗农产品保险等项目,"推动建立农业补贴、涉农信贷、农产品期货、农业保险联动机制";第十六点指出支持龙头企业资助农户参加农业保险。2016年12月,《国务院办公厅关于进一步促进农产品加工业发展的意见》发布,其中第十九条指出应"创新'信贷+保险'、产业链金融等多种服务模式""积极推广小额信贷保证保险等新型险种，鼓励农业担保与农业产业链加速融合，探索开展农产品质量安全保险"；第二十条中提及"鼓励引导符合条件的农产品加工企业开展对外合作，加大对其出口信用保险的支持"。

2017 年 3 月，《国务院政府工作报告》通过并公布，第三部分"2017 年重点工作任务"第五条中指出 2017 年将对 13 个粮食主产省的部分县市适度规模经营农户实施大灾保险，并从财政救灾资金中调出部分进行支持，同时提高保险覆盖面及理赔标准，健全农业保险体系，以保证农业保险的持续稳健发展并以农业保险助力现代农业发展。2017 年 3 月末，国务院印发了《国务院关于建立粮食生产功能区和重要农产品生产保护区的指导意见》，指出应"完善政府、银行、保险机构、担保机构联动机制，深化小额贷款保证保险试点，优先在'两区'范围内探索农产品价格与收入保险试点；推动'两区'农业保险全覆盖，健全大灾分散机制"。建立"两区"本质上是把种植粮食和重要农产品的优势区域相对固定下来，以生产粮食等主要农产品为功能，实施差别化、定向化扶持政策，进一步优化农业生产结构和区域布局。在金融方面，更加敞开口子，加大对银行、保险公司及担保机构的支持力度，一是针对符合条件的区域开展粮食生产规模经营主体营销贷款试点，加大信贷支持，这有助于缓解融资难问题，助推粮食生产规模经营主体提速提质；二是优先探索农产品价格和收入保险试点，这是适应农业供给侧改革需要，以主体功能区规划和优势农产品区域布局为依托，减少"两区"试点的经营风险。推动"两区"农业保险的全覆盖，是农险未来发展努力的方向。健全大灾风险分散机制，是构建全方位农业风险管理体系的需要，有助于进一步促进农业保险持续健康发展。为全面贯彻落实党中央、国务院关于金融支持实体经济的决策部署，充分发挥保险风险管理与保障功能，拓宽保险资金支持实体经济渠道，提升保险业服务实体经济的质量和效率，为服务国家战略、助推脱贫攻坚和民生改善增添力量，2017 年 5 月，《中国保监会关于保险业支持实体经济发展的指导意见》发布，提出将"持续推进农业保险扩面、提标、增品，开发满足新型农业经营主体需求的保险产品，采取以奖代补方式支持地方开展特色农产品保险。开展农产品价格指数保险试点，探索建立农产品收入保险制度，稳步扩大'保险+期货'试点，利用保险业务协同优势，运用农产品期货、期权等工具对冲有关风险。推进支农支小试点，探索支农支小融资模式创新，通过保险资产管理产品直接对接农户、农业合作社、小微企业和个体经营者的融资需求，丰富农业风险管理工具。完善农业保险大灾风险分散机制和农业再保险体系，持续助力现代农业发展"。该指导意见的发布，表明保监会有针对性地围绕社会经济发展的重点领域和薄弱环节，推动农业保险扩面、增品、提标，优化农业保险发展环境。通过完善农业风险管理机制、开展农产品价格指数保险试点，充分保证市场条件下有效分散价格波动带来的农产品市场动荡，监管部门便于对农业保险实施监督管理；通过推进支农支小试点，探索支农支小融资模式创新，以及完善农业保险大灾风险分散机制和农业再保险体系，将农业保险创新作为未来发展方向，同时做好防范大灾风险的准备，这使得农业保险监管的外部环境较为良好，有利于农业保险监管工作的顺利实施。2017 年 5 月，农业部办公厅印发《农业部办公厅关于开展 2017 年度金融支农服务创新试点的通知》，指出重点支持农业保险、农业投融资模式创新等方面工作，主要通过发展收入保险、指数保险、"保险+期货"、保险资金支农融资、农业风险区划及应用等推动农业保险支农模式创新，并要求确保试点工作可持续进行，"鼓励各省在试点过程中依托农业部新型经营主体信息直报系统，创新信贷、保险、社会化服务等对接的有效模式和运营机制，探索构建新型经营主体信用评价体系等"。同月，中共中央办公厅、国务院办公厅印发了《关于加快构建政策体系培育新型农业经营主体的意见》，提出"在粮食主产省开展适度规模经营农户大灾保险试点，调整部分财政救灾资金予以支持，提高保险覆盖面和理赔标准；落实农业保险保额覆盖直接物化成本，创新'基本险+附加险'产品，实现主要粮食作物保障水平涵盖地租成本和劳动力成本，推广农房、农机具、设施农业、渔业、制种保险等业务；积极开展天气指数保险、农产品价格和收入保险、'保险+期货'、农田水利设施保险、贷款保证保险等试点；研究出台对地方特色优势农产品保险的中央财政以奖代补政策；逐步建立专业化农业保险机构队伍，提高保险机构为农服务水平，简化业务流程，搞好理赔服务；稳步开展农民互助合作保险试点，鼓励有条件的地方积极探索符合实际的互助合作保险模式；完善农业再保险体系和大灾风险分散机制，为农业保险提供持续稳定的再保险保障；支持保险机构对龙头企业到海外投资农业提供投融资保险服务；扩大保险资金支农融资试点"。针对新型农业经营主体当前发展面临的突出问题，《关于加快构建政策体系培育新型农业经营主体的意见》明确了在保险等方面加大政策创设力度，为培育新型职业农民、增强带动农民就业增收能力、让农民共享发展成果找到了载体。财政救灾资金在提高保险覆盖面和理赔标准方面的支持，是解决适度规模经营农户对农业大灾保险产品需求的集中体现。在夯实保险政策"基础功能"方面，创新出"基本险+附加险"产品，是贯彻中央支持保大宗、保成本的原则所需。"以奖代补"政策有助于转移农业生产风险，保障农民收入；完善再次分配机制，维护农民利益。

为加快推进农业供给侧结构性改革，2017 年 9 月，《国务院办公厅关于加快推进农业供给侧结构性改革大力发展粮食产业经济的意见》发布，其中第二十四点强调要"创新'信贷+保险'、产业链金融等多种服务模式。鼓励和支持保险机构为粮食企业开展对外贸易和'走出去'提供保险服务"。在健全金融保险支持政策方面，创新"信贷+保险"、产业链金融等多种服务模式，创新了政府强农惠农模式。"信贷+保险"产品针对性强，解决了贷款农户和农村信用社两方面的风险保障问题。此外，鼓励和支持保险机构为粮食企业"走出去"提供保险保障，有利于粮食企业健康可持续发展。该意见对大力发展粮食产业经济做出战略部署，对全国粮食产业经济发展的指导思想、基本原则和政策措施进行了顶层设计，是指导当前和今后一段时期粮食产业经济发展的重要文件。2017 年 10 月，《关于促进农业产业化联合体发展的指导意见》出台，提出鼓励保险经营机构开发符合农业产业化联合体需求的保险产品，"鼓励探索'订单+保险+期货'模式""鼓励具备条件的龙头企业发起组织农业互助保险，降低农业产业化联合体成员风险"。发展农业产业化联合体是当前和今后一个时期推进农业产业化工作的重要抓手。一方面，农业产业化联合体是构建现代农业经营体系，促进乡村产业兴旺的重要载体；另一方面，农业产业化联合体是实现小农户和现代农业发展有机衔接的有效形式。"订单+保险+期货"新模式对我国农业发展具有重要意义，在新模式的广泛实施下，农业生产工作将更有保障，种养殖户热情将得到激发。鼓励具备条件的龙头企业发起组织农业互助保险，解决了龙头企业的后顾之忧，可以联手采取现代化的生产方式，提高生产效率。2017 年 10 月，《国务院办公厅关于积极推进供应链创新与应用的指导意见》发布，指出应建设农业供应链信息平台，实现政策、保险等信息服务的共享，并为订单农业参加农业保险提供支持。2017 年 12 月，《关于启动第一批国家农业可持续发展试验示范区建设 开展农业绿色发展先行先试工作的通知》发布，指出要加强农业产业、农业保险等多项政策的顶层设计和有效衔接，并"创新绿色生态农业保险产品"。

2018 年初，《农业部关于大力实施乡村振兴战略加快推进农业转型升级的意见》指出将"推动制定下发加快农业保险发展的文件，深入实施农业大灾保险试点，探索开展稻谷、小麦、玉米三大粮食作物和天然橡胶完全成本保险和收入保险试点，启动制种保险试点，推动出台优势特色农产品农业保险财政奖补政策"，其政策效果随着当年种植业保险相关政策的不断下发落实得以显现。2018 年 1 月，中国人民银行、银监会、证监会、保监会联合印发了《关于金融支持深度贫困地区脱贫攻坚的意见》，指出要大力发展扶贫小额保险、农房保险等保险产品，积极发展深度贫困地区农业保险业务，在适度降低保险费率的同时加大对深度贫困地区建档立卡贫困户投保保费补贴力度，并通过创新发展农产品价格保险和收入保险的途径提高深度贫困地区的农业风险保障水平，以期在 2020 年底实现政策性农业保险在乡镇的全覆盖。2018 年 3 月，保监会印发了《关于保险业支持深度贫困地区脱贫攻坚的意见》，明确指出针对建档立卡贫困户的农业保险费率在降低 20% 的基础上再降低 10%～30%，允许商业型农业保险的执行费率在备案费率的基础上降低 10%～30%。

2019 年 2 月，人民银行、银保监会、证监会、财政部、农业农村部联合下发《关于金融服务乡村振兴的指导意见》，指出到 2020 年应实现"农业保险险种持续增加，覆盖面有效提升""发挥农业信贷担保体系和农业保险作用"，使金融资源向农村回流，同时"稳步扩大'保险+期货'试点，探索'订单农业+保险+期货（权）'试点，探索建立农业补贴、涉农信贷、农产品期货（权）和农业保险联动机制，形成金融支农综合体系""持续提高农业保险的保障水平，科学确定农业保险保费补贴机制，鼓励有条件的地方政府结合财力加大财政补贴力度，拓宽财政补贴险种，合理确定农业经营主体承担的保费水平，探索开展地方特色农产品保险以奖代补政策试点，逐步扩大农业大灾保险、完全成本保险和收入保险试点范围"，要"落实农业保险大灾风险准备金制度"，并将"组建中国农业再保险公司，完善农业再保险体系"。

经过上述政策的推行及实施，截至 2018 年末，我国农业保险累计实现保费收入

571.41 亿元, 同比增长 19.61%, 占财产保险行业保费收入的 4.87%; 提供风险保障 34646.7 亿元, 同比增长 24.23%; 参保农户 1.95 亿户次; 支付赔款 423.15 亿元, 同比增长 15.6%; 受益农户 6244.96 万户次, 同比增长 15.9%（见图 2-2 和图 2-3）。与世界其他国家的农业保险业务发展相比, 我国农业保险业务规模仅次于美国, 居全球第二、亚洲第一。其中, 养殖业保险和森林保险业务规模居全球第一。农业保险已在提高我国农业抗灾减灾能力、促进农民增收、维护国家粮食安全等方面发挥了重要作用。

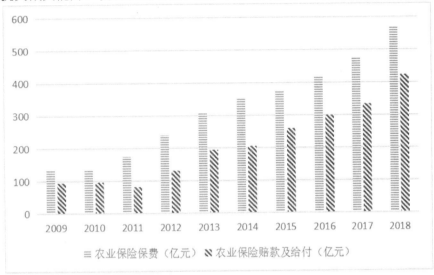

图 2-2　2009—2018 年农业保险保费收入与赔付支出情况

资料来源: 根据原保监会公开资料整理。

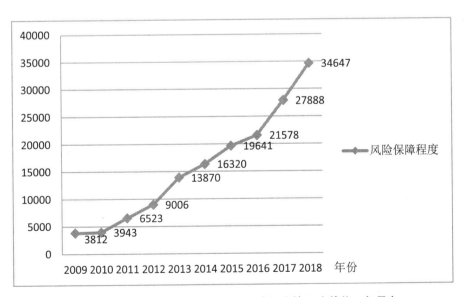

图 2-3　2009—2018 年农业保险保障程度情况（单位: 亿元）

资料来源: 根据原保监会公开资料整理。

三、保费补贴政策

自《农业保险条例》出台后，我国中央政府逐步加大了对农业保险保费补贴的中央财政支持力度，逐步将地方财政保费补贴支持比例转移至中央财政，降低了地方政府财政负担，并不断拓展中央财政提供保费补贴的险种范围，以刺激农业经营主体的投保积极性。

为贯彻落实《农业保险条例》，进一步做好农业保险保费补贴工作，2013 年 2 月，财政部印发《关于 2013 年度农业保险保费补贴工作有关事项的通知》，提出在 2013 年要提高中央财政育肥猪保险保费补贴比例，认真贯彻落实《农业保险条例》规定，并进一步扩大农业保险保费补贴绩效评价试点。为认真贯彻落实中共中央、国务院有关精神，做好农业保险保费补贴工作，支持农业保险和"三农"发展，2013 年 7 月末，财政部印发《关于 2013 年度中央财政农业保险保费补贴有关事项的通知》，扩大了 2013 年中央财政农业保险保费补贴范围的地区，对中央财政农业保险保费补贴比例进行了调整，并明确了中央财政农业保险保费补贴工作具体事项和程序执行时应遵守的政策规定。

2014 年 11 月，中共中央办公厅、国务院办公厅印发了《关于引导农村土地经营权有序流转发展农业适度规模经营的意见》，第三部分指出要适当提高对产量大县三大粮食作物保险的保费补贴比例。

2015 年 2 月，农业部发布《农业部关于扎实做好 2015 年农业农村经济工作的意见》，提出鼓励以财政资金撬动保险支农，进一步完善农业保险保费补贴政策，提高农业保险保障水平及保费补贴标准。2015 年 2 月，农业部发布《关于进一步调整优化农业结构的指导意见》，在"强化进一步调整优化农业结构的政策措施"部分中提到要扩大政策性农业保险覆盖面，提高补贴标准，同时探索为区域主要特色农产品提供保费补贴，增强风险保障能力。2015 年 7 月，财政部、农业部联合发布《关于支持多种形式适度规模经营促进转变农业发展方式的意见》，其中第四部分第十二点提出要"研究将三大粮食作物制种保险纳入中央财政保费补贴目录"。

2016 年 1 月，财政部出台《中央财政关于加大对产粮大县三大粮食作物农业保险支持力度的通知》，规定省级财政承担产粮大县三大粮食作物农业保险保费补贴比例高于 25% 的部分，由中央财政承担高出部分的 50%。政策实施后，中央财政对中西部、东部的补贴比例将由目前的 40%、35% 逐步提高至 47.5%、42.5%。2016 年 1 月，农业部发布了《农业部关于扎实做好 2016 年农业农村经济工作的意见》，该意见第六部分第二十九条指出应"降低产粮大县三大主粮作物保费补贴县级配套比例，探索建立口粮作物基本保险普惠补贴制度"。为贯彻落实《中共中央国务院关于打赢脱贫攻坚战的决定》和中央扶贫开发工作会议精神，2016 年 3 月，《关于金融助推脱贫攻坚的实施意见》发布，对金融、保险助力扶贫事业发展的路径进行了设计，其中第十四条提出应对贫困地区开展包括价格保险在内的特色农产品保险提供以奖代补、地方性保费补贴等政策支持,第十七条指出要继续落实贫困地区农业保险保费补贴等政策。2016年12月,财政部发布了《财政部关于印发〈中央财政农业保险保险费补贴管理办法〉的通知》,归纳和整合了截至 2016 年底中央财政的具体补贴政策,主要规定了中央财政和地方财政的补贴范围;规定了具体补贴的 15 类农林牧产品保险,还分类、分地区规定了中央在这 15 类保险中承担的补贴比例;坚持省级财政补贴与中央财政补贴联动,中央财政补贴要在省级财政补贴的基础上实施,对省级财政补贴的比例有明确具体的要求;各省实行风险分区和费率分区,财政补贴向规模经营主体、贫困地区和贫困户倾斜等,表明了中央财政支持农业保险的科学化、精细化经营和采取重点支持的政策取向。同时文件对与保险补贴相关的保险费率条款制度做出要求,主要包括合理确定政府补贴的险种的保险费率;中央财政主要支持自然风险的保险,只提供"直接物化成本"保险的保费补贴;要逐步建立农业保险费率调整机制,合理确定费率水平;对保险赔付做出了限制性规定,特别是首次规定可以实行"无赔款优待"。上述办法是规范我国农业保险政府补贴政策的重要文件,对于促进农业保险持续健康发展,构建多层次农村金融服务体系等具有重要意义。

为落实中央农村工作会议、2017 年中央一号文件精神,2017 年 3 月,农业部、财政部发布了两部门共同实施的 2017 年重点强农惠农政策,在"农业保险保费补贴"部分指出"纳入中央财政保险保费补贴范围的品种为玉米、水稻、小麦、棉花、马铃薯、油料作物、糖料作物、能繁母猪、奶牛、育肥猪、森林、青稞、牦牛、藏系羊和天然橡胶,按照农业保险'自主自愿'等原则,农民缴纳保费比例由各省自主确定,一般不超过 20%,其余部分由各级财政按比例承担"。2017 年重点强农惠农政策内容包括8 大类 31 项,涵盖了农业生产的方方面面。农业保险保费补贴是 2017 年政府工作报告中特别关注的内容,2017 年重点强农惠农政策明确了中央财政保险保费补贴包括的15 个品种,并且明确了农民需要缴纳的金额比例,相比 2016 年农民获得的补贴有所增加,有助于减轻农户缴纳保费的负担,真正做到了"惠农"二字,提高了农民的种地积极性。

2018 年 1 月,中国人民银行、银监会、证监会、保监会联合印发了《关于金融支持深度贫困地区脱贫攻坚的意见》,指出在适度降低保险费率的同时加大对深度贫困地区建档立卡贫困户投保农业保险的保费补贴力度。2018 年 8 月,财政部、农业农村部、银保监会联合发布了《关于将三大粮食作物制种纳入中央财政农业保险保险费补贴目录有关事项的通知》,对将三大粮食作物制种纳入中央财政农业保险保险费补贴目录所涉及的保费补贴比例、补贴标的界定、保险标的审核等事项进行简要说明。

经过各级政府相关政策效果的多年积累,2018 年我国各级政府财政提供农业保险保费补贴共计 428 亿元,其中央财政补贴 199.34 亿元、地方财政补贴 228.66 亿元,相较于 2013 年 229.6 亿元的各级财政农业保险保费补贴总额,年均增幅达 13.26%。综上可以看出,我国政府对农业保险的支持力度依旧在逐年提升(见图 2-4)。

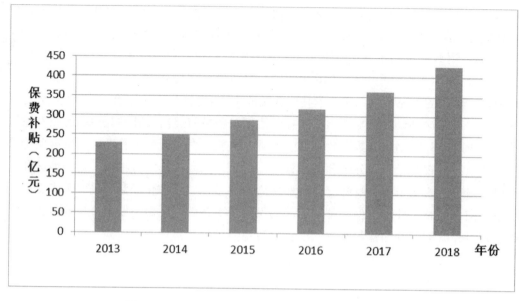

图 2-4　2013—2018 年各级政府财政保费补贴总额

资料来源：根据 2013—2018 年《中国保险年鉴》整理所得。

四、种植业保险政策

2013 年以来，中央政府在种植业政策性农业保险发展趋于完善的基础上开始支持各种创新型农作物保险试点，同时对粮食作物保险保费补贴财政支持结构进行调整，促进了我国种植业保险的进一步发展。

2013 年 7 月，《国务院办公厅关于金融支持经济结构调整和转型升级的指导意见》发布，其中第八点提出应对菜篮子工程保险等新型险种进行推广。

2014 年 12 月底，国务院发布《国务院关于建立健全粮食安全省长责任制的若干意见》，其中第三部分强调要支持粮食作物农业保险的开展。

为了改善民生、促进农民持续增收，2016 年 11 月，国务院办公厅发布了《国务院办公厅关于完善支持政策促进农民持续增收的若干意见》，其中第十点"创新农业保险产品和服务"中指出应进一步发展重要农作物保险和重要"菜篮子"品种保险等农险产品。

2017 年 5 月，财政部会同农业部、保监会研究制定了《粮食主产省农业大灾保险试点工作方案》，并印发了《关于在粮食主产省开展农业大灾保险试点的通知》，明确提出在 13 个粮食主产省选择 200 个产粮大县，面向适度规模经营农户开展农业大灾保险试点，试点保险标的首先选择关系国计民生和粮食安全的水稻、小麦、玉米三大粮食作物，并对粮食主产省农业大灾保险试点工作的指导思想、基本原则、试点期限和保险标的、试点地区、保障水平和参保范围及补贴标准进行规定。据农共体统计，在 200 个试点县中，相比传统农险产品，90 个县的保额增加 50%～100%，62 个县的保额增加 100%～150%，28 个县的保额增加 150%～200%，20 个县的保额增加 200%以上。该试点工作方案的出台，一方面解决了小农户在遭受灾害后保险赔款"不解渴"的难题；另一方面对适度规模经营农户实施大灾保险，调整部分财政救灾资金予以支持，提高保险理赔标准，完善农业再保险体系，为现代农业发展助力。试点保险标的首先选择三大粮食作物，保证了国家粮食安全和人民生活的稳定。

经过这一阶段的发展，2017 年农业保险承保主要农作物 0.7019 亿公顷，占全国播种面积的 42%左右，其中玉米、小麦、水稻三大粮食作物主要承包面积为 2460.77 公顷、1582.36 公顷、2316.42 公顷；受益农户 3888.14 万户次，农户受益比达 27%；种植业保险保费收入 311.2 亿元，同比增长 11.05%，占总保费收入的 65.14%，其中粮食作物的保费收入最高，占整个种植类保险保费收入比重的 70.69%，占比较大的品种是玉米（84.58 亿元）、水稻（71.95 亿元）及小麦（45.92 亿元），其次为经济作物，占比达到 17.58%。从体量上看，我国种植业保险已为种植业进一步发展铸就了牢固的安全网，大大降低了种植业经营者从事农业生产的后顾之忧。

五、养殖业保险政策

受 2007 年前后我国生猪蓝耳病事件影响，该阶段畜牧业保险除发展创新型产品外延续了上一阶段的政策目标，始终对病死畜禽无害化处理极为重视。

为全面推进病死畜禽无害化处理，保障食品安全和生态环境安全，促进养殖业健康发展，2014 年 10 月，《国务院办公厅关于建立病死畜禽无害化处理机制的意见》发布，其中第五条指出"将病死畜禽无害化处理作为保险理赔的前提条件，不能确认无害化处理的，保险机构不予赔偿"。

为贯彻落实 2016 年中央一号文件精神，2016 年 1 月，农业部发布了《农业部关于扎实做好 2016 年农业农村经济工作的意见》。该意见第四部分第十六条指出要"建立健全养殖业保险与无害化处理联动机制"；第二十九条指出支持有条件的地方开展生猪等目标价格保险试点，"拓展水产养殖业保险"。为了改善民生、促进农民持续增收，2016 年 11 月，国务院办公厅发布了《国务院办公厅关于完善支持政策促进农民持续增收的若干意见》，第十点"创新农业保险产品和服务"中指出应进一步发展主要畜产品保险、重要"菜篮子"品种保险等农险产品。

2017 年 8 月，农业部印发《农业部关于加快东北粮食主产区现代畜牧业发展的指导意见》，提出要通过加快推广畜牧养殖和价格保险，保障东北现代畜牧业持续稳定经营。

经过这一阶段发展，2017 年底，我国养殖业保险保费收入 132.15 亿元，同比增长 26.16%，占总保费收入的 27.66%；在养殖险中，占比较大的品种分别是育肥猪（63.11 亿元）、奶牛（22.06 亿元）及能繁母猪（14.73 亿元），小牲畜保费收入高于大牲畜，占整个养殖类保险保费收入比重的 67.90%，大牲畜险种保费收入占比达到 25.03%。

六、涉农保险政策

该时期中央政府在已有涉农保险建设体系的基础上继续坚持发展农机具保险、农房保险、渔业保险等相关涉农保险产品，并提出了一系列支持政策。

2013 年 7 月，《国务院办公厅关于金融支持经济结构调整和转型升级的指导意见》发布，其中第八点提出应对渔业保险、农房保险等新型险种进行推广。

2015 年 8 月，《国务院关于开展农村承包土地的经营权和农民住房财产权抵押贷款试点的指导意见》发布，提出应"大力推进农业保险和农民住房保险工作"。

2016 年 3 月，《农民住房财产权抵押贷款试点暂行办法》出台，要求保险监督管理机构加快完善农民住房保险等相关政策，通过农房财产权抵押贷款保证保险业务实现保险公司对借款人的增信支持。2016 年 11 月，国务院办公厅发布了《国务院办公厅关于完善支持政策促进农民持续增收的若干意见》，指出应对农房保险、制种保险、农机具保险等农险业务进行推广。2016 年 11 月，国务院办公厅发布了《关于支持返乡下乡人员创业创新促进农村一二三产业融合发展的意见》，其中第五点指出应鼓励有条件的地方探索开展畜禽水产活体保险等创新试点。为了改善民生、促进农民持续增收，2016 年 11 月，国务院办公厅发布了《国务院办公厅关于完善支持政策促进农民持续增收的若干意见》，其中第十点"创新农业保险产品和服务"中指出应对渔业保险等农险业务进行推广。

2017 年 5 月，中共中央办公厅、国务院办公厅印发了《关于加快构建政策体系培育新型农业经营主体的意见》，提出应推广农机具保险、制种保险、农房保险、设施农业保险、渔业保险等业务。

2018 年 1 月，中国人民银行、银监会、证监会、保监会联合印发了《关于金融支持深度贫困地区脱贫攻坚的意见》，指出要大力发展农房保险等保险产品。

七、其他类别农业保险政策

（一）创新型农业保险

当前我国传统政策性农业保险的覆盖率已达到高位，在此基础上，我国政府在 2013 年以来开始逐步提高对农产品价格保险、天气指数保险、收入保险等创新型农业保险的重视程度及试点支持力度。

2014 年 11 月，中共中央办公厅、国务院办公厅印发了《关于引导农村土地经营权有序流转发展农业适度规模经营的意见》，其中第三部分指出应挑选运行规范的粮食生产规模经营主体，并以该类主体为试点对象探索开展目标价格保险试点。

2015 年 7 月，财政部、农业部联合发布《关于支持多种形式适度规模经营促进转变农业发展方式的意见》，其中第四部分第十二点提出要"积极开展农产品价格保险试点"。

2015年7月末，国务院办公厅发布了《国务院办公厅关于加快转变农业发展方式的意见》，其中第七条指出应探索开展产值保险、目标价格保险等产品的试点工作。

2015年11月，中共中央办公厅、国务院办公厅印发了《深化农村改革综合性实施方案》，其中第三部分第十六点指出要深入开展农产品目标价格保险试点工作。

为贯彻落实2016年中央一号文件精神，2016年1月，农业部发布了《农业部关于扎实做好2016年农业农村经济工作的意见》。该意见第六部分第二十九条指出应"支持有条件的地方开展生猪及糖料蔗等目标价格保险试点"。

为贯彻落实《中共中央国务院关于打赢脱贫攻坚战的决定》和中央扶贫开发工作会议精神，2016年3月，《关于金融助推脱贫攻坚的实施意见》发布，其中第十四条提出为在贫困地区开展包括价格保险在内的特色农产品保险提供以奖代补、地方性保费补贴等政策支持。11月，国务院办公厅发布了《关于支持返乡下乡人员创业创新促进农村一二三产业融合发展的意见》，其中第五点指出应鼓励有条件的地方探索开展价格指数保险、收入保险等创新试点。

2017年3月末，国务院印发了《关于建立粮食生产功能区和重要农产品生产保护区的指导意见》，指出应"优先在'两区'范围内探索农产品价格与收入保险试点"。

为全面贯彻落实党中央、国务院关于金融支持实体经济的决策部署，充分发挥保险风险管理与保障功能，拓宽保险资金支持实体经济渠道，提升保险业服务实体经济的质量和效率，为服务国家战略、助推脱贫攻坚和民生改善增添力量，2017年5月，中国保监会发布了《关于保险业支持实体经济发展的指导意见》，提出将"开展农产品价格指数保险试点，探索建立农产品收入保险制度"。

2017年5月，农业部办公厅印发《农业部办公厅关于开展2017年度金融支农服务创新试点的通知》，指出主要通过发展收入保险、指数保险等推动农业保险支农模式创新。

2017年5月末，中共中央办公厅、国务院办公厅印发了《关于加快构建政策体系培育新型农业经营主体的意见》，提出应积极开展天气指数保险、农产品价格保险和农产品收入保险等试点。

2017年8月，农业部印发《农业部关于加快东北粮食主产区现代畜牧业发展的指导意见》，提出要通过加快推广畜牧业产品价格保险，保障东北现代畜牧业持续稳定经营。

2018年1月，中国人民银行、银监会、证监会、保监会联合印发了《关于金融支持深度贫困地区脱贫攻坚的意见》，指出要通过创新发展农产品价格保险和收入保险的途径提高深度贫困地区的农业风险保障水平。

2018年8月，财政部、农业农村部、银保监会联合发布《关于开展三大粮食作物完全成本保险和收入保险试点工作的通知》并印发了《三大粮食作物完全成本保险和收入保险试点工作方案》，指出自 2018 年起的 3 年内将在内蒙古自治区、辽宁、安徽、山东、河南、湖北 6 个省级区域各选择 4 个产粮大县推行三大粮食作物完全成本保险和收入保险试点工作，并对试点工作的指导思想、基本原则、试点保险品种和保障对象、试点期限和保险标的、试点地区、保险方案和补贴标准进行了界定。

（二）森林保险

2014 年 5 月，《国务院办公厅关于进一步加强林业有害生物防治工作的意见》发布，提出应"进一步推进森林保险工作"，以提高林业防范、控制和分散风险的能力。2014 年 12 月，《国务院办公厅关于加快木本油料产业发展的意见》发布，其中第十点提出"森林保险要逐步覆盖木本油料产业发展，建立生产灾害风险防范机制。各地要积极支持保险机构开展木本油料保险业务，鼓励和引导农民投保"。

2016 年 11 月，《国务院办公厅关于完善集体林权制度的意见》发布，其中第四部分第十五条指出应"推广'林权抵押+林权收储+森林保险'贷款模式"，并"完善森林保险制度，建立健全森林保险费率调整机制，进一步完善大灾风险分散机制，扩大森林保险覆盖面，创新差别化的商品林保险产品。研究探索森林保险无赔款优待政策"。2016 年 11 月，国务院办公厅发布了《国务院办公厅关于完善支持政策促进农民持续增收的若干意见》，指出应进一步发展森林保险等农险产品。

（三）融资类涉农保险

目前我国农业规模化经营已经成为趋势，农业生产者为扩大生产规模、保证农业生产的可持续性，存在融资需求，中央政府为发挥涉农保险在助力农业生产者增信、完善金融支农融资制度方面的作用，在该阶段对农村小额信贷保证保险的发展提出了更高要求，并不断创新土地承包经营权抵押贷款保证保险、农房财产权抵押贷款保证保险等融资类涉农保险产品及涉农保险参与的融资模式，有效拓展了农业生产性融资途径，为农业生产者的可持续经营提供了保障。

为指导各级保险监管部门、扶贫部门和保险机构贯彻落实《关于金融助推脱贫攻坚的实施意见》的总体部署，充分发挥保险行业体制机制优势，履行扶贫开发社会责任，中国保监会、国务院扶贫开发领导小组办公室于 2016 年 5 月联合发布了《关于做好保险业助推脱贫攻坚工作的意见》，指出要以农业保险保单质押、扶贫小额信贷保证保险等方式实现低成本盘活农户资产，支持贫困地区探索开展"农业保险+扶贫小额信贷保证保险+保险资金支农融资"模式试点及贫困农户土地流转收益保证保险，并凭借农业保险保单质押、土地承包经营权抵押贷款保证保险、农房财产权抵押贷款保证保险等途径实现农业生产融资。

为贯彻落实《中共中央国务院关于打赢脱贫攻坚战的决定》和中央扶贫开发工作会议精神，创新保险助推脱贫攻坚的思路和途径，推进在贵州建设"保险助推脱贫攻坚"示范区工作，2016 年 7 月，中国保监会与贵州省人民政府联合出台了《关于在贵州建设"保险助推脱贫攻坚"示范区的实施方案》，提出"支持'农业保险+保险资金支农融资'业务在贵州优先试点"，并通过"发展扶贫小额贷款保证保险"和"引导保险机构探索开展产值综合保险保单质押、土地承包经营权抵押贷款保证保险、农房财产权抵押贷款保证保险等业务"为贫困农户提供融资机会，鼓励各地为建档立卡贫困人口参加农业保险、扶贫小额信贷保证保险等保险扶贫业务提高保费补贴支持力度。

2016 年 11 月，国务院办公厅发布了《关于支持返乡下乡人员创业创新促进农村一二三产业融合发展的意见》，其中第五点指出应鼓励有条件的地方探索开展信贷保证保险等创新试点。

2016 年 12 月，《国务院办公厅关于进一步促进农产品加工业发展的意见》发布，其中第十九条指出应"创新'信贷+保险'等多种服务模式""积极推广小额信贷保证保险等新型险种"。

2017 年 3 月，国务院印发了《关于建立粮食生产功能区和重要农产品生产保护区的指导意见》，指出应"深化小额贷款保证保险试点"。

2017 年 5 月，中共中央办公厅、国务院办公厅印发了《关于加快构建政策体系培育新型农业经营主体的意见》，提出"积极开展贷款保证保险等试点"，并"扩大保险资金支农融资试点"。

2018 年 1 月，中国人民银行、银监会、证监会、保监会联合印发了《关于金融支持深度贫困地区脱贫攻坚的意见》，指出要大力发展扶贫小额保险等保险产品。

（四）其他涉农保险

除上述险种以外，该时期我国中央政府也对制种保险、设施农业保险等涉农保险产品的发展提出了新的要求。

2013 年 7 月，《国务院办公厅关于金融支持经济结构调整和转型升级的指导意见》发布，其中第八点提出应对农产品质量保证保险等新型险种进行推广。

2015 年 7 月，财政部、农业部联合发布《关于支持多种形式适度规模经营促进转变农业发展方式的意见》，提出"研究将三大粮食作物制种保险纳入中央财政保费补贴目录"。

2016 年 5 月，《关于做好保险业助推脱贫攻坚工作的意见》发布，指出要积极开发推广设施农业保险等创新型农险产品。2016 年 7 月，中国保监会与贵州省人民政府联合出台了《关于在贵州建设"保险助推脱贫攻坚"示范区的实施方案》，提出应在贵州积极开发推广设施农业保险等产品。2016 年 11 月，国务院办公厅发布了《关于支持返乡下乡人员创业创新促进农村一二三产业融合发展的意见》，其中第五点指出应鼓励有条件的地方探索开展农产品质量安全保证保险等创新试点。2016 年 11 月，国务院办公厅发布了《国务院办公厅关于完善支持政策促进农民持续增收的若干意见》，指出应对设施农业保险、制种保险等农险业务进行推广。2016 年 12 月，《国务院办公厅关于进一步促进农产品加工业发展的意见》发布，其中第十九条指出应"探索开展农产品质量安全保险"。

2017 年 5 月，中共中央办公厅、国务院办公厅印发了《关于加快构建政策体系培育新型农业经营主体的意见》，提出应推广制种保险、设施农业保险等业务。

八、农业保险监管政策

在对农业保险及涉农保险进行创新并提出更高发展要求的同时，我国中央政府尤为重视对农业保险经营机构及农业保险市场的管控，不断通过制定农业保险监管政策并筹划农业保险市场检查行动维护农业保险市场运行秩序、打击农业保险经营乱象。

2013 年 4 月，《中国保监会关于加强农业保险条款和费率管理的通知》和《中国保监会关于加强农业保险业务经营资格管理的通知》发布。《中国保监会关于加强农业保险条款和费率管理的通知》对保险公司制订农业保险条款和保险费率的原则、要求、报备时限、提交材料等一系列注意事项进行了说明，《中国保监会关于加强农业保险业务经营资格管理的通知》则对保险公司申请农业保险业务经营资格所需条件、提交材料、处罚措施等事项进行了规定。

由于部分地区、部分公司存在不严格执行已报备的条款费率、骗取国家财政补贴资金等违法违规问题，为规范农业保险市场秩序，2013 年 8 月，保监会印发《中国保监会关于进一步加强农业保险业务监管规范农业保险市场秩序的紧急通知》，要求各地保监局对农业保险业务"加大监管力度，严厉查处严重违法违规行为"，并"高度重视，切实抓好市场规范工作"。

2013 年 12 月，财政部印发《农业保险大灾风险准备金管理办法》，对保险经营机构的农业保险大灾风险准备金计提、使用和管理行为进行规范。

为了规范农业保险大灾风险准备金的会计处理，2014 年 2 月，财政部发布《农业保险大灾风险准备金会计处理规定》，对农业保险经办机构计提、使用、转回农业保险大灾风险准备金会计处理的科目设置、主要账务处理、列示与披露、实施日期及衔接规定进行规范。

2014 年 4 月，《中国保监会、财政部关于开展 2014 年农业保险检查的通知》发布，由保监会、财政部在全国范围内组织开展对农业保险的联合检查。

2015 年 2 月，《中国保监会 财政部 农业部关于进一步完善中央财政保费补贴型农业保险产品条款拟定工作的通知》发布，对拟定中央财政保费补贴型农业保险产品条款的基本原则、各险种保险责任范围、保险金额等内容进行界定。

2015 年 3 月，《中国保监会关于做好中央财政保费补贴型农业保险产品条款清理工作的通知》发布，对各公司自 2007—2015 年已报备并在使用的中央财政保费补贴型种植业保险和养殖业保险条款进行清理。

2015 年 3 月，保监会印发《农业保险承保理赔管理暂行办法》，共分为总则、承保管理、理赔管理、协办业务管理、内控管理和附则六部分，在功能上替代了《关于加强农业保险承保管理工作的通知》（已废止）和《关于加强农业保险理赔管理工作的通知》（已废止），对农业保险经营机构由承保到理赔过程的管理提出了要求。

2015 年 7 月末，保监会发布《农业保险数据规范（JR/T0128-2015）》行业标准，对建立科学的农业保险数据规范，实现我国农业保险数据标准化，促进行业信息共享具有积极的意义。

2016 年 2 月，《国务院关于修改部分行政法规的决定》发布，其中第六十六条对《农业保险条例》进行了修正，删去了原《农业保险条例》第十七条第一款中的"并经国务院保险监督管理机构依法批准"，将第二款中的"未经依法批准"修改为"除保险机构外"，将第二十六条第一款修改为"保险机构不符合本条例第十七条第一款规定条件经营农业保险业务的，由保险监督管理机构责令限期改正，停止接受新业务；逾期不改正或者造成严重后果的，处 10 万元以上 50 万元以下的罚款，可以责令停业整顿或者吊销经营保险业务许可证"，删掉第二十七条及第二十八条第一款中的"或者取消经营农业保险业务资格"，并对《农业保险条例》的条文顺序进行相应调整。这次修改使《农业保险条例》中有关农业保险监管审批的规定得到了调整，保险机构或不必经过国务院、保监会批准即可从事农业保险业务，由于从政策文件中去掉了保监会资格审批的程序，《农业保险条例》从政策层面降低了保险公司经营农业保险业务的市场准入门槛。

2016 年 5 月，《中国保监会关于印发〈新增农业保险和财产保险投资型保险统计指标〉的通知》发布，对各保险经营机构报送的农业保险统计指标进行了调整。

2016 年 11 月，中国保险行业协会发布《农业保险服务通则（T/IAC0001-2016）》团体标准，这是保险业首个团体标准，规定了种植业、养殖业保险服务的基本要求、内控管理、承保服务、理赔服务、查询服务、增值服务、咨询投诉等方面的质量要求。

2017 年 5 月，银保监会出台《2017 年农业保险承保理赔专项检查工作方案》，此次专项检查的主要任务是强化农业保险监管，规范农业保险市场秩序，推动保险公司进一步加强和改进农业保险承保理赔管控，有效提升承保理赔档案完整性、真实性水平，夯实农业保险合规经营基础，促进农业保险健康持续发展。该方案首先明确了检查的方式、时间以及问题整改等方面的各项要求，使得农业保险监管有相应的规则章程；其次强调了监管的重点对象，减少了人力、物力成本，增强了效率；最后该方案实施持续 3 个月左右，对于发现问题的情况依法从严处理，加强对检查发现问题后续整改情况的跟踪监督，对问题突出且未按监管要求整改的，依法采取进一步的监管措施，切实维护了农业保险健康发展的市场环境。

2017 年 6 月，财政部、国家税务总局发布《关于延续支持农村金融发展有关税收政策的通知》，明确指出"对金融机构农户小额贷款的利息收入，免征增值税"，并"对保险公司为种植业、养殖业提供保险业务取得的保费收入，在计算应纳税所得额时，按 90%计入收入总额"。在经济新常态下，产业组织形态也发生变化，中小企业、农户等发挥着越来越重要的作用，该通知作为继续支持农村金融发展的文件，既给予营业税减免支持，又在所得税方面间接减免税，方便了农户贷款，支持了农村金融的发展，有利于农业基础地位的稳定和农民增收；同时，对于提供种植业、养殖业保险业务的保险公司来说，有利于稳定其农业保险保费收入，有利于整个农业保险市场的发展。

2017 年 12 月，保监会发布了《中国保监会关于印发〈保险扶贫统计制度（试行）〉的通知》，该制度对保险扶贫业务统计报送工作的统计目的、统计内容、统计对象、报送单位及方式、报送频度及时间、制度实施时间、填报口径等内容进行了规定，其主要通知事项包括以下三点：一是明确了保险扶贫统计报送的内容，主要是与建档立卡贫困人口生产生活密切相关的农业保险等业务数据；二是明确了保险扶贫统计对象，即针对集中连片特困地区，老、少、边、穷地区，国家级和省级扶贫开发重点县，特别是建档立卡贫困村和贫困户的保险扶贫业务；三是明确了报送单位及方式、报送频度及时间、制度实施时间，并对填报口径进行了详细说明。该制度的推行提高了保险扶贫业务的透明度，使中央政府能够更详细地掌握农业保险等保险扶贫业务的开展情况，有利于保证保险扶贫的实施效果。

本章小结

本章将中国农业保险政策和相关法律的演变历程根据重要的时间节点，分为 4 个时间段：2004 年前夕、2004—2007 年、2008—2012 年及 2013 年至今，详细介绍了各个阶段中国农业保险政策和相关法律的演变历程，这些内容是分析中国农业保险制度与政策时讨论的最基本内容。

重点概念

农业保险政策演进　中央一号文件　政策性农业保险　农业保险保费补贴　试点工作　"三农"问题　种植业保险政策　养殖业保险政策　农业保险支持政策

思考与练习

1. 我国农业保险政策演进可分为哪四个时间段？请说明这样划分的意义。

2. 请回答改革开放后政府开始对农业保险的态度有所转变的时间并说明理由。

3. 请回答政府开始推行政策性农业保险的试点工作的时间以及开始推行农业保险保费补贴试点工作的时间。

4. 财政大力之下，农业保险保费补贴政策如何发展？

5. 2013 年至今，中共中央、国务院及各部门针对哪些方面出台了农业保险支持政策？

参考文献

[1]　陈宗胜，王晓云，周云波. 新时代中国特色社会主义市场经济体制逐步建成——中国经济体制改革四十年回顾与展望[J]. 经济社会体制比较，2018（4）：24-41.

[2]　高尚全. 亲历中国社会主义市场经济建立的历程》[N]. 第一财经日报，2018-06-28（A11）.

[3]　南开大学农业保险研究中心. 农业保险运行报告（2017）[M]. 天津：南开大学出版社，2018-06.

第三章 中国农业保险制度与政策分析

本章学习目标

通过本章的学习,掌握中国农业保险地方市场准入政策、保费补贴政策、产品管理制度、大灾风险与再保险政策的基本情况与政策实施效果。

本章知识结构图

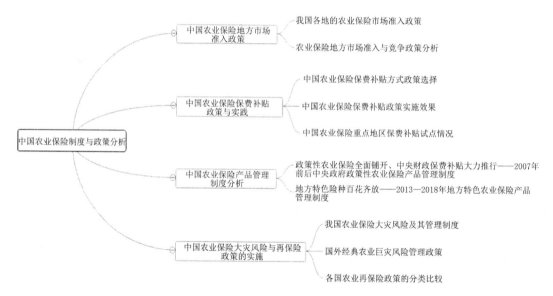

改革开放 40 多年来保险业快速发展,作为保险业重要组成部分的农业保险也得到了充分发展。农业保险制度是一种特殊的经济补偿制度,其建立的初衷和目标是将农业生产中的自然风险和部分市场风险进行有效的分散和转移。从 1982 年恢复农业保险业务至今,农业保险制度与政策的发展与变迁历经波折,其演进历程也映照着中国特色社会主义市场经济的改革之路。从制度变迁的视角,探究农业保险制度的演进特征和演进逻辑,总结制度变迁中的成就和经验,历来是农业保险领域乃至保险领域的研究重点和热点。本章基于第二章对中国农业保险政策和相关法律演变的梳理,着重从地方市场准入、保费补贴、产品管理、大灾风险管理 4 个方面分析中国农业保险制度与政策,不断总结成就与经验,为第四章对于未来发展预期的论述提供分析基础。

第一节　中国农业保险地方市场准入政策

经过近年来的快速发展，我国农业保险发展势头越来越猛，已进入发展新常态，农业保险发展的内外部环境发生了深刻变化，越来越多的保险公司正进入农业保险市场。在新出台的《农业保险条例》中，经营主体已由"保险公司"扩大到了"农业互助保险等保险组织"，在一些市场供给主体较多的地方，激烈竞争的态势正逐渐显现。基于我国政府深化改革的政策调整，2016年2月6日国务院发布的《国务院关于修改部分行政法规的决定》对《农业保险条例》进行了部分修订，从政策层面降低了保险公司经营农业保险业务的市场准入门槛。但由于我国幅员辽阔，各地农业生产活动存在差异性，各地农业保险工作的开展环境也各不相同，中央政府难以对不同地区农业保险经办机构的市场准入及竞争等相关政策进行统一规定，故制定本地农业保险经办机构市场准入及竞争政策的权力被中央政府下放到了各省级及以下的地方政府手中，以期提供更具适用性的市场准入政策。

一、我国各地的农业保险市场准入政策

（一）农业保险地方市场准入的形式

在国家政策扶持、农业保险高速发展、经营效益相对稳定的综合吸引之下，农业保险在行业内的地位也迅速提升。很多原来对农险避之不及的公司也开始对其产生浓厚兴趣，将其作为新的业务增长点，开始进入或准备进入农险市场。我国发展农业保险采取的"政府支持，政策引导，市场运作，自愿参加，协同推进"方针和原则既定的条件下，农业保险市场准入采取政府市场结合的形式，但不要求各地采取统一的形式，省、自治区、直辖市人民政府可以确定适合本地区实际的市场准入形式。我国目前选择由商业性保险公司经营，同时允许农业保险互助合作组织参与经营农业保险，以一家独保经营和多家共保经营两种形式为主。

1. 一家独保经营

（1）（亚）自由竞争形式。这种形式最主要的特征是当地政府不限制各家商业保险公司来本地经营农业保险业务，只要是保险监管部门批准的主体，基本上采取一概欢迎、一视同仁的政策。中央和省、市、县的保险费补贴政策都可以同样享受，对于具体业务的获取，主要采取公开招标的方式，或者采取分配经营范围的方式，各占一块地盘，避免"打架"。

采用这种经营形式的地方，有关部门希望通过这种市场组织安排，可以降低成本，

提高农业保险的服务水平。北京市、河南省、内蒙古自治区等地区采用这种经营形式。除此之外，还有的省份虽然也允许多家公司参与本省农业保险的竞争和经营，但是只选择几家公司参与招标竞争。这种设计实际上是"自由竞争形式"的"亚形式"。

（2）限制竞争形式。有的地方采取近似"垄断"的方式，只允许本地一家公司或少数外地经营主体进入本地经营农业保险，不希望市场上存在激烈竞争，以保证财政补贴资金使用效率，支持公司把本地业务做精做细。采取这种经营形式能够避免不必要的竞争影响农险的经营效率。

（3）协会保险形式。"协会保险人"是我国一定历史条件下的特殊保险组织形式，它们是以非营利性的社会团体（社团法人）的身份，从事农业保险的经营，主要是在特定地区，面向特定对象开办涉农保险业务。这些保险人开办的涉农保险业务，也享受省级政府的保险费补贴，同时享受比一般商业性保险公司更优惠的税收政策，但它们没有成为地区农业保险市场上的主导组织和普遍实施的制度，只是作为本地经营形式中的一种组织形式。所以严格说来，还构不成一种经营形式。

在我国沿海九个省都有"渔业互保协会"，它们主要承办渔船保险和渔民人身保险，以及水产养殖保险。在陕西、湖南、湖北三省，还有由本省农机安全协会举办的"农机互助保险"。这类组织不归保监会监管，而是归民政部门监管。

2. 多家共保经营

（1）联合共保形式。在经营主体较多的地方，政府组织大家以一家大公司作为主承保商，对全省的主要农业保险业务实行联合共同保险。各家经营主体根据公司业务份额或者各自愿望，在共保体内取得一定份额。保险费和赔偿都按照这个份额分配和分担。当然因为所有承保和理赔业务都是由主承保商操作的，其他跟随公司要支付给主承保商相应的经营管理费。对于特色保险产品，共保体内的公司可自行开发和经营。采用这种形式的地区主要有浙江、海南等省份。

（2）联办共保形式。这种经营形式只有个别省份实施。其做法是在省内由几家主要的公司与政府共同经营农业保险，在每个地区采取五五分担的方式。政府和保险公司保险费各分一半，赔款责任也各承担一半。为了解决大灾条件下的超额赔付责任，省、市、县三级统一建立"大灾风险准备基金"。采用这种经营形式的主要是江苏省。

（3）合作保险形式。我国农业合作保险的试点不多，合作制保险有两类组织形式，一类是保险合作社，另一类是保险相互社或相互公司。这类保险是由农户自愿合作组成合作或相互保险组织，以社员互助的方式经营小范围的农业保险，政府也给予财政和税收政策的支持。正式的合作保险只有一家，即黑龙江阳光农业相互保险公司（简称阳光相互）。阳光农业相互保险公司主要经营本省农垦系统的业务，也被允许经营垦区外农户的农险业务。非正式的农业保险合作社在浙江省有几家。

这种经营形式迄今还没有成为一个省的主导形式。在黑龙江省，阳光相互这种相互保险和其他农垦之外地方的农险自由竞争性经营是并行的，严格讲还没有形成一种统一经营形式。

（二）形成不同市场准入形式的政策背景

不同的准入形式都是与各地的经营环境和背景联系在一起的，也与当地政府主管部门的规定有关。

部分省份在《农业保险条例》出台之初没有认识到要按照《农业保险条例》中"结合本地实际"的规定来设计本省的农业保险市场准入形式，认为按照中央有关部门的补贴政策执行就可以了，无论哪家公司愿意经营农业保险都允许他们参与。这是大部分采取"自由竞争形式"的省份的背景。当然，也有的省、直辖市是有意选择这种形式的，例如北京市，最初设计时，考虑到引进多家商业性保险公司可通过竞争机制提高农险经营的效率，更符合发展农业保险的目标。

选择限制竞争的经营形式也有其最初的理由。以上海市为例，全国最早成立的一家专业农业保险公司便坐落于上海，这家公司的股东实际上是各区县政府的投资公司。上海市政府希望让这家公司独自经营全市的农业保险业务，"肥水不流外人田"，考虑到本市农业保险市场不大，多主体竞争并无好处，就一直未批准其他经营农业保险业务的公司进入本地市场。

选择联合共保形式的有浙江省，最初愿意在该省开展农业保险业务的市场主体过多，考虑到市场竞争主体太多，各方利益不好平衡，若允许农业保险经营主体自由竞争，除了耗费过多的资源和精力之外，还可能有其他副作用，故在部分保险公司建议下，联合约10家公司组成了"共保体"，由人保浙江分公司作为主承保人并持有60%的市场份额进行联合共保。此后，个别保险公司退出共保体，也有新的保险公司加入共保体。联合共保形式由此形成并延续至今。其他个别省份也逐渐开始效仿这种形式。

联办共保形式的代表是江苏省。该模式是基于实践基础设计的全省统一形式，2006—2007年，江苏省各市出现了不同的保险经营形式，最具代表性的是苏州的"公司代办形式"和淮安的"联办共保形式"。苏州的公司代办形式是由政府经营农业保险，选择保险公司代办业务，除了中央、省市补贴保费外，赔偿和最终责任都由市政府承担，而淮安从2006年选择由市政府和中华联合保险公司淮安分公司联合共保，保费分配和赔偿责任五五开。最终省政府以淮安的联办共保形式为基础，统一了全省的经营形式，并建立了省、市、县三级大灾风险准备基金。

合作保险形式和协会保险形式，都是特定历史条件下的产物。以渔业互保为例，其历史要追溯到20世纪90年代初，因为农村的制度变革，渔民有了属于自己的渔船，其风险保障存在巨大隐患，而商业保险公司逐步退出渔船保险经营，故"渔船船东互保协会"（2007年改为渔业互保协会）在政府支持下成立，为渔船船东提供渔船保险和渔民人身意外伤害保险等。

农机互助保险也有类似的背景。进入21世纪以来，特别是近10年来，随着农业机械化突飞猛进的发展，农业机械和其他设施的风险保障问题被提上议事日程，但是因为损失概率较高，商业保险公司不愿意承保，也没有采取方便农民投保的措施，便产生了由农机安全协会开办的农机互保业务，为农机户参加保险提供了便利。

二、农业保险地方市场准入与竞争政策分析

（一）各地农业保险地方市场准入与竞争政策的相同点

各地农业保险市场准入与竞争政策虽然因地域、环境等因素的差异而存在不同，但部分规定仍存在着许多相同点。

1. 重视对农业保险经办机构的考核

大多数地方政府较为重视对本地农业保险经办机构的考核，并在工作报告中反复强调考核工作，即便是在以共保模式或联办模式经营农业保险的地区，其地方政府也会对参与共保或联办合作的农业保险经办机构进行绩效考核，以确定该组织之后的承办资格。以内蒙古自治区为例，自治区人民政府在《内蒙古自治区 2017 年农业保险保费补贴实施方案》中对本地农业保险经办机构的考核制度进行了说明，"严格考评完善进入退出机制。自治区农业保险领导小组负责做好对自治区级农业保险经办机构的考核，并对盟市和旗县区级经办机构进行抽查，各盟市农业保险领导小组负责本盟市和所属旗县区保险经办机构的考核，并将上一年度考核结果于 3 月底之前报自治区农业保险保费补贴领导小组各成员单位。各盟市每年都要按照《内蒙古自治区农业保险保费补贴工作绩效考评管理办法》的要求开展考核，考核中不得有缺项、漏项。自治区农业保险保费补贴领导小组将强化对考核结果的应用，对考核不合格或达到退出条件的旗县区级保险经办机构将进行调整，并将考核结果作为引入竞争的依据"。该办法中明确指出了内蒙古自治区对于省级以下的各地方农业保险经办机构的考核方向、考评标准以及考核结果可能对农业保险经办机构造成的影响，多数省份均按此形式在其本地执行的农业保险工作实施文件中对农业保险经办机构考核制度进行了明确，体现出我国地方政府支持农业保险经办机构适度竞争、对农业保险经办机构经营能力高水平要求的共识。

2. 鼓励农业保险经办机构积极开发新险种

各地方政府对于鼓励农业保险经办机构开发新险种以满足当地农业生产风险保障需求的积极性较高，通常会在当地农业保险工作文件中加以说明并给予开发新型农险产品的农业保险经办机构一定的政策优惠。以浙江省宁波市为例，《宁波市政策性农业保险工作协调小组关于做好 2018 年度政策性农业保险工作的通知》中指出"鼓励符合条件的各保险经营机构积极参与我市农业保险的实际运作和创新开发各类气象指数保险、目标价格保险等创新型险种""鼓励各地积极探索开展县级及以下财政资金支持的农险新险种，提高县级及以下财政的支持力度。新险种开设要按照创新和稳妥兼顾的原则，以农险可持续发展和农户需求为前提，稳步拓展。充分听取农业产业主管部门、农险经营机构、农技专家及农户代表的意见，先进行小范围试点，成熟后逐步推广扩

大"，同时对开发新险种的农业保险经办机构提供补助，"市财政鼓励各地大力开发新险种，支持当地特色产业发展。对各地为鼓励农险经营机构开发试点新险种而出台的补助政策，市级财政按不高于 50%的比例给予一次性奖补"。

3. 要求农业保险经办机构强化各方面服务水平

地方政府在其出台的多数农业保险工作实施文件中都会用较大篇幅要求农业保险经办机构从各个方面强化自身服务能力，以满足农业经营主体的农业保险服务需求，保障经办机构自身的市场竞争力，保证农业保险经办机构在本地长期持有农业保险承办权，进而维持农业保险工作开展的长期稳定。以安徽省为例，2017 年 11 月 24 日印发的《安徽省人民政府办公厅关于印发全省农业保险扩大试点实施方案的通知》中指出，保险经办机构要"加强保险服务""严格执行农业保险管理规定，扎实做好试点工作的业务宣传、承保理赔、查勘定损和防灾减损等各项服务工作，切实履行主体责任；加大对基层投入力度，建立健全基层保险服务体系，加强从业人员政策培训和素质提升，着力提高服务质量与水平"。

（二）各地农业保险地方市场准入与竞争政策的不同点

农业保险地方市场准入与竞争政策的区别主要源于各地农业保险经营模式的差异，在不同经营模式的指导之下，各地农业保险经办机构的市场准入标准有所差异，在此以不同农业保险经营模式的典型地区为代表介绍相应农业保险经营形式（见表3-1）。

表 3-1　我国地方农业保险经营模式汇总表

农业保险经营模式	联合共保模式	联办共保模式	（亚）自由竞争模式	限制竞争模式	合作与相互保险形式	协会保险模式
经营方式	以一家保险公司为首席承保人，其他公司自愿参与的共保经营	由县政府和经办机构进行联办共保	当地政府不限制各家商业保险公司来本地经营农业保险业务，只要保险监管部门批准的主体，均一视同仁	只允许本地一家公司或少数外地经营主体进入本地经营农业保险	由农业保险合作社、农业保险相互社或农业相互公司经营	由非营利性的"协会保险人"（特殊保险组织形式）负责农业保险的经营
代表地区	浙江省	江苏省	北京市	上海市	—	—

1. 联合共保形式——以浙江省宁波市政策为例

目前以共保经营为主、独立经营为补充的农业保险联合共保形式主要在浙江省、海南省等地区得到广泛应用。以浙江省宁波市农业保险政策为例，《宁波市政策性农业保险工作协调小组关于做好 2018 年度政策性农业保险工作的通知》中对当地的农业保险经营形式进行了解释，指出宁波市农业保险采取共保经营为主、独立经营为补充的形式，各地政府须尊重市场导向，自主选择最符合条件的农险经营机构负责本地农业保险经营，对于全市未开设的新险种，鼓励有能力经营的保险机构参与竞争经营，打破独家实际操作局面，以增加市场主体供给，并将农险经营机构的选择权下放到县级，由基层与农户来选择，"一个区县（市）内一个品种（标的）的农业保险原则上择优选择一家农险经营机构经营，相同保险责任的同一险种如有多家农险经营机构经营，县级农险协调办要协调实行统一、公平的政策并合理确定实施区域"。宁波农险经营形式最初是以共保体经营为主，以一家保险公司宁波分公司为首席承保人，其他十几家保险公司宁波市分公司为成员，建立"宁波市政策性农业保险共保体"（简称"市共保体"），统一在全市范围内经营政策性农业保险业务，并实行五倍封顶赔付方案和政府与"市共保体"风险分担机制。后由于宁波原农业保险经营形式与2013年发布的《农业保险条例》中"保险机构经营农业保险业务，实行自主经营、自负盈亏"及禁止封顶赔付的要求发生冲突，2014年起宁波市农业保险经营形式从共保体经营调整为以一家保险公司为首席承保人，其他公司自愿参与的联合共保经营，其实际运作内容并未发生较大变化，但首席承保人的经营主体责任愈发明确。按照该形式进行农业保险经营的其他省份，如海南省、贵州省，依旧保留着多家农业保险经办机构协商一致、自主自愿组成的共保体形式，但其运作内容如出一辙，故在此归为一类进行介绍。

联合共保形式存在着下列优点：①在众多主体参与本地农业保险市场竞争的情况下，能够避免无序竞争带来的不良后果，减少竞争带来的不必要的成本损失和可能的腐败。②联合共同保险本身具有一定的分散风险作用，不会使风险在少数公司集中，对农业保险的长期可持续发展有好处。同时，其缺点也较为明显：①这种共保机制往往比较死板，除了主承保商之外，其他跟随共保的公司都难以发挥自己的特点和积极性。②共保体内部可能的牵制会影响其决策效率和经营效果。

近年实施这种形式的地区也在努力探索改革，在机制上做一些调整，努力做到既能发挥共保的优势，也能发挥各公司的积极主动性。例如，在统一的经营产品范围之外，允许各家公司开发、试验和销售创新产品，如天气指数保险产品、价格保险产品、收入保险产品等。

2. 联办共保形式——以河北省政策为例

该形式除由农业保险经办机构参与承办以外，政府也须参与农业保险的经营活动，只有个别地区采取该形式进行农业保险经营。以河北省定兴县政策为例，2017年河北省《定兴县政策性农业保险联办共保工作实施方案》中指出，当地"政策性农业保险采用联办共保模式，由县政府和经办机构按照5:5比例进行联办共保，双方份额可根据业务发展情况适时进行调整。双方均设立农业保险专用账户，接受上级、同级财政、审计和保险监管部门的监督和检查"。在联办共保形式下，农业保险经办机构与政府共享保费、共担风险，可视为一种地方政府参与"损失兜底"的农业保险经营形式。

联办共保形式的最大特点如下：①政府和保险公司共同经营保险，能发挥政府在推行农业保险中的积极作用，保险机构在承保、定损、理赔、防灾防损诸方面，适当依靠行政力量的帮助，业务推行会比较顺利。②相对来说，这种形式设计无论对于政府还是对于公司来说，虽然保费收入会"打折"，但各自的经营风险都要小一些。如果有比较完善的大灾风险管理制度，其经营的可持续性要强得多。

当然，因为涉及不同的公司，各市政府要选择合适的保险公司进行合作，特别是当想参与开展农险的公司较多时，政府实际上较难处理，也会产生一些矛盾和可能发生的"寻租"问题。

3. （亚）自由竞争形式——以内蒙古自治区政策为例

该形式的主要特点是允许各农业保险经营主体公开竞争参与政府采购、招标环节，由当地政府择优获取特定地区特定险种经办权。在这种模式下，地方政府一般会通过招标、采购等方法确定当地农业保险经办机构，一旦某经办机构中标，其经营范围通常会在承保地域、险种范围、承保年限等方面受到一定限制，以保证当地农业保险长期经营的连续性和稳定性，防止过度竞争等问题的产生。以内蒙古自治区政策为例，《内蒙古自治区 2017 年农业保险保费补贴实施方案》中提到"自治区通过招标，对 2018 年种植业保险引入竞争试点的 11 个旗县区经办机构进行了调整，由过去的 1 家公司调整为 2 家公司，各经办机构在试点旗县区的业务范围，以乡镇为单位由旗县区农业保险领导小组合理划分""退出区域的原经办机构如有未决理赔事宜，应按规定及时妥善解决，解决情况仍列入绩效考核内容""在保持政策连续性和稳定性的基础上，大灾保险由各试点旗县区自主择优选择有资质的保险经办机构承保"。该经营模式通过地方政府合理安排，能够避免各家保险公司过度竞争造成不必要的农险经营成本浪费，并能有效提高农业保险经办机构的服务效率。

这种形式的最大特点和优点主要有以下几点：①市场开放度高。②发挥市场在配置保险资源中的重要作用。③能充分调动承保主体的积极性。④满足农户的保险需求。⑤在一定条件下改善和提高农业保险经营的效率。但是，实践表明，农险市场上的竞争在很多情况下会无序化，而且在政府参与下市场竞争常常演变成寻租竞争、恶性竞争。如果监管不当，必然导致违规情况严重，成本上升，效率下降。

重要理论原因之一是农业保险具有特殊性，农险产品是自然垄断产品，竞争必然导致不经济。对于其费率结构来说，其纯费率即风险损失概率具有客观性，不可能因为技术的改进和经营效率的提高而降低，同时费率的降低空间也非常有限，激烈竞争只能给农险的可持续经营带来阴影。

4. 限制竞争形式

限制竞争形式的特点是只允许本地一家公司或少数外地经营主体进入本地经营农业保险，其主要特点如下：①市场主体少，只有一两家，基本不进行竞争，免去了竞争的许多烦恼，降低了成本。②如果处于垄断经营的公司充分尊重农业保险的规律，领会政府意图，经营规范，可能会获得较好的经营效果。

不过，这种组织制度也存在弊端：①对其他有意进入该市场的保险公司来说可能存在不公平，外界也会对此产生意见，认为不符合市场经济发展的规律。②对一个省来说，只选一个或者两个主体经营农业保险，在现行改革环境下，由于存在市场公平性问题，恐难长久坚持。③市场主体太少，相对而言，风险会比较集中于少数公司，在巨灾损失发生时偿付能力压力较大。

5. 合作与相互保险形式

农业合作与农业相互保险均是待开发的形式。合作制农业保险几百年前起源于欧洲，在农业保险发展历史上发挥过重要作用。成熟的合作保险可以减少制度的摩擦成本，较好防范道德风险和逆向选择，起到保险公司经营不可比拟的良好效果。但迄今为止，我国并未形成保险合作社，更不存在具有代表性的合作制农业保险机构，合作制保险形式仍有待发展。相互保险可以有效扩大保险覆盖面，为中低收入人群提供相应水平的保险服务，且对准备金和盈余的投资不会过分追求，经营较为稳健。但目前我国相互制保险仅有相互保险社（宁波慈溪和瑞安农村保险互助社）和相互保险公司（黑龙江阳光农业相互保险公司）两家典型机构在办理农业保险业务，尽管阳光农业相互保险走过了 13 个年头，取得了一定实践经验，部分省份也有一些非正式的合作保险试点，但尚未形成规模。综上而言，无论是农业保险合作社还是农业保险相互社、相互公司，均处在萌芽状态。故无论是主管合作保险生杀大权的监管部门，还是合作制及相互制保险机构，对合作与相互保险形式进行大范围推广都还为时过早。

6. 协会保险形式

协会保险形式并不是被某些省份正式采纳的经营形式，只是在特殊领域，例如渔船保险和农机保险等方面的特殊供给主体和供给形式。这种在特定历史条件下诞生和发展的保险组织，在当时和现今保险市场上相关保险产品供给不足的情况下，发挥了积极的作用，做出了一定贡献。但这种保险组织的存在和发展与现行有关法律相冲突，面临着改制的现实问题，故这种形式被采纳并得到发展的概率较小。

附录：我国各地区农业保险市场准入政策

安徽省实施政策性农业保险，兼顾基础性、普惠性和差异化，通过考核评价和竞争选择等，着力提高理赔兑现率、时效性和精准性。在安徽省内 16 个地级市和 2 个省直管县，农业保险采用"保险公司自营"的经营形式，保险经办机构在政府保费补贴政策框架和市场机制下，自主经营，自负盈亏。

甘肃省全省执行统一保额和费率，县级政府在选择保险经办机构时主要以保险经办机构的承保和理赔服务能力为考虑条件，原则上同一县（区）内的贫困户种养产业保险由一家保险经办机构承保。已经承保中央补贴品种的保险经办机构，不得拒绝承保同一县（区）内贫困户的保险业务。县级政府可根据各保险经办机构年度农业保险承保和理赔工作情况，考虑调整次年度保险经办机构的承保区域和份额。

甘肃保监局负责指导监督保险经办机构开展农业保险业务，依法查处农业保险违法违规经营行为，切实维护被保险人的合法权益及农业保险市场秩序。县市区政府要承担农业保险实施主体责任，根据省市农业保险方案制订本地区工作实施细则，落实好农业保险经办机构选择、贫困户情况摸底、保费资金筹集等工作。各级农牧、财政、林业、扶贫、金融、保监等部门要加强对农业保险保费补贴资金使用情况的绩效考核工作，按照县级自评、市州考评、省级抽查的方式进行，考核结果在全省公开通报，与下一年度农业保险工作计划、保费补贴资金和承保机构经营业绩相挂钩，奖优罚劣。根据各地农业保险工作组织开展情况，调整保险计划和保费补贴资金。根据各保险经办机构承保和理赔服务质量，调整承保地域和份额。

广东省由地级市自主招标，要求每个险种由两家或以上保险公司承保，不得成立共保体或联合体，每个县（市、区）同一险种只由一家公司承保。保险公司应符合国务院《农业保险条例》及原中国保监会相关监管规定，偿付能力充足，有完善的基层服务网络。经营中央财政补贴的险种，应具有中国保监会认可的在广东经营政策性农业保险的资格。省农业厅联合财政厅、金融办、广东省保监局设定年度考核指标表（包括经营概况、业务创新、风险管理、合规经营、服务网点、理赔效率、实际赔付等方面），每年第一季度由地市对承保机构上一年度工作业绩进行考核，实行奖惩制度。对经办业务较差的公司采取罚没保证金、减少或取消其承保地域等措施，对于经办业务优秀的公司可增加承保地域等。

广西壮族自治区在开展农业保险业务过程中，原则上一个县（市、区）可同时选定多家经办机构承办，但同一乡镇只能选定一家保险机构承办政策性农业保险业务。承办机构应相对稳定，承办机构合同期满后须调整的，在同等条件下原承办机构有优先承办权。要进一步完善考核指标体系，组织对经办机构服务质量进行跟踪考核，对于不达标的经办机构，视情况采取责令限期改正、取消经办资格等措施。

贵州省中央财政保费补贴农业保险以"共保经营"为主要方式，地方特色农产品保险以"自主经营"为主要方式，坚持政府引导与市场运作原则，共保体内经办机构要以市场化运作为依托，积极开展农业保险工作，建立经营风险预警防控机制，防范和化解风险。地方特色农业保险（家禽和蔬菜保险除外）开展过程中，地方政府根据本地特色农业产业发展需求，向具有农业保险业务经营资质的经办机构提出保险需求。经办机构进行初步调研后，就保险费率、保额、保险责任、赔偿处理、各级财政补贴比例等内容与当地政府进行商讨，形成保险方案初稿，并草拟可行性报告，由地方政府研究同意后，会同相关部门印发实施方案。经办机构须在划定区域内签订保险合同，未按照划定区域签订保险合同的，省农业保险工作联席会议将责令其改正并进行全省通报。此外，对于跨划定区域签订的保险合同将不再拨付中央财政及省级财政保费补贴，并扣减该经办机构次年5%的中央财政农业保险市场份额，情节严重的将取消其次年参与中央财政农业保险经营的资格。地方特色农业保险的承办机构不受划分区域约束，由地方政府自主选择。省财政厅按照中央对地方专项转移支付绩效评价有关规定，建立和完善农业保险保费补贴绩效评价制度，并探索将其与完善农业保险政策、评选保险经办机构等有机结合。省担保公司受省农业保险工作联席会议委托，要建立健全对经办机构的考核评价制度，制订考核办法，引导经办机构加大投入，提高服务水平与质量。保险监管部门负责指导经办机构开展农业保险业务，依法查处农业保险违法违规经营行为，切实维护被保险人的合法权益及农业保险市场秩序。

海南省农业保险开展有以下几种形式：①多家共保经营，一家主承保。种养业险种由种养业共保体负责承保；渔船保险由渔船共保体负责承保；渔民海上人身意外伤害保险由渔民共保体负责承保。种养业共保体、渔船共保体、渔民共保体要建立业务合作和信息交流的常态机制，加强在防范业务操作风险、发动分散农户投保、大灾查勘理赔等方面的协作。各共保体成员应当通过充分协商，制定并严格遵守农业保险共保体章程，明确各方责任与义务，及时进行保险费、赔款及经营管理费用的分摊，并报省农险办备案。各共保体成员应当在主承保人的组织下，积极主动承担共保职责，按共保份额投入资源，宣传发动分散农户投保，参与大灾和大额报案的查勘理赔等。各共保体年度经营总费用实行包干制，具体包干费用比例如下：种养业共保体费用为年度保险费收入的22%，渔船共保体和渔民共保体费用为年度保险费收入的20%。共保人根据共保体章程确定的份额分配保险费、经营费用和利润，承担相应责任和风险。鼓励共保体成员公司针对"三农"发展需要，积极开发和试点商业性地方特色险种，作为政策性农业保险的有益补充。对于条件成熟并纳入政策性农业保险的险种，按照"谁开发、谁出单"的原则，由具备主承保人条件的开发公司牵头承保并承担相应的主承保人职责。②一家独保经营。海南天然橡胶产业集团股份有限公司的橡胶树保险、海南金华林木集团的商品林保险、农房保险均属于该种形式。

河北省定兴县政策性农业保险采用联办共保形式，由县政府和经办机构按照 5:5 比例进行联办共保，双方份额可根据业务发展情况适时进行调整。政策性农业保险联办共保工作领导小组下设办公室，负责政策性农业保险的组织协调和风险管理等日常工作，考核、监督人保财险公司的农业保险工作。

河南省保险承办机构按照市场化原则，充分利用自身优势开拓农业保险市场，自主经营、自担风险。2010 年，保险承办机构由省财政厅、河南保监局会同有关部门按"优胜劣汰"原则评选确定。省财政厅和河南保监局要不定期检查各险种投保及理赔个案情况，逐步建立农业保险绩效评价机制。保监部门负责组织、协调保险承办机构开展农业保险业务，监督管理农业保险市场，依法查处农业保险违法违规经营行为，切实维护投保人的合法权益。

湖北省在推进政策性农业保险工作健康持续快速发展过程中，切实加强保险机构内控、合规、审计和风险管理等方面的监管，严厉查处违规行为，完善市场行为监管制度。对保险经办机构不按文件规定与投保人一起弄虚作假的，一经发现即按程序取消其承办资格并追究相关责任。各区农业部门要会同有关部门加强对保险经办机构农业保险业务的合法性、合规性检查。

湖南省针对中央财政补贴品种，按种植业、养殖业、森林三个大类品种确定承保机构，对于出现违法违规行为，被财政、保监、审计、纪检、司法等部门查处的承保机构，根据相关程序确认后，从下一年度起取消其在原区域内的承保资格。对于不达标的承保公司、镇（街道）农保站和协保员给予通报批评，甚至取消农业保险规模和协保员资格。建立对承保公司的绩效评价机制，将当年绩效评价结果与下一年承保规模挂钩。对于理赔不及时、服务不到位、操作不规范的保险公司，视情况调减下一年度承保规模直至取消承保资格。对于虚假承保、虚假理赔、虚列费用、虚假退保或者截留、挪用保险金、挪用经营费用等方式，冲销投保人应缴的保险费、冲销财政给予的保险费补贴或者套取资金用于其他支出的，以及以各种不正当手段取得承保规模、骗取财政补贴资金的，要追回相应财政保费补贴，取消其承保资格，对相关领导和直接责任人员严肃问责。情节严重、涉嫌违法犯罪的，移送纪检（监委）、司法部门查处。

　　浙江省政策性农险总体上按照确保农户利益和适度竞争的原则，采取共保经营为主、独立经营为补充的形式。各地要进一步发挥市场在农业保险资源配置中的作用，按照公平、公正、公开和优胜劣汰原则自主选择符合条件的农险经营机构。宁波市政策性农业保险自开办之初至2013年，为分散和预防巨灾经营风险，成立了"宁波市政策性农业保险共保体"，统一在全市范围内经营政策性农业保险业务，并且实行了五倍封顶赔付方案和政府与"市共保体"风险分担机制。农险经营机构经营农险业务实行自主经营，自负盈亏，单独核算损益。一个区县（市）内一个品种（标的）的农业保险原则上择优选择一家农险经营机构经营，相同保险责任的同一险种如有多家农险经营机构经营，县级农险协调办要协调实行统一、公平的政策并合理确定实施区域，防止出现重复投保或补贴不平衡现象。各地财政部门应会同当地农险办建立绩效评价机制，对地方特色优势农产品和新增险种设立科学、合理的评价指标体系，将评价结果作为推广险种、制定保险条款、确定财政补贴比例的依据，切实提高财政资金使用效益。保险监管部门要进一步加大农险业务的监管力度，对新险种条款要采取切实有效的保护措施，保障原创性，提高保险机构创新的积极性。

　　云南省各地农业保险承保经办机构由各州市农业部门会同财政部门，按照有关规定自行或委托招标代理机构，按公开、公平、公正原则选择确定。对于实行委托招标的地区，招标代理机构要具有政府采购代理机构资格和经营保险经纪服务许可证。农业保险承保经办机构要符合保险监管部门监管要求，服务每个县（市、区）的农业保险承保经办机构原则上不超过一家，除农户和农业生产经营组织委托外，各地不得引入中介机构，为农户和农业生产经营组织与农业保险承保经办机构办理（中央、省级）财政补贴险种合同签订等有关事宜。如确需中介机构提供中介服务的，不得从中央、省级财政补贴险种的保险费中向中介机构支付手续费或佣金。

　　云南保监局负责监督管理农业保险市场，监督农业保险承保经办机构依法合规开展农业保险承保理赔业务，依法查处农业保险违法违规经营行为，并及时将有关情况通报省农业保险工作联席会议，切实维护投保人、被保险人的合法权益，维护良好的农业保险市场秩序。各州市农业保险工作管理部门参照省农业保险工作联席会议成员分工履行职责。每月5日前，各县（市、区）农业保险承保经办机构向县级农业部门报送月度农业保险实施情况；每月10日前，县级农业部门向州市农业部门报送月度农业保险实施情况；每月15日前，州市农业部门向省农业部门报送月度农业保险实施情况，农业部门汇总后报送省农业保险工作联席会议。建立健全农业保险日常管理和监督制度，定期不定期对辖区农业保险工作实施进度、承保理赔情况、政策宣传等情况进行督促检查，发现问题及时纠正，并向同级政府和上级有关部门报告。

重庆市各区县要明确乡镇农业保险工作的具体职责和乡镇农业保险经办部门，规范选择农业保险承办机构。优先选择农业保险本地化服务能力强、基层服务网络完善、专业人员素质高、查勘理赔及时、群众满意度高的保险公司作为农业保险承办机构，并保持相对稳定。明确保险公司的服务期限，服务期限到期后，应通过政府采购重新确定保险承办机构。一个险种只能选择一家机构承办。有关部门要加强政策性农业保险工作的检查、指导和督促，开展绩效评价，确保政策执行不走样。市里通过组成联合检查组、委托中介机构检查等方式进行不定期检查和年度农业保险绩效评价。各区县要将政策性农业保险工作开展情况及时反馈给市农委、市财政局，做到信息畅通，以便掌握相关工作开展情况，及时完善政策，完善工作措施，确保工作顺利推进。

江西省井冈山市通过市政府公开招标确定政策性商品林保险经营权。经办机构要切实增强社会责任感，从服务"三农"的大局出发，提供政策性商品林保险业务的宣传、承保、防灾防损、查勘定损、理赔等专业化服务，积极做好政策性林木保险服务工作。

辽宁省营口市种植业保险工作由各县（市）区根据《农业保险条例》以及省农委、省财政、省保监局的各项政策规定，通过招标、竞争性谈判、询价、单一来源等政府采购方式选定1~2家以上保险机构承担本区域种植业保险业务，签订委托协议，选定的承保机构可以稳定3年。对于按省农委确定的食用菌保险，由与省农委签订委托协议的保险机构承保，其他事宜比照种植业保险执行。各县（市）区要制订保险机构考核评价办法，对本区域内保险机构的承保展业、查勘定损、赔付、宣传等能力和服务水平、合法合规水平及农户满意度予以考核，考核结果应作为选择保险机构的重要依据之一。要将对保险机构考核评价分解到展业全流程，全面督促保险服务水平提升。保险监管部门负责指导、协调、监督保险机构开展种植业保险业务，要加大对保险机构合规经营检查力度，对保险机构承保、理赔等环节进行监督，依法查处种植业保险违法违规经营行为，对侵害参保农民利益的行为进行严肃查处。

内蒙古自治区种植业保险由过去的一家公司调整为两家公司，各经办机构在试点旗县区的业务范围，以乡镇为单位由旗县区农业保险领导小组合理划分，划分结果报盟市农牧业局和财政局备案。退出区域的原经办机构如有未决理赔事宜，应按规定及时妥善解决，解决情况仍列入绩效考核内容。在保持政策连续性和稳定性的基础上，大灾保险由各试点旗县区自主择优选有资质的保险经办机构承保。

陕西省市级农业部门要在具备资质的承保机构中为每个县（市、区）招标选择2~3家服务质量好、保障水平高、社会责任感强的保险公司，承担本行政区域内所有传统品种农业政策性保险业务；市级林业部门负责招标选择1~2家保险公司，承担本行政区域内林业政策性保险业务。省农业厅、省林业厅负责制订农业、林业保险绩效评价办法，组织农业保险联席会议成员单位或聘请第三方机构进行抽查考核。各市、县（市、区）主管部门要按季度对保险机构服务情况进行绩效评价，评价结果作为完善农业保险政策和下一年招标承保机构的参考依据。各市、县（市、区）和保险机构不得以任何方式骗取保险费补贴资金，对通过虚假承保等方式套取财政补贴资金的，按照国家有关法律法规追究相关责任人责任，涉嫌犯罪的依法移交司法机关。

四川省江安县政策性农业保险由两家保险经营机构分别承保不同地区。有关部门要加强对农业、林业保险项目运作的监管，完善政策性农业、林业保险理赔服务和监管机制，逐步建立农业保险项目的风险评估预警和运行监控体系。县领导小组成员单位和各乡镇对承办保险机构当年的保险服务进行考评，作为下一年承办的依据。若承办机构有不作为、乱作为等违反相关保险规定、损害群众利益的现象发生，一律取消承保资格。

天津市政策性农业保险新险种试点期间，具备试点条件且有开办意愿的非试点区可向市农委和市财政局申请开办新险种试点，但每个试点险种只能由一家保险公司在本区开展。

新疆维吾尔自治区伊犁州直在农业保险开展过程中，州、县、市政策性农业保险工作领导小组办公室要加强对承保前、中、后工作的监督检查，对出现的新情况、新问题，及时提出整改意见。对保险机构开展农业保险保费补贴考核，对达不到考核要求或存在违法违规行为的保险公司，将终止其在州直政策性农业保险业务的资格。对于违法违规的机构和个人，依法依纪严处，涉嫌犯罪的移交司法机关。

资料来源：根据各省市（县）政策性农业保险工作实施方案及相关通知整理。

第二节　中国农业保险保费补贴政策与实践

随着农业的发展与自然条件的变化，农业保险制度应运而生。制度发展初期总要面临道路的选择问题，我国在试点探索的过程中，逐步走向正轨。与其他发达国家类似，我国政府开始介入农业保险领域，开始对农业保险进行财政补贴。随着农业保险财政补贴政策的发展，农业保险市场逐渐活跃，农户的损失得到一定的补偿，农业生产取得了重大进步。2007年至今，随着财政补贴的增长，农业保费规模也在不断扩大，农业保险实现了真正意义上的发展。

一、中国农业保险保费补贴方式政策选择

由于农业保险起着稳定经济、维系社会发展、增产增收、提高农村经济水平等重要作用，所以许多国家都进行了中央政府的财政补贴。我国农业保险从 20 世纪 30 年代开始进行局部试点，主要是采取政府支持型的发展模式，由政府对农民的保险费、保险经营机构的经营费用进行直接补贴，对保险经营者采取税收优惠措施间接补贴，不直接参与保险的经营。我国从 1949 年开始正式建立农业保险制度，1958 年停办，1982 年恢复发展，发展过程十分曲折。1982—1993 年由中国人民保险公司来承保农业保险的工作，其主要采取商业化的经营模式，效果极不理想，存在很大的缺陷，于是理论界开始进行新的探索，提出由政府进行补贴，与政府进行合作推行农业保险。农业保险市场失灵主要原因在于农业风险具有系统性特点、农业保险市场中信息不对称以及农业产品的外部性特征。只有政府积极引导代替直接补贴才能够逐步解决农业保险推广过程中的一系列问题，弱化保险市场中存在的逆向选择与道德风险。2004 年，在中央文件的要求下，开始新一轮的农业保险试点，得到了中央以及地方政府的高度支持，保费收入为 3.96 亿元。2007 年开始，水稻、玉米、大豆、小麦、棉花 5 种农作物在内蒙古、新疆、江苏、四川、湖南等 6 个省区被列为推广试点补贴作物品种，保费收入大幅度增加。从 2007 年起，农业保险不断发展壮大，与国家提供的财政补贴有直接的关系。我国保费的构成是纯保费、管理费用、风险附加与预订节余，我国主要进行纯保费的补贴，缺乏灵活性，致使农业保险发展有了瓶颈。

2016 年末，我国印发了《中央财政农业保险保险费补贴管理办法》（以下简称《办法》），其中规定了相关的补贴标的与补贴比例，对补贴对象进行了详尽的阐述。中央财政补贴险种标的主要包括：①种植业。玉米、小麦、水稻、马铃薯、棉花、油料作物、糖料作物。②养殖业。奶牛、能繁母猪、育肥猪。③森林。已基本完成林权制度改革、产权明晰、生产和管理正常的公益林和商品林。④其他品种。青稞、牦牛、藏系羊（以下简称藏区品种）、天然橡胶，以及财政部根据党中央、国务院要求确定的其他品种。在东中西部采用不同的补贴比例，按照程序申报发放补贴。《办法》中规定，按照严格的条件通过招标等方式确定符合条件的经办机构，各地与经办机构一同，按照合理合法并且保护农民合法权益的角度，积极制定查勘定损、理赔标准等详细的规定。在查勘定损的过程中，可以采用抽样的调查方法或者其他方式来确定保险标的的损失程度。发生合同中规定的承保事由后，由经办机构与被保险人达成相关的赔偿协议，达成协议后 10 日内将保险金支付给被保险人。在农业保险合同中对应当支付赔偿保险金的期限有相关约定的，经办机构应当按照约定履行赔偿保险金义务。

关于参保方式，经办机构在确认收到农户、农业生产经营组织自行缴纳的保险费后，应当及时出具保险单，保险单或保险凭证应确认发放到户。惠农政策、理赔结果、承保情况、监管要求和服务标准应当按规定在显著位置进行公示，如积极利用互联网、

短信、微信等方式。只有一切程序公开透明，让农户在每个环节都知晓自己所投保的保险发展的进度，才能真正达到普及农业保险的目的，消除农户的疑虑，提高农业保险的推行效率。

关于农业保险财政补贴申领与发放的程序，《办法》当中明确，省级财政部门及有关中央单位应在每年的 3 月底之前，编制该年度保险费补贴资金的申请报告，并报送财政部，同时抄送财政监察专员办事处，还要对上年度中央财政农业保险保险费补贴资金进行结算，编制结算报告，并送对口专员办审核。专员办应当在收到结算材料后 1 个月内，出具审核意见报送财政部，并抄送相关财政部门或中央单位。省级财政部门及有关中央单位应当在收到专员办审核意见后 10 日内向财政部报送补贴资金结算材料，并附专员办审核意见。省级财政部门及有关中央单位应加强和完善预算编制工作，根据补贴险种的投保面积、投保数量、保险金额、保险费率和保险费补贴比例等，测算下一年度各级财政应当承担的保险费补贴资金，并于每年 10 月 10 日前上报财政部，并抄送对口专员办。如果省级财政部门和中央单位上报的保险费补贴预算申请与国家规定相符合，财政部将给予保险费补贴支持。省级财政部门在收到中央财政补贴资金后，原则上应在 1 个月内下发保险费补贴。地方财政部门应当根据农业保险承保进度及签单情况，及时将保险费补贴资金拨付给经办机构，不得拖欠。也就是说，由国家财政将保费补贴资金下发到经办机构，即符合条件的可以经营农业保险的保险公司。对于保险机构的补贴，则采取相应的税收减免等的优惠政策。

二、中国农业保险保费补贴政策实施效果

（一）保费补贴政策文件的密集出台（出台保费补贴政策保障性文件）

农业保险的发展离不开政策的有效支持，2004 年至今，有关部门陆续出台了一些保费补贴政策，旨在以政策推动农业保险高速发展。2004 年中央一号文件首次提出因地制宜实施"保费补贴"政策。2007—2014 年中央一号文件连续对农业保险保费补贴工作提出新要求，覆盖区域不断扩大，农产品品种稳步增加。以保费补贴促进农业保险发展，进而达到推动我国农业现代化发展的目的。"国十条"中明确了探索中央和地方财政对农户投保农业保险给予补贴的方式、品种和比例的要求。新"国十条"再次将完善农业保险的财政补贴政策作为保险行业长期发展的纲领。此外，有关部门也多次印发农业保险保费补贴办法与意见，规划我国农业保险整体发展方向并规范保费补贴工作的日常开展。

（二）补贴区域与补贴标的范围逐年扩大

自 2004 年我国农业保险财政补贴进行试点以来，全国农业保险保费补贴区域由最初的吉林、四川等 6 省逐步增加到 22 个省，至 2012 年覆盖全国所有省份，涵盖了

粮食主产区和中央直属垦区。农业保险补贴的承保范围已由基本粮食作物覆盖到种养业主要品种。目前，我国的农业保险各级政府补贴已涵盖主要农作物保险，水稻等种植天气指数保险，茶叶、烟叶、茭白等种植保险，林木火灾保险，能繁母猪保险，生猪保险，奶牛保险，养鸡鸭鱼等保险，家禽综合保险等。此外，允许各地方政府根据当地农业的实际情况，自主确定农业保险财政补贴对象。

（三）中央与地方政府财政补贴力度逐渐加大

2007 年，政府开始对农业保险进行财政补贴，我国农业保险得到了快速发展。中央、省级、市级和县级四级政府进行保费的财政补贴，补贴力度逐年加大，2007 年保费收入为 51.84 亿元，国家进行保费补贴为 21.5 亿元；2008 年保费收入为 110.7 亿元，国家进行保费补贴 37.3 亿元；2009 年保费收入是 133.8 亿元，赔款是 101.89 亿元，国家补贴保费 59.7 亿元。保费补贴力度的加大为上亿农户提供了风险保障，有了国家提供的上亿元的财政补贴以及国家的公信力作为保障，农户的参保积极性大大增加。2010年农业保险原保险保费收入为 135.7 亿元，相较于 2009 年增长不大；2011 年农业保险原保险保费收入为 173.8 亿元；2012 年，农业保险保费收入 240.13 亿元人民币，同比增长 38.3%，为 1.83 亿户次提供了 9006 亿元风险保障，向 2818 万受灾农户支付赔款148.2 亿元；2013 年农业保险原保险保费收入为 306.7 亿元，同比增长 27.4%，向 3177万农户提供了 208.6 亿元的赔款，同比增长 41%，承保主要农作物突破 10 亿亩，占主要农作物播种面积 42%，提供风险保障突破一万亿元；2014 年，农业保险保费收入为325.8 亿元，承保金额 1.66 万亿元，向 3500 万受灾农户支付赔款 214.6 亿元，承保主要农作物突破 15 亿亩；2015 年农业保险原保险保费收入为 374.7 亿元，同比增长15.08%；2016 年农业保险原保险保费收入为 417.12 亿元，同比增长 10.88%；2017 年农业保险原保险保费收入为 477.7 亿元，同比增长 11.47%。

表 3-2 2003—2018 年我国农业保险的经营情况表

年份	保费收入（亿元）	各级政府保费补贴总额（亿元）	赔付金额（亿元）	农业保险简单赔付率（%）
2003	4.46	—	3.46	77.58
2004	3.95	—	2.96	74.94
2005	7.11	—	5.5	77.36
2006	8.48	—	5.98	70.52
2007	51.84	40.6	32.8	63.27
2008	110.7	86.3	69.1	62.42
2009	133.8	106.8	101.9	76.16
2010	135.7	115.4	100.6	74.13
2011	173.8	138.0	89.0	51.21
2012	240.13	184.9	142.2	59.22
2013	306.7	229.6	208.6	68.01

续表

年份	保费收入 （亿元）	各级政府保费补贴 总额（亿元）	赔付金额（亿元）	农业保险简单 赔付率（%）
2014	325.8	250.7	214.6	60.83
2015	374.7	287.8	260.1	69.42
2016	417.12	317.8	348.02	83.43
2017	477.7	362.7	366.1	76.64
2018	571.41	428	423.15	74.05

资料来源：根据 2003—2018 年《中国保险年鉴》整理所得。

注：赔付率为赔付金额与保费收入之比，实际上是简单赔付率。

从数据分析以及相关研究分析来看，我国越来越重视农业保险财政补贴，但是可以看到保费的增长速度下滑，财政补贴增长速度远远大于保费收入的增长速度，这反映的不仅仅是农业保险财政补贴的规模以及资金运用的效率问题，更深层次地反映了整体机制存在问题，并且缺乏系统的、详细的法律法规制约。从国内大多数研究方向上来看，农业保险具有公共产品属性，原因在于其社会效益远远大于经济效益，有很强的公益性，并且只有在严格符合标准的情况下才能够参保，低收益的特征导致很少有公司愿意开办农业保险的业务。在国家对农业保险进行补贴以后，农民的参保意识变强，以国家公信力作为保障更加激发了农业保险市场的活跃性，使保险公司的涉及领域和覆盖面大大增加。

三、中国农业保险重点地区保费补贴试点情况

2004 年，安信农业保险公司在上海成立，这是一家专业性的农业保险公司。成立 10 年间，险种由 19 种扩大到 38 种，保费收入由 815 万扩大到 4.48 亿。农业保险总额在 4.42 亿的基础之上增加了 188.58 亿元。从发展情况来看，该公司不仅仅是一家专业性的农业保险公司，更是帮助政府分散农业风险的得力助手。其经营模式是"政府财政补贴推动，商业化运作"，该种经营模式很好地解决了市场运作与政府管理之间的矛盾，为农业保险模式的选择提供了良好的示范作用。政府对该公司的支持力度很大，补贴类的险种达到 5 大类 21 项，也是这个原因，让上海的农业保险事业发展蒸蒸日上。其主要特点如下：①实现"统保"。同类保险标的数量扩大，有利于分散风险；统一工作流程，方便管理与规制。②"共保"。农业保险公司联合农业部门紧密配合，弥补自身技术与资金上的缺陷，推动农业保险业务的全面开展。③"以险养险"。这种经营方式是借鉴了法国的相关经验，由于农业保险的利润低、风险高，所以必须开设其他险种来弥补农业保险领域的运营资金，才能有效维持农业保险的稳定性与持续性发展。

2004 年年末，安华农业保险有限公司在吉林省长春市成立，这是我国首家综合性的农业保险公司。保监会曾经提出建立 5 种不同模式保险公司的建议，安华选择了"在

地方财政允许的情况下设立由地方财政兜底的政策性农业保险公司"的模式,即"商业性保险公司代办政策性业务"的经营模式,很好地利用了有限的政府资源,将政府的政策性指导监督与公司的经营融为一体,推动了吉林省农业的发展。该公司借鉴了法国安盟公司的经验,不仅设立了农作物等农产品的险种,还将被保险人的人身以及生产资料列入投保范围,大大增加了农业保险长远发展的可能性。

在黑龙江,成立了黑龙江阳光农业相互保险公司,这是国内第一家相互制模式的保险公司。该公司是以黑龙江省 20 万农户的名义发起设立的,以投保人作为法人组织成员。其建立形式与法国的相互制农业保险起源十分类似。其主要资本按照相互制公司的理论来讲,应该由 20 万会员缴纳,成立基金。但是在实际上,该公司并没有将会员制落实到人头、落实到户,而是由一家名为北大荒的集团公司出资,其性质为垫付借款,公司成立后并没有将借款返还,北大荒公司实际操控着保险公司的运营,导致"相互制"徒有虚名,在公司运行中弊端不断显露,整个相互制的形式是失败的。但是这并不能说明相互制的农业保险形式不适合我国国情,相互制农业保险形式在美国、法国、日本都取得了很好成果,我们应该借鉴国外先进的经验,将相互制保险公司的形式落实到户,才能实现试点区域的真正参考作用。

新疆于 2007 年被列入政府补贴试点后,保费收入达到了 7.57 亿元,同比增长167%,超过四川、吉林等省份,2008 年保费收入达到 13.51 亿元,同比增长了一倍,政府财政补贴政策在新疆取得了良好的发展,农户参保率大大提高,保险的赔付率也在逐年下降,这主要得益于新疆各级地方政府以及兵团对部分种植业实现了"六个统保"政策,即"棉花统保""村干部意外伤害统保""大棚统保""机井统保""农村机动统保""抗震安居工程保险统保"。保险也在防灾防损方面投入了大量的资金,有效协助政府转嫁了农业风险,增加了农民的收入,实现农业丰收。

1983 年,安徽农业保险恢复发展。到 2006 年,一直由人保安徽分公司负责承保农业保险,1996 年原人保分业经营,优惠政策逐步取消,致使安徽省农业保险逐渐凋零,直到 2007 年,安徽省第一家专门政策农业保险公司——国元农业保险公司成立。农业保险再度恢复发展,该公司积极发挥职能,努力争取政府的相关政策支持,为"三农"事业发展贡献了力量。安徽省率先在全国试点天气指数保险,该保险不以投保的相关土地面积以及种植的作物作为保险标的,而是以实际天气指数与原定天气指数的差值作为保险标的,这样不仅降低了道德风险与逆向选择的影响,还有助于气象部门与保险行业的合作配合,为农业保险事业的合作发展提供了良好的基础。

内蒙古是一个农村人口比例较大的省份,且自然灾害严重,干旱、大风、低温、地震、火灾等无不影响着农业的发展,所以农业保险也显得尤为重要。该省主要实行联办的农业保险模式,由政府出面承担责任,与保险公司共同承担风险。政府提供相应的补贴,虽然仅对少数特定的作物与牲畜提供补贴,但是也极大地促进了内蒙古的农业发展。内蒙古农业保险的产品结构单一,数量虽然多,但是缺乏针对性与系统性。内蒙古主要问题还有农业保险的需求不足,一方面原因是购买力不足,农民的人均收入较低，生活支出占很大的比例，尽管政府提供了补贴，但是当地农民承受能力仍然不足。另一方面原因是土地经营规模较小，土地划分零散，这种种植方式自身就具有内在的分散风险的作用，所以对于农业保险的需求较小。

第三节　中国农业保险产品管理制度分析

在我国漫长的农业保险发展历程中，2004 年是一大关键性节点，这一年，在保监会《建立农业保险制度的初步方案》出台的基础上，以及《中共中央关于完善社会主义市场经济体制若干问题的决定》提出"探索建立政策性农业保险制度"的十六届三中全会精神和 2004 年中央一号文件"加快建立政策性农业保险制度，选择部分产品和部分地区率先试点，有条件的地方可对参加种养业保险的农户给予一定的保费补贴"精神的指导下，保监会在黑龙江、吉林、上海、新疆、内蒙古、湖南、安徽、四川、浙江 9 个省区市启动了我国首批农业保险试点。自此，我国农业保险发展进入了快车道，并随着之后政策性农业保险的全面推行、中央财政保费补贴试点的推进等重大政策的出台而蓬勃发展。随着农业保险发展势头渐猛，农业保险制度的制定和实施成为我国农业保险发展新时期的重要课题，而农业保险产品管理制度的制定和实施无疑是这一制度的重要部分：各个时期探索开展过多的农业保险险种会令各级政府以及保险监管机构分身乏术，同时由于推行农业保险涉及各级财政保费补贴，而各级财政可用于发展农业保险的财政资金有限，故在各个农业保险发展时期有取舍地选择适合的农业保险险种进行推广并给予补贴成为我国农业保险发展过程中亟待解决的问题，将该问题的解决途径系统化形成制度并根据农业保险发展时期的不同而不断更新实施也成为政府部门必须要开展的工作。

本节选取我国农业保险产品发展较为活跃的两个时间节点，即 2007 年前后政策性农业保险在我国全面推广时期以及 2018 年地方特色险种蓬勃发展时期，基于这两个时期的农业保险发展背景对我国农业保险产品管理制度的发展脉络进行梳理和分析，以期客观反映我国农业保险产品管理制度的发展现状，为各界人士了解我国农业保险产品管理制度发展提供参考。

一、中央财政支持的农业保险产品管理制度

（一）我国政策性农业保险产品管理政策

自 2004 年起，我国政府在多个省份开展政策性农业保险试点工作，至 2006 年底，政策性农业保险在各个试点地区业务开展收效良好，在此发展背景下，我国政府开始

酝酿将政策性农业保险在全国范围内进行推广的一系列政策。

为了推动和完善中国的保险事业发展，国务院于 2006 年 6 月发布了《国务院关于保险业改革发展的若干意见》（简称"国十条"）。该政策的出台对于我国保险行业的发展产生了长远影响，其中单独针对农业保险发展提出的意见便占到了十分之一。其中在第三部分"积极稳妥推进试点，发展多形式、多渠道的农业保险"中，"国十条"重点强调各级政府应"认真总结试点经验，研究制定支持政策，探索建立适合我国国情的农业保险发展模式，将农业保险作为支农方式的创新，纳入农业支持保护体系""扩大农业保险覆盖面，有步骤地建立多形式经营、多渠道支持的农业保险体系""明确政策性农业保险的业务范围，并给予政策支持"，同时应探索建立政策性农业保险财政补贴制度，明确各级财政对农户的补贴方式、品种和补贴比例，给予政策性农业保险经营主体一定补贴，并"完善多层次的农业巨灾风险转移分担机制，探索建立中央、地方财政支持的农业再保险体系"。该文件高度总结了我国农业保险较长时期内的发展路径，在 2014 年《国务院关于加快发展现代保险服务业的若干意见》（新"国十条"）出台前对我国农业保险乃至整个保险行业起到了提纲挈领的作用，对后续的农业保险发展影响极其深远。

2006 年 9 月，保监会发布了关于印发《中国保险业发展"十一五"规划纲要》的通知，《中国保险业发展"十一五"规划纲要》中指出"十五"期间我国保险业的发展获得了部分成就，如我国保险业"市场体系逐步完善"，产生了一批农业保险公司，同时在对"十一五"期间我国保险业应采取的措施进行部署时提出"逐步建立政策性农业保险与财政补助相结合的农业风险防范与救助机制"。

2007 年 1 月，中央一号文件《中共中央、国务院关于积极发展现代农业扎实推进社会主义新农村建设的若干意见》发布，该文件延续了 2006 年中央一号文件的部署，依旧将推进社会主义新农村建设作为本年的"三农"工作重心，并进一步将视角聚焦到了农业现代化问题上。在总结本年度工作任务时，该文件指明要"建立农业风险防范机制"，明确提出"积极发展农业保险，按照政府引导、政策支持、市场运作、农民自愿的原则，建立完善农业保险体系。扩大农业政策性保险试点范围，各级财政对农户参加农业保险给予保费补贴"。

在我国保险业长期发展路径设计文件《国务院关于保险业改革发展的若干意见》、保险业"五年计划"纲领性文件《中国保险业发展"十一五"规划纲要》和 2007 年中央一号文件《中共中央、国务院关于积极发展现代农业扎实推进社会主义新农村建设的若干意见》三份政府文件的推动下，我国政策性农业保险的全面推广工作和中央财政政策性农业保险保费补贴试点工作如火如荼地开展起来。

由于 2007 年中央财政提供政策性农业保险保费补贴的工作仍处于局部试点阶段，尚未介入全国性的农业保险保费补贴活动，此前中央政府未明确出台过农业保险保费补贴相关制度，各地在推行政策性农业保险试点工作时也是由地方财政自主决定是否给予农户农业保险保费补贴，故在 2007 年初我国中央政策对政策性农业保险各级财政保费补贴的具体规定尚不明确。为弥补上述政策性农业保险保费补贴制度的空白，同时为促进中央财政政策性农业保险保费补贴试点工作的开展，2007年4月，财政部发布了《财政部关于印发〈中央财政农业保险保费补贴试点管理办法〉的通知》。该文件主要通知对象为2007年首批中央财政农业保险保费补贴试点省区财政厅，即内蒙古、吉林、江苏、湖南、新疆和四川六省（自治区）财政厅，提出从2007年开始，我国将在部分地区开展中央财政农业保险保费补贴试点工作，并通过印发《中央财政农业保险保费补贴试点管理办法》对试点省（自治区）开展农业保险保费补贴工作的执行情况进行规范。《中央财政农业保险保费补贴试点管理办法》中提出中央财政农业保险保费补贴采取"自主自愿、市场运作、共同负担、稳步推进"的基本原则，并对中央补贴险种的保险标的、保险金额、保险责任及补贴资金管理方式、经营机构管理、周期报告评价等内容进行了基本说明，其中在选择补贴标的时提出"中央确定的补贴险种的保险标的为种植面积广、关系国计民生、对农业和农村经济社会发展有重要意义的农作物，包括玉米、水稻、大豆、小麦和棉花""试点省份可根据财力状况和当地农业政策导向，在中央确定的补贴险种以外，自主选择其他农作物或养殖业险种予以支持"，同时在补贴比例上规定"对于中央确定的补贴险种，在试点省份省级财政部门承担25%的保费后，财政部再承担25%的保费。其余部分由农户承担，或者由农户与龙头企业，省、市、县级财政部门共同承担，具体比例由试点省份自主确定""投保农户直接根据应该承担的比例缴纳保费"。该办法的出台为中央财政农业保险保费补贴试点工作的开展提供了参考，同时对补贴险种的选择标准进行了说明，将中央财政农业保险保费补贴试点工作的目标锁定在了关系国计民生的大宗作物上，体现出了我国政府对大宗作物的重视。

2007年6月，财政部发布了《关于财政农业保险保费补贴国库集中支付有关事项的通知》，提出各级财政农业保险保费补贴将实行由国库集中支付的模式，并将各级财政农业保险保费补贴国库集中支付的实施步骤、省（区）财政厅需要向财政部（国库司、金融司）备案的相关信息等注意事项进行了简单说明。我国农业保险保费补贴支付模式自此确定，时至今日仍在使用这一国库集中支付模式。

在2006—2007年前后，我国南方生猪养殖地区曾大规模爆发猪蓝耳病，而后遍及全国26个省区市，导致我国猪肉价格飞涨并间接导致我国物价上涨。为阻止我国生猪市场价格涨势的继续蔓延，保证我国物价的持续稳定，2007年7月，财政部发布了《财政部关于印发〈能繁母猪保险保费补贴管理暂行办法〉的通知》，提出要本着"政府引导、市场运作、广泛参与、协同推进"的原则，对能繁母猪保险业务给予适当保费补贴，推动建立有利于生猪产业健康发展的长效机制，并对与能繁母猪保险保费补贴的有关事项，包括补贴范围、资金预算编制管理、资金预算执行及监控管理等进行规范，其中在对补贴范围做出规定时指出财政部提供保费补贴的能繁母猪保险业务的保险责任包括重大病害所致的能繁母猪直接死亡，将重大病害界定为"败血症、蓝舌病、痒病、猪瘟、猪肺炎、猪丹毒、蓝耳病、流行性腹泻、猪链球菌、口蹄疫及其免疫副反应"，并根据地区划分保费补贴比例，指出财政部对中西部 22 个省（区、市）"在地方财政部门补贴 30%保费的基础上，财政部补贴 50%保费，养猪户承担 20%保费""对于新疆生产建设兵团及中央直属的黑龙江省农垦总局、广东省农垦总局和海南省农垦总局，由财政部补贴 80%的保费，养猪户承担 20%的保费"，东部地区 9 省（市）能繁母猪保险业务的保费，"由地方财政部门和养猪户共同承担，地方财政部门的补贴比例由省级财政部门根据本地实际情况自行决定"。较高的保费补贴水平减轻了养殖户的保费负担，同时文件中对能繁母猪保险业务保险责任的界定也能使投保养殖户在蓝耳病肆虐的环境下获得一定程度的物质保障，故该政策的及时出台对于当年保障我国猪肉供给量、稳定猪肉价格起到了一定作用。

在《财政部关于印发〈能繁母猪保险保费补贴管理暂行办法〉的通知》出台后，2007 年 7 月，国务院也在生猪市场价格波动异常的背景下发布了《国务院关于促进生猪生产发展稳定市场供应的意见》，为稳定生猪市场供应提供政策支持，其中在"积极推进能繁母猪保险工作"部分指出我国要"建立能繁母猪保险制度，保费由政府负担80%，养殖户（场）负担 20%"，对中西部将给予差别补助，"今后要在总结能繁母猪保险工作的基础上，逐步开展生猪保险，并建立保险与补贴相结合的制度"，在"建立对生猪调出大县（农场）的奖励政策"部分指出国家对生猪调出大县（农场）将给予奖励，其中的奖励资金可用于保费补助，同时在"加快农村信用担保体系建设"部分指出"要鼓励信用担保和保险机构扩大业务范围，采取联户担保、专业合作社担保等多种方式，为规模养殖场和养殖户贷款提供信用担保和保险服务，解决养猪'贷款难'问题"，从多个方面通过保险这一风险转嫁途径支持生猪养殖业，保障生猪市场供应的稳定性。

2007 年 8 月，在《国务院关于促进生猪生产发展稳定市场供应的意见》精神指导下，为了促进我国生猪保险体系建设，保证我国生猪市场的稳定供应，保监会发布了《关于建立生猪保险体系促进生猪生产发展的紧急通知》，对生猪保险体系建设工作的相关事项进行说明，内容包括充分认识建立生猪保险体系的重要性和必要性、建立健全生猪保险体系的具体措施和加强监管、做好服务三大部分，其中指出能繁母猪保险试点工作主要由中国人民财产保险股份有限公司、中华联合保险控股股份有限公司、上海安信农业保险股份有限公司、安华农业保险股份有限公司和阳光农业相互保险公司 5 家公司进行，并指明了能繁母猪保险的保费补贴情况为"中央及地方各级政府负担 48 元，保户自负 12 元"，保险责任包括"洪水、台风、暴雨、雷击等自然灾害，蓝耳病、猪瘟、猪链球菌、口蹄疫等重大病害及泥石流、山体滑坡、火灾、建筑物倒塌等意外事故"，同时"鼓励各保险公司根据地方实际情况增减保险责任"。该文件是在保险领域对《国务院关于促进生猪生产发展稳定市场供应的意见》的进一步解释说明，对能繁母猪保险及生猪保险体系的进一步发展提供了参考。

随后，为贯彻《国务院关于促进生猪生产发展稳定市场供应的意见》精神，提高生猪养殖户抵御生猪疫病风险和自然风险的能力，2007 年 8 月保监会再次出台了《中国保监会、农业部关于做好生猪保险和防疫工作的通知》，指明了做好生猪保险工作的重要意义，要求保险行业逐步提高保险业服务生猪生产的能力和水平，要求各级畜牧兽医部门"加强疫情防控，降低生猪疫病发生率和死亡率"，从防灾层面辅助完善生猪保险体系，并提出保险监管和畜牧兽医部门应"建立相互协作共同推进的工作制度"，在保险行业与农业部下属畜牧兽医部门通力合作的基础上提高生猪养殖户抵御风险的能力，保证我国生猪养殖业的稳定发展。

在上述一系列针对我国生猪价格异常波动而制订的农业保险政策及时出台后，各级政府及相关保险机构贯彻落实《国务院关于促进生猪生产发展稳定市场供应的意见》等中央政策精神，积极推动能繁母猪保险和生猪保险发展并取得了一定的成效。在此背景下，保监会为进一步推动生猪保险体系发展，于 2007 年 9 月发布了《关于进一步贯彻落实国务院促进能繁母猪保险和生猪保险发展有关要求的通知》。该文件要求各地继续遵循《关于建立生猪保险体系促进生猪生产发展的紧急通知》和《关于做好生猪保险和防疫工作的通知》中的要求，积极开展能繁母猪保险和生猪保险工作，加大针对能繁母猪保险及生猪保险国家支持政策的宣传力度，并要求 5 家试点保险公司将全国试点数据进行汇总上报。

2007 年 9 月，国务院办公厅发布了《国务院办公厅关于促进油料生产发展的意见》，其中在"开展油料作物保险试点工作"部分提出"为降低油料生产风险，稳定农民种植收益，国家逐步将油料作物纳入农业保险范围并给予保费补贴""各地要积极支持保险机构开展油料作物保险业务，鼓励和引导农户投保"。为明确该文件内容涉及工作的分工问题，2007 年 9 月，国务院办公厅出台了《国务院办公厅关于落实促进油料生产发展有关政策措施的通知》，指出"开展油料作物保险试点工作"由财政部牵头，保监会参与。

2007 年 9 月，国务院发布了《国务院关于促进奶业持续健康发展的意见》。该文件第十二条"建立奶牛政策性保险制度"提出"为有效保障奶牛养殖安全，国家建立奶牛政策性保险制度""政府对参保奶农给予一定的保费补贴，中央财政对中西部地区给予补助，东部地区补贴由地方财政负担，具体补贴办法由财政部会同保监会、农业部制定。各地可根据实际情况制定具体操作办法"；第十七条"加强对奶业的指导和支持"中指出"保监会要督促保险公司尽快开展奶牛保险业务"，并要求"确保 2007 年年底前将政策落实到位"。

自 2007 年 7 月起，我国政府出台了以《国务院关于促进生猪生产发展稳定市场供应的意见》为首的一系列政策文件，以扶持生猪养殖业发展，稳定生猪市场，防止猪肉价格走高现象影响居民消费，在相关政策措施逐步落实的背景下，我国猪肉市场供应情况逐渐恢复平稳。为解决当时仍存在的生猪生产问题，进一步扶持生猪生产发展，2007 年 12 月，国务院办公厅发布了《国务院办公厅关于进一步扶持生猪生产稳定市场供应的通知》。该文件第二条"继续推进能繁母猪保险"中指出要"坚持实施能繁母猪保险政策，在总结经验的基础上，逐步完善保险政策和办法""现阶段要保持政策稳定，对母猪保险实行单独核算，保额、保费和政府补助标准暂不调整""各有关保险公司要继续加大工作力度，努力扩大保险覆盖面，力争能繁母猪'应保尽保'""各级财政部门要加大工作力度，及时将财政配套保险补助资金落实到位"；第六条"切实抓好生猪防疫工作"中提出"为解决母猪因疫病扑杀与意外死亡补偿标准不一致的问题，从 2008 年开始，对已投保的能繁母猪，因发生疫病需要扑杀的，除由财政按国家规定的标准给予补助外，与保额之间的差额部分由保险公司予以赔付"，对防范生猪养殖户道德风险、推动生猪防疫工作的开展起到了一定作用。

在《国务院关于促进生猪生产发展稳定市场供应的意见》出台后不久，"为解决能繁母猪保险推进过程中的新情况和新问题，进一步促进能繁母猪保险快速推进、规范发展，更好地发挥能繁母猪保险在促进生猪生产中的作用"，2008 年 1 月，保监会下发《关于进一步加强能繁母猪保险工作有关要求的紧急通知》，对《国务院关于促进生猪生产发展稳定市场供应的意见》第六条所提及内容，即"为解决母猪因疫病扑杀补偿标准与能繁母猪保险赔偿标准不一致的问题，自 2008 年 1 月 1 日起，对已投保的能繁母猪，因发生疫病需要扑杀的，除由财政按国家规定标准给予补助外，与保险金额之间的差额部分，由保险公司予以赔付"再次进行强调，指出"只要投保人持有能繁母猪有效保单和政府扑杀能繁母猪补贴证明，保险公司应对差额部分进行赔付"，并要求各公司整合资源支持能繁母猪保险工作，"力争做到'应保尽保'""加强能繁母猪保险的内控管理"，提高对能繁母猪保险业务的管理和服务水平，严格实行能繁母猪保险业务单独核算，完善能繁母猪保险经营情况信息报送制度，各保监局应"加强协调和监管，为能繁母猪保险创造良好的发展环境"，同时全行业应进一步加强能繁母猪保险及相关政策宣传工作。

在中央财政农业保险保费补贴试点工作获得一定进展的基础上，为进一步做好中央财政农业保险保费补贴工作，提高财政补贴资金使用效益，我国财政部于 2008 年 2 月发布了《财政部关于印发〈中央财政种植业保险保费补贴管理办法〉的通知》，并于 2008 年 2 月出台了《财政部关于印发〈中央财政养殖业保险保费补贴管理办法〉的通知》。这两项通知对我国中央财政实行农业保险保费补贴工作的补贴范围、保障措施、资金预算编制管理、资金预算执行及监控管理、机构管理、监督检查等内容进行详细规定，旨在提高我国种植业保险、养殖业保险保费补贴工作的规范化管理水平，同时这两项通知指出《财政部关于印发〈中央财政农业保险保费补贴试点管理办法〉的通知》和《财政部关于印发〈能繁母猪保险保费补贴管理暂行办法〉的通知》作废，标志着《中央财政种植业保险保费补贴管理办法》和《中央财政养殖业保险保费补贴管理办法》成为我国新一轮农业保险保费补贴管理工作的实施依据。在《中央财政种植业保险保费补贴管理办法》和《中央财政养殖业保险保费补贴管理办法》的补贴范围部分指出财政部提供保费补贴的农业保险险种的保险标的为"种植面广、对促进'三农'发展有重要意义的大宗农作物"以及"饲养量大、对保障人民生活、增加农户收入具有重要意义的养殖业品种"，包括玉米等主要粮食作物、大豆等油料作物以及 2007 年我国政府大力为其提供保障的能繁母猪和奶牛，并对各地的农业保险保费补贴比例进行了大致说明。这两个管理办法的颁布进一步丰富了我国种养业保险保费补贴工作实施的规范体系，为各地开展农业保险保费补贴工作提供了重要依据。

2018年1月，中央一号文件《中共中央、国务院关于切实加强农业基础建设进一步促进农业发展农民增收的若干意见》发布。该意见第一部分"加快构建强化农业基础的长效机制"指出要"认真总结各地开展政策性农业保险试点的经验和做法，稳步扩大试点范围，科学确定补贴品种"；第二部分"切实保障主要农产品基本供给"指出要"支持发展主要粮食作物的政策性保险""建立健全生猪、奶牛等政策性保险制度""支持发展农产品出口信贷和信用保险"；第六部分"稳定完善农村基本经营制度和深化农村改革"指出要"积极推进林木采伐管理、公益林补偿、林权抵押、政策性森林保险等配套改革""完善政策性农业保险经营机制和发展模式"，同时"建立健全农业再保险体系，逐步形成农业巨灾风险转移分担机制"。从2008年中央一号文件对当年农业保险发展的部署中可以看到，我国政府在2008年依旧将农业保险的发展重心定位在政策性农业保险相关险种上。

为贯彻落实2008年中央一号文件和全国农业和粮食生产工作电视电话会议精神，全面落实中央财政各项保费补贴政策，发挥政策杠杆作用，扩大农业保险覆盖面，充分发挥农业保险在农业抗灾减灾以及灾后恢复重建中的作用，促进农业和粮食生产发展，2008年4月，中国保监会出台了《关于印发〈关于做好2008年农业保险工作保障农业和粮食生产稳定发展的指导意见〉的通知》。《关于做好2008年农业保险工作保障农业和粮食生产稳定发展的指导意见》从进一步扩大农业保险覆盖面、切实提升农业保险的服务能力和水平、加强风险管理工作、加强农业保险监管工作、通过加强沟通协调创造良好政策环境、通过加强宣传动员创造良好发展氛围六个方面对做好2008年农业保险工作提出了一系列意见，其中在"进一步扩大农业保险覆盖面，不断满足农业和粮食生产对保险服务的需求"部分指出要在"大力推进政策性农业保险的深入发展，进一步扩大政策性农业保险的覆盖面""做好中央财政支持的政策性农业保险工作"的同时"大力推动生猪保险、经济类农作物保险，积极为规模化养殖户、龙头企业及具有地方特色农业服务""积极开展地方政府确定的补贴农产品种保险，为地方特色经济作物提供保险服务"。可以看到，在政策性农业保险全面推广和中央财政农业保险保费补贴试点工作取得一定成果时，我国已经将农业保险的发展目标由最初的积极推广政策性农业保险扩展到在政策性农业保险普及的前提下积极发展地方特色险种，并逐步为其提供政策支持。

为促进政策性农业保险规范健康发展，切实落实执行好国家支农惠农政策，更好地为农业和粮食生产服务，2008年7月，保监会下发了《关于加强政策性农业保险各项政策措施落实工作的通知》，从充分认识做好政策性农业保险工作的重要性与必要性；各相关保险公司要切实贯彻落实好各项政策性农业保险政策；加强监督，保障农业保险健康规范发展；加强领导、注重沟通，形成监管合力方面对政策性农业保险的各项工作做出明确指示，以确保我国政策性农业保险业务的顺利开展。

2008年8月，中国保监会以规范财产保险市场秩序和维护投保人合法权益为重点，下发了《关于印发〈中国保监会关于进一步规范财产保险市场秩序工作方案〉的通知》，其中提出对"有政策支持的农业保险等业务实行更为严格的查处和监管原则"。与此配套，2009 年 4 月保监会专门下发了《关于规范政策性农业保险业务管理的通知》，从加强农业保险经营主体资质管理、完善政策性农业保险产品管理制度、加强农业保险业务管理、提高政策性农业保险服务质量、加强监管检查等方面，对政策性农业保险业务管理的相关事项进行了说明，丰富了我国的政策性农业保险监管制度。

（二）农业保险产品管理政策制定原因分析

从上述相关政策可以看出，我国中央政府在 2007 年前后出台的农业保险产品管理政策主要着力于全面推广政策性农业保险以及筛选关系国计民生的重要农产品并为相关农业保险提供保费补贴。结合 2007 年前后我国农业发展背景，可以得出当时我国政府采取这一导向的农业保险产品管理政策主要基于以下几个原因：

（1）农业可借助政策性农业保险转移和分散自然风险，保障农业再生产的可持续。政策性农业保险本身并不能阻止农业灾害事故的发生，但是可以减轻自然灾害对农业生产的不利影响。从风险转移角度看，在政策性农业保险活动中，投保人以低于正常保险费率水平的价格，将自身在农业生产经营中所面临的自然灾害损失，通过参加政策性农业保险转嫁给保险人，从而避免或减轻自身损失的不确定性，保证农业再生产的顺利进行。从分散风险角度看，政策性农业保险可将农业风险在受灾地区与非受灾地区之间进行空间分散，也可在受灾年份与其他年份之间进行时间分散，通过进行空间和时间的分散，降低某时某地发生的集中灾害损失影响，为保障农业生产和农民生活稳定创造良好环境。

（2）政策性农业保险能够促进农业防灾防损。因农业是受自然灾害影响最大的行业，所以政策性农业保险是支持农业发展的重要保障，政策性农业保险贯彻"防灾、减灾、救灾，以防灾为主"的风险管理方针，在保险的条款、费率、理赔处理等方面，把防灾防损工作贯穿到工作的各个环节中。特别是保险公司从减少赔款、提高经济效益的考虑出发，主动承担农业防灾减灾责任的积极性较高。通过保前检查、开展安全宣传、制订并落实防灾预案、奖励对防灾有突出贡献的单位和个人等一系列措施来减少灾害的发生。同时，还借助当地气象、农业、畜牧兽医等部门的技术和力量，积极开展气象预报、人工影响天气、动植物病虫害检测和防治等工作，努力降低农作物损失和畜禽发病死亡率。灾害发生后，保险公司还通过对保险标的施救等措施来减少灾害所带来的损失。在当前我国农村社会保障水平不高的情况下，政策性农业保险通过保障农业生产，稳定农民收入，在一定程度上可以起到社会保障的功能，尤其是在低收入农户的生产、生活保障方面，效果更为显著，将成为农村社会保障体系的有益补充。

（3）政策性农业保险在一定程度上能提高农业综合生产能力。首先，在适合进行专业化生产的地区，农民为了规避农业生产的自然风险，往往采用多元化的种植方式，制约了土地、资金等要素整体利用效益的提高。随着农业经营规模的不断扩大，风险损失面积也在扩大，在一定程度上制约了规模经营的发展。而农民参加政策性农业保险后，可将自然风险转嫁给保险公司，促进土地等农业资源的合理有效配置，推进农业生产的专业化、规模化进程。其次，财政支持保费补贴可以逐步建立起可靠的农业风险保障、农业灾害补偿经济制度，稳固农业产业基础。最后，通过开展政策性农业保险，可以调动多方参与农业生产各个环节的风险管理，动员多方力量共同提升农业抵御自然灾害的能力，促进农业综合生产能力的提高。

（4）投保政策性农业保险改善农业生产者的经济地位和信贷地位。首先，政策性农业保险可以明显提高农业生产者抵御农业风险的能力，增强其增加农业投入、扩大农业生产的信心，尤其对于那些主要以农业为主要收入来源的农户来说，政策性农业保险是其基本生活的重要保障。显然，政策性农业保险在减轻农户风险成本的同时，有助于提高其经济地位。其次，农业自然灾害的多发性和损失的不确定性，是制约金融机构向农村贷款和农业生产者还贷的重要因素。一旦农业生产的灾害损失得不到补偿，不仅原贷款无法按期偿还，而且还要增加新的投资恢复生产，使得金融机构信贷收支短期失衡。这是金融机构不愿向农村贷款、资金从农村严重流出的重要原因之一。有了政策性农业保险，农业生产的灾害甚至市场波动的损失大部分可由保险公司及时提供、及时补偿，会大大降低金融机构的贷款风险。同时，农业生产能力的恢复又可增强农业生产者的还款能力，降低信贷风险，促进农村金融业发展。印度、菲律宾等发展中国家都采取了农业保险与农业生产贷款相联系的方式，并取得良好效果。

（5）将财政资金用于支持政策性农业保险能够提高财政资金使用效率。首先，政府通过对农业生产者的保费补贴、保险公司的管理费用补贴和再保险支持，能够有效解决"农业生产者保不起，保险公司赔不起"的两难问题。同时，财政资金可以充分发挥"四两拨千斤"的作用，调动投保人、保险公司以及相关方面的积极性和主动性，吸引更多的社会资金投入农业防灾减灾活动。其次，从资金使用过程看，财政补贴资金以保险公司为主体运作，实现了财政手段与市场机制的有效对接，灾情查勘、定损、理赔等全过程均实行专业化运作，比单纯由政府去开展防灾减灾活动更具有效率。同时，农业生产经营者和保险公司签订保险合同，以市场化的契约关系明确双方权利和义务，提高保险的针对性和实用性。最后，部分农业保险是符合 WTO 规则的"绿箱政策"，为世界贸易规则所允许。

（6）政策性农业保险的投保能够鼓励农业新技术的应用。在农业科技应用方面，农民参加政策性农业保险后，可以大胆尝试一些农业新品种、新技术和新的生产方式，为农业科技成果的推广应用创造有利环境，提高农业科技贡献率，促进传统农业向现代农业发展。有了政策性农业保险，必将鼓励农户大胆地试验和应用新技术（如地膜覆盖技术、大棚栽培技术等）和新品种（如杂交水稻、杂交玉米），解除了农户在使用农业新技术和新品种方面的后顾之忧。农户们都了解，使用这些新技术、新品种可以增加产量、提高产品质量、增加收入。但是采用新技术、新产品均须付出更大成本，当前使用的杂交水稻、杂交玉米的种子比普通品种贵很多，制种的成本也比大田生产成本高。

如果设施、制种或者应用新品种从事的大田生产因灾受到重大损失，农户就难以承担。有了农业保险，至少可以使农户收回物质成本，甚至针对更高的风险损失获得补偿。

二、各具特色的地方农业保险产品管理制度

（一）地方特色农业保险产品管理政策

与政策性农业保险发展历程相比，我国地方特色农业保险产品起步更晚。在 21 世纪我国提出发展政策性农业保险之初及其发展前期，农户对于政府大力推广的政策性农业保险的认识尚且不足，各地农业保险经营机构对地方特色农业保险产品的开发与推广更是面临着重重阻碍，故地方特色农业保险产品在该阶段的发展速度较为缓慢，地方推广的特色险种类型较为有限。随着我国政策性农业保险的普遍推广及其制度的不断完善，农业经营主体对农业保险的认知逐步增强，地方特色农业保险产品创新及推广也逐渐步入正轨。2012 年《农业保险条例》的出台，可谓给我国农业保险的发展注射了一剂"强心针"，在我国首部农业保险专业条例的推动下，我国农业保险相关政府部门及市场参与机构对于发展农业保险事业、创新农业保险产品的热情空前高涨，地方特色农业保险进入快速发展时期。发展至今，各地方政府对其当地特色产业发展均给予了充分的政策支持，同时也为涉及相关产业的农业保险产品的开发和推广提供了相应支持及管理政策。本部分将选取 2018 年部分省份出台的地方特色农业保险管理政策进行分析。

2017 年 4 月，《内蒙古自治区财政厅、农牧业厅、保监局关于印发〈内蒙古自治区 2017 年农业保险保费补贴实施方案〉的通知》发布，明确了内蒙古自治区"种植业保险保费补贴品种：玉米、水稻、小麦、大豆、马铃薯、油料作物（包括油菜籽、向日葵等）、甜菜、棉花""养殖业保险保费补贴品种：奶牛，能繁母猪，育肥猪，锡林郭勒盟的全部旗县、呼伦贝尔市的鄂温克族自治旗、新巴尔虎右旗、新巴尔虎左旗、陈巴尔虎旗 4 个旗的肉羊和肉牛""自治区财政保费补贴品种：温室、大棚及附加棚内作物，乌兰察布市商都县露地蔬菜"，同时提出"鼓励各地自主开展符合农牧业产业政策、适应当地农牧业发展需求的农业保险创新试点，盟市和旗县区财政可以根据财力状况，给予一定的保费补贴等政策支持"。在该政策基础上，2018 年 4 月，内蒙古自治区财政厅办公室印发了《内蒙古自治区财政厅、农牧业厅、林业厅、保监局关于明确 2018 年农业保险相关政策的通知》，指出 2018 年内蒙古自治区农业保险将延续本地 2017 年的农业保险发展政策，按照《内蒙古自治区 2017 年农业保险保费补贴实施方案》内容继续执行。

2018 年 1 月，《广西壮族自治区财政厅关于开展 2018 年政策性农业保险工作的通知》发布，指出广西壮族自治区在 2018 年将"继续开展中央险种、自治区险种（含试点险种）和市县险种等政策性农业保险工作"，其中包括"自治区险种（含试点险种）

7 个：水果（含香蕉、柑橘、杧果、龙眼、荔枝、葡萄、火龙果）、烟叶、桑蚕、对虾、牡蛎风力指数、水稻制种、林木种苗"，并鼓励市县开展地方特色险种，符合规定条件的市县险种可获得自治区财政提供的保费补贴，另外还将水稻制种保险的试点范围扩大到了全区各市县。

2018 年 3 月，《宁波市政策性农业保险工作协调小组关于做好 2018 年度政策性农业保险工作的通知》发布，专设了"规范险种开设"一节，以附录形式提供了宁波当地特色险种补贴范围及地区，"鼓励各地积极探索开展县级及以下财政资金支持的农险新险种，提高县级及以下财政的支持力度"，明确了新险种开设的原则、前提及发展步骤。2016 年宁波市政策性农业保险调研报告显示，截至 2016 年，宁波市财政保费补贴的具体险种共有 58 个，同时组织开展了新险种的开发试点工作，包括杨梅降水气象指数保险、水稻倒伏附加保险、茶叶低温气象指数保险、梭子蟹气象指数保险、鸡蛋价格指数保险、肉鸡价格指数保险、樱桃气象指数保险、苗木种植保险、甲鱼气象指数保险、雪菜气象指数保险、网箱养殖大黄鱼保险、从业人员短暂意外保险、雇主责任保险等，宁波市成为全国险种最多的地区之一。

2018 年 4 月，贵州省人民政府金融工作办公室印发《贵州省 2018 年政策性农业保险工作实施方案》，指出要"大力发展地方特色农业保险，重点围绕我省五大农业优势产业（蔬菜、茶叶、生态家禽、食用菌、中药材）、'一县一业'规划布局和发展，持续推动我省农业保险'增品、扩面、提标'"，在主要工作内容部分指出要"持续加大对地方特色农业保险支持力度""按照'鼓励创新、试点先行、逐步推广'的原则，以我省五大优势农业产业和'一县一业'发展为基础，支持各地因地制宜开展地方特色优势农产品保险""鼓励各地结合实际及财力状况，对符合农业产业政策、适应当地'三农'发展要求的农业保险，可通过设立地方特色农产品保险发展专项资金给予一定的保费补贴，扩大当地特色农产品保险的品种和范围"，此外还针对下属各级地方政府推广地方特色农业保险产品制定了"地方特色农业保险（家禽和蔬菜保险除外）简要开办流程"，使贵州省地方政府在自由选择适应本地农业发展的地方特色农业保险产品进行推广的同时受到一定政策的制约，保障了贵州省农业保险市场秩序。

2018 年 4 月，武汉市农业委员会和武汉市财政局联合发布了《市农委、市财政关于印发〈武汉市 2018 年政策性农业保险实施方案〉的通知》，指出武汉地方特色政策性农业保险品种包括种植业、养殖业、水产业险种、设施农业相关险种以及土地流转收入保险，对各类农业保险中所包含的具体险种进行了说明，并对市级、区级各自承担的保费补贴比例进行划分，同时对土地流转收入保险的定义及操作事项进行了解释。

2018 年 5 月，辽宁省营口市政府发布了《2018 年营口市种植业保险工作实施方案》，指出鼓励发展推进地方特色农产品保险，"支持各县（市）区开展日光温室大棚保险。省、市、县财政对日光温室保险给予保费补贴。鼓励各保险机构根据农户需求在日光温室大棚保险基础上开展由参保农户全额承担保费的商业性附加险"，并提出2018 营口市已将食用菌保险"纳入全省食用菌保险试点，省、市、县财政予以保费补贴""鼓励各保险机构开展由参保农户全额承担保费的商业性特色农业保险"。

2018 年 7 月,《甘肃省人民政府办公厅关于印发〈甘肃省 2018—2020 年农业保险助推脱贫攻坚实施方案〉的通知》发布,在《甘肃省 2018—2020 年农业保险助推脱贫攻坚实施方案》中指出甘肃省 2018 年依托农业保险助推脱贫攻坚的目标任务包括将"省级新增财力主要用于新增开办肉牛、肉羊、高原夏菜、设施蔬菜、育肥猪、鸡等 6 个省级补贴品种,同时支持各地开办'一县一(多)品'特色品种,省级财政以'以奖代补'的方式给予补助""2018 年继续开办 10 个中央补贴品种的成本保险和中药材收入保险、苹果收入(保险+期货)2 个省级补贴品种,增设开办肉牛成本、肉羊成本、高原夏菜目标价格(含种植成本)、设施蔬菜收入(含棚体损失)、育肥猪目标价格(含养殖成本)、鸡收入等 6 个省级补贴品种",并且"鼓励各地结合自身产业特点,积极开办花椒、核桃、枸杞、百合、油橄榄、桃等特色保险品种"。从该文件中可以看出,甘肃省目前涉及财政保费补贴覆盖的地方特色农业保险产品种类已达到 8 种以上,且在未来两年内随着政府政策支持力度的不断加强极可能会进一步开发新的地方特色农险产品。

2018 年 8 月,海南省财政厅办公室印发了《2018 年海南省农业保险工作实施方案》,指出该方案内容适用的险种包括"体现海南特色农产品和海洋特色的险种 9 个:香蕉风灾保险、杧果保险、大棚瓜菜保险、烟叶保险、农房保险、渔船保险、渔民海上人身意外伤害保险、瓜菜价格指数保险和天然橡胶价格(收入)保险(试点)""鼓励有条件的市县选择有我省特色、存量规模大且稳定、对促进'三农'发展有重要意义的大宗农作物、特色畜禽、花卉以及水产养殖的深水网箱、鱼排网箱风灾指数保险、收入保险等创新型保险产品作为试点,与种养业共保体成员单位探索地方特色险种,鼓励白沙等贫困市县稳步推进'保险+期货'试点",规定了省级特色险种的省级财政保费补贴比例以及经办机构。

(二)地方特色农业保险产品管理政策制定原因分析

相较于中央政府着力追求政策性农业保险全覆盖的 2007 年,2018 年中央财政提供补贴的政策性农业保险开办区域已覆盖全国各个省份,主要粮食作物的农业保险承保覆盖率达 70%以上,可谓成绩喜人。在广大农户通过政策性农业保险获得农业风险基础性保障的前提下,针对农业生产中不断涌现的新形态农业风险及农业经营者更高层次的农业风险转嫁需求,逐步推动农业保险新产品创新开发并针对地域优势因地制宜地发展特色农产品保险成为我国政府接下来应努力的方向。因此,自 2012 年《农业保险条例》出台以来,各地方政府纷纷针对本地特色农业保险产品制定并出台了一系列管理政策。相应地方特色农业保险产品管理政策制定的原因除了前文所述的提高财政资金使用效率、改善民生等以外,还包括以下几点因素的影响:

(1)促进小规模农业生产活动规模经营,保障当地支柱产品产业化发展。对比各省份政府大力推广的地方特色农业保险险种可知,地方特色农业保险标的关系国计民生的程度虽不及中央财政补贴的全国性政策性农业保险标的，但在本地却具有难以替代的社会意义，多数是当地的支柱性产业，例如内蒙古自治区的牛羊肉、四川省的茶叶、黑龙江省的人参、宁夏回族自治区的枸杞等。一旦相关产业出险，其后果很可能导致广大农业生产者的就业乃至生存受到挑战，为政府带来受灾人员安置问题，并导致当地特色支柱产业链断裂，进一步扩大农业受灾造成的社会消极影响。针对不同地区农业特色产业开发的地方特色农业保险可以因地制宜地为不同地区的支柱产业提供农业风险保障，且脱胎于本土，不存在地域上的"水土不服"，可以有效促进各地特色产业的规模化发展，免去各地特色农产品经营主体扩大再生产的后顾之忧。对于地方政府而言，以一定水平的地方财政资金带动特色农产品经营主体投保地方特色农业保险，能够维持地方特色产业的稳定发展，打造地方特色品牌，有益于当地经济发展，故即便地方财政需要提供一定的财政资金支持，各地的特色农险产品依旧获得了政府的大力推广。

（2）有利于发挥各地比较优势，提高本国农产品国际竞争力。幅员辽阔、地大物博的地理环境特点决定了我国各地截然不同的自然禀赋条件，基于不同的自然禀赋，我国各地的农业比较优势亦有所差异，由此决定了我国农业产业的多样性。产业多样性的存在意味着我国农业风险由于地域差异必然具有多样性，故地方特色农业保险产品的开发和推广是我国农业产业多样性发展的必然趋势。我国农产品在国际农产品市场上的竞争力表现在农产品种类的多样化及具有中国特色，地方特色农业保险的推广一定程度上保障了各地特色农产品的稳定供应，也间接提高了我国特色农产品在国际农产品市场上的国际竞争力。综上所述，地方政府为发挥本地农业领域的比较优势，提高本地及我国农产品的国际竞争力，需要以推广地方特色农业保险的方式稳定本地特色农产品的供应。

（3）保障文化多样性，增强国家软实力。地方特色农产品在一定程度上代表了当地的文化，被视为其产地的一种文化图腾，具有较高的象征意义。地方特色农业保险能够保证地方特色产业的稳定生产，有利于地方特色农产品在市场上的稳定生产及流通，间接发挥了对各地特色文化的保障作用。故地方政府推广地方特色农业保险产品不仅有利于地方特色农产品的对外输出，同时也间接增强了政府的软实力。

第四节　农业保险大灾风险分散制度的实施

农业是高风险、低收益的弱势产业。农业保险大灾风险管理是农业保险体系健康发展的重要前提和必要保障。从风险管理角度看，农业大灾风险具有发生概率小、损失巨大、规律性难以掌控、具有高度相关性且对社会经济造成严重影响等特点，削弱了保险企业在农民之间、农作物之间、各地区之间分散风险的能力。农业再保险作为农业风险分散的重要方式之一，不仅可以有效分散原保险人的经营风险、降低经营成本和扩大承保能力，还能够以市场力量分散农业保险大灾风险，充分发挥财政支持的撬动效应。

　　1996 年，《国务院关于农村金融体制改革的决定》首次提出"创造条件成立国家和地方农业保险公司，主要为农村保险合作社办理分保和再保险业务"。2006 年，国务院发布"国十条"，提出要"完善多层次的农业巨灾风险转移分担机制，探索建立中央、地方财政支持的农业再保险体系"，第一次提出建立农业大灾风险分散机制；同年10 月，保险业"十一五"规划提出"建立国家政策支持的农业再保险体系和巨灾风险再保险体系"。自 2007 年至今发布的中共中央一号文件，多次提出建立巨灾风险分散机制，健全再保险体系的总体要求。2011 年，《农业部关于做好 2011 年农业农村经济工作的意见》及《全国现代农业发展规划（2011—2015 年）》，强调"健全农业再保险体系，研究建立财政支持下的农业巨灾风险分散机制"。因此，《农业保险条例》以法规的形式做出了规定，第八条规定"国家建立财政支持的农业保险大灾风险分散机制，具体办法由国务院财政部门会同国务院有关部门制定"。2014 年 8 月 10 日，国务院发布"新国十条"，指出要"建立巨灾保险制度""落实农业保险大灾风险准备金制度""建立财政支持的农业保险大灾风险分散机制""加大再保险对农业及其他国家重点项目的保险保障力度"。2016 年 3 月 16 日，第十二届全国人民代表大会第四次会议批准的《中华人民共和国国民经济和社会发展第十三个五年规划纲要》指明"完善农业保险大灾风险分散机制""加快建立巨灾保险制度"，对这一重要阶段农业保险发展起到了提纲挈领的作用。2017 年，第十二届全国人民代表大会第五次会议指出"今年在 13个粮食主产省选择部分县市，对适度规模经营农户实施大灾保险，调整部分财政救灾资金予以支持，提高保险覆盖面和理赔标准，完善农业再保险体系，以持续稳健的农业保险助力现代农业发展"。一系列文件精神指出，农业保险巨灾风险管理及再保险体系是农业保险制度建设中必不可少的重要一环，对完善农业保险政策、防范农业生产巨灾风险、保证国家粮食安全、维护农民利益、保持农业可持续发展具有重要意义。

一、农业保险大灾风险及其管理制度

　　农业保险是一个庞大的系统性工程，在历经 30 多年的深刻制度变迁和经济高速发展之后，农业保险试点工作已经进入了一个新的阶段。由于农业保险业务所承保风险具有不可避免性和损失严重性的特点，分摊风险也因此成为农业保险进程中的一个永恒命题。尤其是在倡导科技兴农的今天，农业生产涉及社会、经济、政治的方方面面，农业风险的复杂性和多样性也决定了任何一种单一的手段都不能完全承担起分散风险的重任，只有综合利用多样化的风险管理工具才能切实解决好农业保险大灾风险分散的问题。农业保险经营中的大灾风险管理安排是农业保险制度中必不可少的制度要素或者重要组成部分,建立该制度对我国农业保险的健康和可持续发展有重要意义。当发生农业保险大灾风险,保险人的责任准备金无力支付保险赔款时,就需要有制度上的安排来保证农业保险制度的可持续性。

1. 农业保险大灾风险

对于农业保险而言,仅有第一章对农业巨灾风险和农业保险大灾风险的简单界定是远远不够的。农业保险所涉及的农业巨灾风险,仅限于自然灾害损失大小本身,因而其制度意义有限。对农业保险经营来说,在自身偿付能力限度内的保险风险损失可控,因而即便不是巨灾,只要超出保险经营者偿付能力限度、可能会引起公司破产的部分就能称为农业保险大灾风险。我国目前是以省为单位来推行农业保险的,每个省有多家保险公司或者互助合作保险组织经营农业保险和涉农保险。对于保险赔款的承受能力,除了保险经营机构的偿付能力之外,还有一省整体承受力的问题,即多省在保险公司承担保险责任的基础上由政府承担部分或者无限保险责任。因此,公司层面和省级层面对农业保险风险损失的承担能力就成为界定农业保险大灾风险和构建农业保险大灾风险管理制度的主要依据。

基于以上分析,从农业保险经营的视角,将我国农业保险大灾风险和农业保险大灾风险管理制度界定为:发生超过农业保险经营机构和本地农业保险风险责任承担能力的风险损失的可能性,就是农业保险大灾风险。为农业保险经营机构和地方大灾风险所做的风险分散转移的一系列制度安排,就是农业保险大灾风险管理制度。

显然,这里界定的大灾风险(或巨灾风险)与上文根据一地自然灾害风险损失规模和强度定义的大灾风险是有联系的。但并非只有依据风险损失大小所界定的巨灾风险才会造成保险经营机构和本地区农业保险经营的大灾风险,依据风险损失大小界定的一般风险也可能造成大灾风险事故的发生。

2. 农业保险大灾风险管理制度

目前农业保险大灾风险管理制度主要有以下两种安排:第一种是由三层组成,第一层为由农业保险经营机构层面的大灾风险准备金支付农业保险直保赔款,第二层是由直保公司购买再保险进一步转嫁风险,第三层是在上层基础上安排其他融资方式(如向政府借债、向金融机构融资或者发行巨灾债券等)。

第二种是由农业保险经营机构层面的大灾风险准备金、农业保险再保险、政府层面的大灾风险准备金和其他融资手段四个层次组成,在农业保险直保机构大灾风险准备金的基础上,第二层大灾风险损失分散的安排是农业保险再保险,第三层安排是当地和(或)中央大灾风险准备金,第四层安排是其他风险融资计划(见图3-1)。

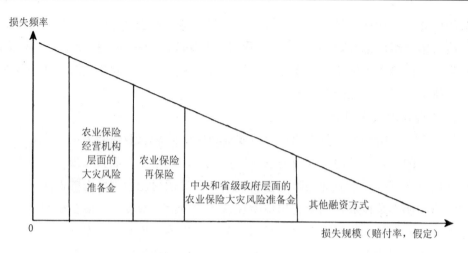

图 3-1　四层式农业保险大灾风险管理分散制度安排示意图

二、国外典型大灾风险管理制度

农业保险发达的国家有专门的农业保险法律法规，针对农业保险经营机构超额赔付条件下的融资安排有具体的规定。美国 1980 年的《联邦农作物保险法》曾经规定，在发生大型灾害，责任准备金不足以支付赔款时，可以发行债券，以解决赔款资金问题。为适应美国政策性农业保险制度的变化，于 2009 年修订的《美国联邦农作物保险法》规定，保险公司经营农业保险免征一切税负，包括资产税、营业税、所得税等，以利于保险公司积累必要的应付大灾的准备金。同时规定，在出现较大灾害损失，当年责任准备金不足以支付赔款的情况时，经过农业部长（联邦农作保险公司董事长）批准可以向政府所属的"商品信贷公司"筹款解决。西班牙是欧盟传统的农业国，通过成立西班牙农业保险再保险共同体，政府为农民提供保费补贴，并为西班牙农共体提供再保险支持，形成完备的农业保险大灾风险分散机制，促进了农业保险的快速发展。加拿大的《农业保险法》也同样对发生大灾损失时的融资做出安排，其联邦和省的《农作物保险法》规定，免征农业保险经营的一切税赋，灾害损失较小的年份可以将节余积累作为特别准备金，在责任准备金和历年结余积累不足以支付当年赔款时，农业保险公司可以向联邦财政部和省财政厅借款来履行合同赔款责任。日本现行的农业巨灾保险制度是以都、道、府、县一级的农业共济联合会向直接承保的农业共济组合提供第一层分保，再高一级的农业共济再保险特别会计处在全国范围内提供第二层分保的双层再保险制度体系。作为第一层分保机构的是具有相互性质的农业共济联合会，将积攒起的保费留用建立补偿基金，以作大灾之年的补充之用；第二层分保机构是再保险特别会计处，它代表政府出面承担再保险，但只接受联合会的分出业务。根据农业保险大灾风险分散制度的多种方式和不同层级，上述典型国家的大灾风险管理制度安排如表 3-3 所示。

表 3-3　国外典型大灾风险管理制度

农业保险的制度模式	代表性国家	大灾风险管理制度
私营、部分补贴模式	美国	由联邦农作物保险公司以及私人再保险公司共同构成再保险体系；同时法律允许联邦农作物保险公司向"商品信贷公司"借款，也可以发行专向票据或债券融资，偿还因巨灾损失造成的赔款
	西班牙	由国有农业再保险公司为私营农业保险公司提供再保险支持
公共、部分补贴、自愿模式	加拿大	省政府与联邦政府都通过建立再保险基金的方式提供再保险支持，各省的农业保险公司可以选择分保；再保险摊赔以及历年盈余积累仍不足以赔付时，省财政厅与联邦财政部都可以提供无息借款，保险公司在此后年份逐年偿还
公共、部分补贴、强制模式	日本	由两个层次的再保险体系构成，其中第一层再保险是由合作性质的都、道、府、县农业共济联合会提供，第二层由中央政府提供

三、各国农业再保险制度的分类比较

总结各国农业再保险政策发展，国际上比较成功的做法主要分为以下四类：政府成立专门的再保险公司开展农业再保险、政府对农业再保险的支持、政府和商业性机构提供农业再保险或者商业再保险公司提供农业再保险。

（一）政府成立专门的再保险公司开展农业再保险

1. 美国

美国政府作为农业再保险的主要提供者，通过建立联邦农作物保险公司向商业保险公司提供再保险支持。同时，政府还通过成立风险管理局加强对农作物保险的管理和监督。美国再保险政策中，联邦农作物保险公司承担的再保险业务完全由美国政府承担风险，政府同时支持另一部分商业化的再保险业务的运作，二者同时进行并互相补充。

1980 年，美国国会第 12 次修订《联邦农作物保险法》，规定私营保险公司也可以提供农作物保险，联邦农作物保险公司则逐渐收缩直接保险业务，转而为私营保险公司提供再保险，并通过《标准再保险协议》调整其与私营保险公司的关系。《1990 年农场法》授权联邦农作物保险公司向私营保险公司提供再保险和补贴。2000 年起，联邦农作物保险公司不再从事直接农作物保险业务，而是负责管理联邦农作物保险计划，为私营保险公司提供农作物再保险，并提供保险费、管理和运营费等财政补贴。

美国《标准再保险协议》（Standard Reinsurance Agreement，SRA）最早于 1947 年颁布，但直到 1980 年后才开始真正实施，此后又根据需要不断修订和完善，最后一次修订是 2014 年。它是调整联邦农作物保险公司与私营保险公司之间再保险、补贴及监管关系的重要法规。《标准再保险协议》共分为四个部分：第一部分概念界定；第二部分再保险；第三部分补贴、开支、费用和支付；第四部分一般条款。再保险的形式包括比例再保险和非比例再保险。同时，协议规定了两个层面的再保险保障：一是业务层面的再保险保障。规定以州为单位设立商业基金、高风险基金，公司可自由选择将其承保的业务放入合适的基金；公司的承保损失（赔付率高于 100% 时）由 FCIC（美国金融危机调查委员会）提供不同比例的超赔分保再保险，实现风险共担；公司的承保收益（赔付率低于 100% 时）由私营保险公司与 FCIC 共享。各个风险基金对分保的比例做出最高和最低的限定，在此区间内，保险公司可以自行组合分配。二是公司层面的再保险保障，通过"一揽子"成数分保合约对公司自留部分的承保结果进行分保。此外，设立意外损失准备基金，是根据《联邦农作物保险法案》第 516（C）款授权的保险基金的一部分。依据 FCIC 的规定在公司监管、复原、破产或运营缺陷及其他相同事件中，或者协议因故而终结时，该基金被用来抵消 FCIC 为了管理公司的业务而引发的费用。在依照协议进行了所有的保留、指定和分配后，私营保险公司可以将其剩余的最终账面净损失安排商业再保险。公司应该将安排再保险情况以书面形式告知 FCIC。

《联邦农作物保险法案》第 511 条规定，自该法实施之日起，FCIC 的一切财产，包括分支机构、资本、准备金、结余、收入、财产，免征一切现有或自 1938 年 2 月 16 日以后可能开征的税收，包括国家所征税种、自治区域、属地和领地所征税种或州、县和市政府或地方税务机关所征税种。FCIC 的保险合同和由 FCIC 提供再保险的保险合同均免征国家、市政府或地方的一切税收。

2. 西班牙

西班牙政府成立了专业农业再保险公司，为农业保险业务提供再保险支持。西班牙的农业再保险公司隶属于经济与财政部，主要承担三项功能：一是聘用与管理农业保险的损失评估技术人员，并按照国家公务人员的待遇支付报酬；二是发挥与私人保险公司类似的作用，即进行损失评估、支付保险金；三是经营农业再保险业务，受政府委托向私人保险公司提供再保险。除此之外，西班牙农业再保险公司还积极拓展国际农业再保险业务，将其接受的一部分风险有效地分保于国际农业再保险市场。

西班牙各项法案中对其农业再保险公司有着一系列明确规定。《农业复合保险法》第 18 条规定，政府所有的保险赔偿联合体（CCS）代表政府为参与农业保险共保体的私营保险公司提供再保险。《农业复合保险法》和《农业复合保险法实施细则》第 45 条规定，保险赔偿联合体按照经济与财政部所规定的方式和份额对农业复合保险中的风险覆盖范围承担责任。第 46 条还规定，保险赔偿联合体的资金来源主要包括：再保险费收入，作为直接保险机构运营时的保险费收入，政府保险费补贴的 5%，行使代位求偿权过程中所收取的金额以及相应的迟延收益，国家为使保险赔偿集团财务平衡所提供的财产支持，保险业务活动取得的财产和收益、借款及其他收入。第 47 条规定，在必要时，保险赔偿联合体可以向西班牙银行借款，并可以按照规定的保证金、利息和偿还条件，向一般公众发行债券，或向保险机构发行特殊债券，以筹集资金。第 46 条规定，保险赔偿联合体应建立稳定技术储备金，其资金来源于上一财政年度经营账户所产生的剩余金额、财政拨款及未上缴利润等。该技术储备金的金额要达到与保险赔偿联合体在最近 5 年内应得保险费总额相等。

3. 墨西哥

墨西哥政府成立了墨西哥农业保险股份有限公司（AGROASEMEX），专门负责为农作物保险互助组织及私营保险公司提供农作物再保险。该公司在政府 30% 保费补贴的支持下，可向墨西哥市场上剩余 4 家经营农业保险的商业性保险公司提供再保险。除此之外，还可向从事农业保险的基层农民合作组织——保险基金会提供再保险。

《墨西哥农业保险公司成立协议》及《墨西哥农业保险公司章程》中规定：该公司资本总额是 3.560969 亿比索；该公司是股份有限公司，只能由墨西哥人或公司认购股份，外国人不包括在内；公司是国家参与占大部分的公司，通过公共信贷和财政部而作为国家保险机构运作。

（二）政府对农业再保险的支持

1. 加拿大

加拿大政府以分散农业保险大灾风险为目的，提供农业再保险并建立农作物再保险基金。其主要形式为联邦政府与举办农作物保险的省份签约提供再保险，即省政府可以选择与联邦政府签订农作物保险再保险协议。根据再保险协议，各签约省份的农作物保险公司缴纳再保险费，在此基础上联邦农业部设立"农作物再保险基金"。

加拿大原《联邦农作物保险法》及现行《农业收入保障法》中均规定，联邦财政部设立农作物再保险基金，授权农业部与各省签订再保险协议，为各省提供再保险；再保险基金的存款不足以支付分保责任赔款时，由联邦财政部补贴差额部分，并在以后年份中由"再保险基金"归还，但不计利息；联邦的再保险赔款责任不能超过省政府当年支付的赔款额与以下三项总和之差的 7%：①省政府当年所收的保费与所缴纳的再保险费之差；②政府的赔款准备金；③省政府赔款的 2.5%。

具体实施以曼尼托巴省为例。2005 年 9 月 1 日生效的《曼尼托巴农业服务公司法》第 27 条（b）"公司的权利"中指出，"根据保险合同对全部或部分风险进行再保险，并以此为目的签订再保险协议"，政府与曼尼托巴省签订的再保险协议主要包括：生产保险再保险协议（第 67 条），冰雹保险再保险协议（第 68 条）。同时法案中明确规定政府的"再保险协议收取款项"，即各公司缴纳的再保险费用于设立再保险基金。除此之外，法案的第 66 条还详细规定了"曼尼托巴省再保险基金""对再保险基金的信贷""再保险基金付款""再保险基金赤字"等农业再保险的具体内容。

2. 韩国

韩国政府建立了国家再保险政策体系，在整个农业保险体系和运作机制中再保险发挥着分散保险责任、分摊风险的作用。农协中央会通过再保险手段将保险责任按照1:3 的比例进行分散，即农协承担 25%的风险，商业保险公司承担 75%的风险。如果是巨灾年份，尤其是赔付率超过 180%时，国家启动再保险基金，给予赔付兜底。其中提到的"再保险基金"即是"对赔付率超过 180%时，提供农业保险的再保险补贴"。

韩国《农渔业灾害保险法》第 20 条规定，"政府可从事有关灾害保险的再保险业务"，但对其进行了严格的限制。法律规定，农林水产食品部长官应与要进行再保险业务的灾害保险业务经营主体（包括经营农业保险的水产及山林合作组织和保险公司）签订协议，协议中应明确规定有关保险费、保险金的事项和总统令中规定的其他事项。为了给再保险业务提供必要的资金来源，农林水产食品部设立农渔业灾害再保险基金。基金的资金来源包括再保险费，政府、其他机构以及其他基金的捐款，再保险金的回收资金，基金运营收益金，其他收入，从金融机构、其他基金或其他会计处借入资金。基金用于支付再保险金、借入款本息的偿还、基金管理、运营所需的经费的支出、农林水产食品部长官认为对再保险业务的维持、改善所必需的经费的支出。基金由农林水产食品部管理和运营，该部可将有关基金管理运营事务委托给其他相关主体。

在渔船保险实施过程中，韩国的渔船保险事业是由政府出资补贴事业运营经费、提供再保险支持主导发起的，并且由国库对"义务加入制"的渔民的保费予以补贴。在渔船保险的再保险基础上，韩国也正在探索建立渔业保险的再保险制度。但由于韩国开展政策性渔业保险工作比较晚，其再保险工作尚在研究中，有关部门正在讨论有关再保险的方案。

3. 葡萄牙

葡萄牙政府以提供政府补偿金的方式进行农业再保险，并设立专门的再保险补偿金。政府补偿金由保险公司上缴的费用和国家预算拨款来保证。国家预算拨款计入农业部的出纳账户上。国家参照保险公司理赔金额提供补偿。葡萄牙按照风险等级划分为 5 类风险地区。在不同风险地区，国家提供的政府补偿金额也不同。

葡萄牙于 1996 年 3 月 19 日颁布的第 20 号法律建立起了"针对天气变化的保护体系"（SIPAC），该体系是一项由保险公司、政府和农民共同参与的公私协作制度，由农业部所属的农渔业发展融资局（IFADAP）管理，由农作物保险、灾难基金和再保险补偿金三个部分组成。这是葡萄牙首次提出农业再保险补偿金。2000 年 3 月 2 日，第23 号法律《农业保险法》第 4 章专章规定设立政府补偿金，旨在为保险公司提供再保险。保险公司上缴的费用由农渔业发展融资局收取。政府补偿金由农渔业发展融资局管理。2002 年 3 月 18 日，第 293-A 号部门令《农业保险实施细则》第 3 章第 1 条规定，一般在需要多次理赔或巨额理赔时，保险公司才会获得政府补偿金。保险公司加入政府补偿金机制是自愿的。加入该机制意味着保险公司不得将加入政府补偿金机制领域里的属于政府的责任推向再保险公司，也不得在已经加入政府补偿金的领域里和再保险公司达成协议。不想加入政府补偿金机制的保险公司应当在上一年的 12 月 31 日之前向政府正式提出。

4. 意大利

意大利在遭受严重的自然灾害之后，政府部门经详细了解可以为农民和农业生产在预防灾害减少损失方面提供财政支持，为此设立了全国支持基金，再保险基金就是其中的重要组成部分。

20 世纪 70 年代，为设立全国支持基金，意大利出台了相关法律，法律规定保险公司具有经营垄断权，能经营冰雹险业务的公司必须是某个再保险集团的成员且从事农业保险业务。1996 年以后，为农业保险服务的再保险集团亦不存在。直到 2004 年，意大利根据第 388/2000 号法律第 127 条，设立农业风险再保险基金。再保险基金规模为 1 亿欧元，由农业部下属的农户市场开发局管理，主要是鼓励保险公司开发新产品，在保险公司应对新的自然灾害、开发新的保险产品时提供补助，属于保险产品创新基金。保险公司可将新产品开发成本的 80% 转给再保险基金。再保险基金还可以通过商业再保险公司进行转分保。

（三）政府和商业性机构提供农业再保险

1. 日本

关于日本现行的双层再保险体系前文已有详细介绍。

《农业灾害补偿法》首次对日本的农业再保险制度做出了规定。按照法案的安排，对农业共济组合联合会和中央政府的再保险关系、义务、分保方法、保额分配、财务处理等都做出细致的规定。再保险的承保责任比例及政府最终承担保险金的支付比例，因保险对象年度灾害程度的不同而有所区别。一般情况下，承担保险责任的比例为：共济组织承担 10%～20%，联合会承担 20%～30%，政府承担 50%～70%；遇到特大灾害时，政府承担 80%～100% 的保险赔款，以保证农业共济组合经营的稳定性。《渔船损害等补偿法》规定由渔船保险中央会为渔船共济组合提供再保险。《渔业灾害补偿法》规定由渔业共济组合联合会为渔业共济组合提供再保险。政府根据《农业灾害补偿法》《渔业灾害补偿法》《渔船损害等补偿法》和《有关特别会计的法律》等法律设立农业共济再保险特别会计、渔船再保险及渔业共济再保险特别会计，由农林水产省负责管理，为农业共济联合会、渔船保险中央会和渔业共济组合联合会提供再保险及相关费用补贴。特别会计的资金来源主要是一般会计拨入资金及再保险费收入。根据日本的财政制度，这些特别会计的实质就是政府的专项再保险基金。

2. 巴西

巴西建立了商业再保险和灾难基金共存的平行再保险制度。再保险在巴西整个农业保险发展过程中占据开创性地位，伴随制度的完善以及国际环境的需求，政府设立专项的灾难基金为巴西再保险给予基金支持,实现了政府同企业并行开展农业再保险。

巴西农业保险始于 1939 年国家再保险公司（IRB）的建立。这家公司是对包括农业保险在内的各险种进行保险和再保险的国家控股公司。该公司成立初期所承办的农险业务主要是分保到国外,自留额很小。这奠定了再保险在巴西的开创性地位。而后巴西《再保险和转分保法》一度规定,经营农业保险业务的保险公司必须向巴西再保险公司分保。2007 年 1 月,巴西国会通过法案同意将巴西再保险市场向国际再保险公司开放,外资再保险公司进入巴西。

2010 年 8 月通过的第 137 号补充法《灾难基金法》规定成立农业灾难基金。灾难基金的基础资金为 40 亿巴西雷亚尔。其出资者包括保险公司、再保险公司、农业企业、农业合作社及联邦政府。基金的资产与股东的资产分离。基金的资产包括出资者的出资、保险公司和再保险公司为扩大基金资产而支付的收购资本、基金运作产生的收益、章程规定的其他途径获得的资产。基金不能将其收益分给股东。由基金管理委员会负责基金的管理运作,基金的业务受保险监管机构的监管。全国货币委员会负责制订基金运行的指导方针。灾害基金为经营农业保险的保险公司和再保险公司提供再保险和转分保,以减少它们的部分损失,避免其破产。《灾难基金法》第 6 条规定,巴西灾难基金无须缴纳其进行贷款、兑换、保险或其他证券业务的税。

（四）商业再保险公司提供农业再保险

1. 法国

在法国,农业保险业务主要由政府和社会共同联办的农作物保险集团——法国农业相互保险有限公司主要经营,集团下设 4 个保险公司,即农业相互保险公司、非农业财产保险公司、农民寿险公司和农业再保险公司。该集团是以政府控股为主体,社会参股的形式建立起来的股份有限公司,其中农业再保险公司负责对内对外的分保业务。

为了加强承保能力和更好地分担风险,1966 年法国在大区范围内创立了再保险机构,众多的地方互助保险合作社由大区社再保险,大区社又由中央社再保险。中央设有农业互助基金会,成立于 1964 年,由法国再保险基金会管理,其基金来源的 50%是农民在互助保险协会缴纳的附加保费,另外 50%则来自国家财政的预算拨款。当遭遇巨灾时,中央农业互助基金会就会分别对农业再保险机构与农业保险互助协会拨款,从而增加对农民的损失补偿。如果损失额达到或超过保险农作物或农业财产的 60%,中央农业互助基金会就会将农业保险互助协会的农业贷款最初两年的部分利息年金（不超过 50%）转移到自己的账户,由基金会来偿还。此外,法国在《农业保险法》的制定中,详细地规定了再保险费率、再保险形式等相关内容,为本国再保险的顺利实施给予法律保护。

2. 其他国家

斯里兰卡《1999 年第 20 号农业与耕地保险法》第 20 条规定，农业与耕地保险理事会可以与政府、国内或国外从事再保险业务的机构签订再保险合同。

印度政府成立了一个国有农业保险公司，垄断经营农业保险。为了保证这个专业性的保险公司经营的稳定性，特别是为了应对巨灾损失，印度中央政府和地方政府按 1:1 的比例建立了风险准备金，并将部分灾害救济基金拨入风险准备金中，用于支持再保险业务的顺利开展。

菲律宾总统于 1978 年 9 月签发了《农作物保险法》，并依法于 1980 年 6 月成立了农作物保险公司（PCIC，官商合办、政府资本占 2/3）。1981 年，该公司正式办理农作物保险及再保险。自 1983 年以来，菲律宾农作物保险公司通过一家伦敦再保险经纪人为水稻保险购买了损失中止再保险。1999 年，又为玉米购买了超过损失再保险。高价值的经济作物主要由国内再保险公司提供成数再保险安排。

（五）总结

从各国农业再保险的制度安排上来看，农业强国和农业大国都十分重视农业再保险的发展，对于农业再保险的具体实施做出细致的规定与指导。通过对其政策规定以及实施情况的了解，将各国农业再保险制度实施模式进行归类总结，以便更直观地为我国农业再保险制度的构建提供借鉴（详见表 3-4）。

表 3-4　各国农业再保险制度的分类比较

代表国家	农业再保险制度实施模式	具体的实施方式
美国、西班牙、墨西哥	政府成立专门的再保险公司开展农业再保险	政府成立或由政府控制的农业再保险机构专门对商业保险公司或互助保险机构提供农业再保险服务
加拿大、韩国、葡萄牙、意大利	政府对农业再保险的支持	以立法的方式建立"农业再保险制度"，政府在制度规定中为农业再保险业务设立"再保险基金"，基金用于再保险赔付补贴。此外，基金还可用于信贷、付款等
日本、巴西	政府和商业性机构提供农业再保险	在私营再保险机构提供农业再保险服务的同时，政府明确立法或设立专项基金对农业再保险予以支持
法国、斯里兰卡、印度、菲律宾	商业再保险公司提供农业再保险	农业再保险业务仅由商业保险公司开展，政府在实质上予以支持，但不直接参与开展农业再保险业务

在商业保险公司或互助合作保险机构经营农业保险原保险的基础之上，建立由政府支持的再保险机制，作为分保主渠道，同时辅之以商业再保险（包括国际再保险），

也是对我国农业再保险制度安排与实施的一种启示。

在总结各国经验基础上要更加注重结合我国实际情况制定政策，循序渐进地予以实施。例如，在我国从事再保险业务的都是商业性质的保险公司，没有专门从事农业再保险业务的公司，基于此，政府可以直接成立专业的农业再保险公司，或者为商业再保险公司开展农业再保险业务提供直接政策或财政支持。

本章小结

本章基于中国农业保险政策和相关法律的演变历程，主要讨论了中国农业保险地方市场准入政策、保费补贴政策、产品管理制度、大灾风险与再保险政策四个方面的基本情况，并分别做出分析，为中国农业保险制度与政策进一步发展提供现实依据。

重点概念

农业保险地方市场准入政策　农业保险地方竞争政策　财政补贴　农业保险产品管理制度　农业保险大灾风险管理制度　农业再保险政策

思考与练习

1. 简述各地农业保险地方市场准入与竞争政策的相同点与不同点。
2. 2016 年发布的保费补贴管理办法中列明的补贴标的有哪些？
3. 简述我国农业保险保费补贴的实施效果。
4. 我国农业保险产品管理制度发展以哪两个阶段为典型？
5. 简述 2013—2018 年地方特色农业保险产品管理政策制定的原因。
6. 农业保险大灾风险管理制度有几种安排？分别是什么？
7. 简述各国农业再保险政策的分类依据并回答每种类型的典型国家。

参考文献

[1] 徐婷婷，荣幸. 改革开放四十年：中国农业保险制度的变迁与创新——历史进程、成就及经验[J]. 农业经济问题，2018（12）：38-50.

[2] 庹国柱. 试论农业保险的制度模式和经营模式及其创新[J]. 保险职业学院学报，2017（3）：43-51.

[3] 李丹，庹国柱，龙文军. 农业风险与农业保险[M]. 北京：高等教育出版社，2017：29-30.

[4] 冯文丽. 改革开放以来我国农业保险发展历程与展望[J]. 中国金融，2008（13）：50-52.

[5] 龙文军，温闽赟. 改革开放以来农业保险发展回顾[J]. 中国保险，2008（11）：22-25.

[6] 余磊. 我国农业保险财政补贴的绩效评价[D]. 成都：西南财经大学，2014.

[7] 张晓磊. 农业保险财政补贴制度的完善[D]. 长春：吉林大学，2018.

[5] 庹国柱，王克，张峭，等. 中国农业保险大灾风险分散制度及大灾风险基金规模研究[J]. 保险研究，2013（6）：3-15.

[8] 庹国柱. 农业保险需要建立大灾风险管理制度[J]. 中国保险，2013（1）：30-33.

[9] 李立松，付磊. 借鉴欧盟经验建立我国农业保险大灾风险分散机制[J]. 上海保险，2015（5）：30-33.

[10] 郑军，韩雨梦. 日本农业巨灾风险保障体系研究[J]. 沈阳农业大学学报（社会科学版），2017（3）：269-275.

[11] 张长利. 农业再保险制度比较与借鉴[J]. 理论探讨，2013（4）：34-37.

[12] 马莉. 美国农业再保险法律制度及其对中国的启示[J]. 世界农业，2016（2）：78-81，90.

[13] 张长利. 葡萄牙农业保险制度研究[J]. 证券与保险，2014（1）：69-72.

[14] 黄延信. 西班牙、意大利、葡萄牙三国农业保险体制及政府农业部门的作用[J]. 农业经济问题，2008（2）：102-106.

[15] 邢炜. 墨西哥巴西农业保险对我国农险的启示[J]. 保险研究，1999（2）：4.

[16] 龙文军. 法国农业保险制度及经验[J]. 世界农业，2003（5）：35-37.

第四章 中国农业保险制度与政策发展预期

本章学习目标

通过本章的学习，了解国际背景下中国农业保险政策发展导向、中国农业保险政策的未来发展方向以及构建适合中国发展战略的农业保险制度的建议。

本章知识结构图

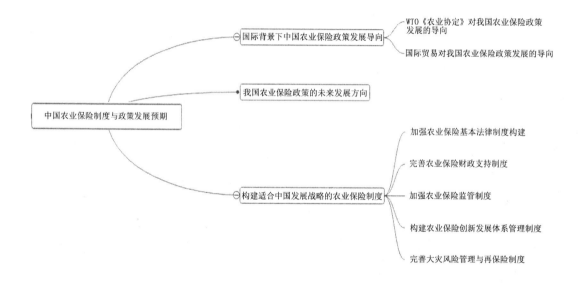

第一节 国际背景下中国农业保险政策发展导向

随着经济全球化的不断发展，我国频繁参与国际分工与全球化合作竞争，成为全球化进程中最不可或缺的中坚力量，但经济全球化在为我国各领域发展带来机遇的同时，也带来了不容忽视的挑战：如何在适应国际规则的前提下实现我国利益与国际社会利益的最大化成为我国应考虑的长期性议题。在各个行业的发展中，农业作为关系国计民生和国家安全的基础性行业，其国际化发展的安全稳定尤为重要。近年来，我国农业发展受国际社会的影响不断加深，2016 年 9 月美国就曾以我国对小麦、大米（籼米和粳米）、玉米等农产品采取的农业支持政策不符合 WTO 规定为由向 WTO 提出申诉，相关事件的发生及演变使我国农业发展面临着前所未有的挑战。农业保险作为维持农业发展稳定的重要工具，可以在一定情形下有效规避国际社会对我国农业发展造成的约束，但在其保障我国农业国际化发展安全性的同时也势必会受到国际社会规则的限制，故必须在顺应 WTO 等国际组织相应规定及国际贸易趋势的前提下实现我国农业保险对农业国际化发展进程中相应风险的长效保障。

一、WTO《农业协定》对我国农业保险政策发展的导向

（一）WTO《农业协定》"绿箱政策"对农业保险的具体规定

WTO《农业协定》按照农业国内支持政策对贸易的扭曲程度，将农业国内支持政策分为 4 种类型：绿箱政策、黄箱政策、蓝箱政策和发展箱政策。其中，绿箱政策是指与生产脱钩的，对贸易基本没有扭曲或是扭曲较小的一种支持政策，具体要求就是各成员在进行农业国内支持时，补贴的发放不与产品类型、种植面积、产量、价格等因素挂钩。《农业协定》附件 2 "国内支持：免除削减承诺的基础"中专门就符合绿箱政策要求的农业国内支持措施做了列举式说明，其中第 7 条规定，政府在财政上参与收入保险和净收入保障项目时只有在满足以下三点要求的前提下可作为绿箱政策列报：①这类付款的资格应按收入损失程度确定，要考虑的仅仅是来自农业的超过前 3 年总平均收入 30% 的或以净收入表示的同等的收入（相同或类似方案的任何款项除外），或在前 5 年收入基础上除去其最高和最低数得出的 3 年平均收入的 30%。凡符合此项条件的生产商均有资格获取这项款项；②这类付款的数额应弥补生产商在获得接受援助资格的年度内遭受的低于 70% 的收入损失；③不能与生产品种、价格或其他生产要素挂钩，应为农民普遍可获得。"国内支持：免除削减承诺的基础"第 8 条规定，只有满足以下条件的自然灾害（以直接方式或以政府在财政上参与农业保险方案的方式提供的）救济付款可作为绿箱政策列报：①只有在政府当局正式承认已发生或正在发生自然灾害或类似灾害（包括疾病、虫害侵扰、核事故及在有关成员方领土上发生战争）后才具有获得这类款项的资格，并应按产量损失超过前 3 年生产平均数 30% 或在前 5 年的基础上除去最高和最低数后 3 年平均的生产损失确定资格；②灾害后所支付的款项应仅适用于实际损失，包括收入损失、牲畜损失（包括与动物兽医治疗有关的款项）、由自然灾害造成的土地或其他生产要素损失；③付款应弥补不超过替代此类损失的费用总数，且不应要求或具体规定日后生产的种类或数量；④灾害期间提供的支付不得超过防止或减轻以上第二项标准所定义的进一步损失所需的水平。同时规定，若生产者在同一年同时获得了上述两种款项，则两种款项之和应低于生产商收入损失总额的 100%。符合上述条件的政策均属于绿箱政策，政府对这类政策投入的保险

补贴款项不受任何限制。"蓝箱"措施是指与限产计划挂钩的补贴措施，如停耕、退耕计划下，按照固定面积和固定单产的直接补贴，或按照基期生产水平的 85% 或 85% 以下给予的直接补贴。"发展箱"是针对发展中成员和最不发达成员的，为鼓励农业和农村发展提供直接或间接政府援助。不属于上述三种的，都是"黄箱"补贴，相应政府补贴款项应当受到限制。"黄箱"支持水平用综合支持量（Aggregate Measurement of Support，AMS）来衡量，包括基于特定产品的 AMS（Product-Specific AMS）和基于非特定农产品（即不针对特定农产品）的综合支持（Non-Product Specific AMS）。其中特定产品 AMS 具体包括价格支持、不可免除的直接补贴、其他补贴措施和支持等值。由于"黄箱"补贴对贸易扭曲作用较大，世界贸易组织规则要求成员做出减让承诺。

由于短期内把"黄箱"支持（AMS）削减到很低水平不现实，所以乌拉圭回合的谈判结果是允许发达成员向特定农产品提供不超过该农产品产值 5% 的 AMS 和向非特定农产品提供不超过农业总产值 5% 的 AMS，记为"微量允许的 AMS"，简称微量允许（De Minimis），发展中成员的微量允许为 10%，中国为 8.5%。凡是不超过微量允许的 AMS 暂时免于削减。

（二）我国政策性农业保险与"绿箱"政策规定存在差异

将我国政策性农业保险与前文 WTO《农业协定》中对农业保险政策"归箱"相关规定的阐述进行比较，可以看出"国内支持：免除削减承诺的基础"第 7、8 条所规定的赔款与我国农业保险赔款间存在一定差异。

第一，"国内支持：免除削减承诺的基础"中有关农业保险的"绿箱"政策均为"基于非特定产品支持"政策，即赔付情况不与农业生产品种、价格或其他生产要素挂钩，应为农民普遍可获得；而我国农业保险获得的各级财政保费补贴属于"基于特定产品支持"，并非对所有险种进行补贴，补贴的精准性强，不符合"国内支持：免除削减承诺的基础"中的补贴范围要求，无法归入"绿箱"政策。

第二，"国内支持：免除削减承诺的基础"中要求唯有农业生产者当年收入（或产量）损失超过前 3 年收入（或产量）平均数 30% 或者超过前 5 年收入（或产量）扣除最高和最低数后 3 年平均收入（或产量）的 30% 才有资格获得农业保险赔款，而我国获得保费补贴的农业保险产品并不在出险后据此标准衡量赔款资格，而是按照保单规定进行赔付，故必定存在部分农业保险所获得的财政补贴不符合"国内支持：免除削减承诺的基础"要求，不属于"绿箱"政策。

第三，成本保险是我国独有的政策性农业保险险种，也是我国各级财政重点支持的农业保险险种，其险种归属问题至今仍有待商榷，但其在理赔时的赔款衡量指标是农业生产物化成本，"国内支持：免除削减承诺的基础"中所规定的理赔衡量指标则是收入或产量损失，故我国政策性农业保险中的成本保险在理赔口径上与"国内支持：免除削减承诺的基础"存在差异，不能归入"绿箱"政策。

上述差异的存在可能会引致国际社会对我国国内农业支持途径的谴责，甚至由于保险补贴引发贸易争端或遭到相关国际组织的违规性调查。故如何在规则框架内，既能提高农业保险支持农业的精准性，又能最大限度地避免 WTO 规则对农业保险补贴的约束，将是我国今后面临的重大课题。

（三）WTO"绿箱"政策规定对我国农业保险未来发展的导向

目前，我国农业保险保费收入已是世界第二，未来随着我国农业商业化和规模化快速发展对风险管理工具的需求，以及国家对农产品支持政策进行市场化改革的需要，农业保险的战略地位将愈发凸显，应针对我国政策性农业保险与"绿箱"政策规定间的差异尽快提出解决方案，在保证我国农业保险获得支持的同时最大限度地规避 WTO 规则的约束。

从当前农业保险的发展趋势看，现行关于农业保险的 WTO 补贴规则存在以下问题：一是在乌拉圭回合谈判时，农业保险补贴在各成员农业补贴政策体系中并不重要，谈判中对农作物保险补贴缺乏足够关注。二是乌拉圭回合制定农业补贴规则时并未考虑到基于特定作物的收入保险的发展。三是现行规则对农业保险的约束性条款并不具体和明确，只是大致界定了"绿箱"保险的条件，并没有具体说明"黄箱"保险如何区分"特定产品补贴"和"非特定产品补贴"。从国际经验出发，可为我国日后农业保险提供以下三点顺应国际秩序发展的发展导向。

第一，农业保险特别是作物收入保险作为市场化较强的政策手段，是农产品支持政策发展的主流方向。作物收入保险的优点包括：一是农作物收入保险同时保障产量（自然风险）和价格（市场风险），能够确保农户收入稳定。二是农作物收入保险不以市场价格为基础，能够避免市场的扭曲。三是农作物收入保险是与特定农产品类型相挂钩的，在支持上更具针对性。四是农作物收入保险的补贴按照 WTO《农业协定》中的"模糊地带"通报的可操作空间较大。纵观 WTO 农业保险发达成员方对农业保险补贴的通报情况，可以看出，美国等发达国家在对农业保险补贴进行通报时纷纷以"绿箱"和"基于非特定产品支持"进行通报，以规避"黄箱"补贴上限约束，对于我国今后顺应国际规则发展农业保险具有很高的借鉴价值。

第二，保险补贴方式的顶层设计应更加关注 WTO 规则，做好规避约束的制度准备。随着保险补贴的流行，WTO 对农业保险补贴的规制会日益严格。

第三，在善用和规避现行 WTO 规则的同时，还要积极推动 WTO 规则的重建。一方面，在我国农业保险改革与发展过程中，要重视研究 WTO 规则及他国有益的做法，在善用或规避 WTO 规则的同时，无须做到绝对服从。另一方面，在新一轮的 WTO 农业谈判中，要积极发挥主动性，推动更加公平的 WTO 规则的建立。

二、国际贸易对我国农业保险政策发展的导向

（一）国际贸易对我国农业生产及贸易的影响

1. 国际贸易对我国农业生产及贸易的积极影响

（1）有利于增加农业资金和生产要素的投入，提高农业技术水平，实现传统农业向现代农业的转变。近年来，一些发达国家和地区由于农产品生产成本的快速上升和资源的约束，农产品比较优势下降，开始把注意力转向国际市场，到国外去投资兴建生产基地，这无疑给我国农业引进了外资和技术，可以利用国外生产要素，为提高农业现代化装备水平及综合生产能力提供了机遇。

（2）有利于我国利用国际资源，缓解资源短缺约束，提高农业资源配置效率。我国地大物博，自然资源总量丰富，但由于人口众多，自然资源的人均占有量排名均处于世界人均资源占有量排名的中下游。时至今日，随着我国人口老龄化趋势愈发严重，劳动力资源也在逐步减少。农业国际化有利于我们利用国际资源，从而有助于解决我国资源不足的问题，将自身资源配置效率发挥到最大。

（3）有利于我国参照国际规范，深化农村经济体制，建立符合市场经济规则的农业宏观调控体系。国际贸易对我国实现农业的现代化发展、提高农业的比较优势及国际竞争能力具有积极的促进作用。同时，有助于我国提高农业经营管理水平，实现从粗放型到集约型的转变，增强农业国际竞争能力。

（4）有利于我国利用国际市场，扩大农产品出口，促进具有竞争优势农产品比较利益的实现。农业国际化意味着要开放国内农产品市场，实现国内国际市场的大统一、大流通，有助于我国农产品参与国际竞争，占领广阔的国际市场。

2. 国际贸易对我国农业生产及贸易的消极影响

（1）农业发展和农民利益将受到严峻挑战。农产品参与国际贸易意味着我国要开放农产品国内市场，但由于我国农业的弱质性，且我国部分农业生产地区还没能摆脱"小农经济"的生产模式，科技装备落后，综合生产能力差，很难与国外现代化农业竞争。因此，我国农业发展面临农业国际化的严峻挑战。

（2）国内农产品市场面临对外开放的压力。农业的国际化意味着，我国必须要根据国际规则来保护国内市场。WTO《农业协定》规定，今后各成员国只能通过关税措施对农产品进口进行限制，不能再使用非关税措施。我国在2001年加入WTO的谈判时采取了约束关税方式，对农产品进口实行关税配额管理。这种进口保护方式的转变，实际上意味着我国将按国际规则逐步开放国内农产品市场。因此，随着我国加入WTO以及农业国际化的深入发展，国内农产品市场对外开放已不可避免，国内农产品将面临世界市场的冲击与挑战。

（3）对国内农产品生产产生冲击。这主要反映在三个方面：第一，在贸易保护相

对减少的同时，我国农产品的低价优势也随着农产品成本日益增加而逐步消失，目前国内主要农产品价格（尤其是粮食价格）多数已高于国际市场，国内农产品市场面临着国际市场低价农产品的冲击。外国农产品对国内市场的冲击，一是引起国内市场农产品价格下跌，引发市场波动，增加国内不稳定因素；二是进一步加重国内主要农产品"销售难"矛盾，引起流通渠道的混乱；三是影响农民收入的增加，挫伤农民的生产积极性。这将损害农业生产者的利益，减少对农业的投入，进而影响农业的综合生产能力，对我国农业生产的长期稳定发展和保持农产品市场的稳定都是十分不利的。尤其是如果国内粮油生产受到打击，则可能直接影响到我国的粮食安全状况。第二，政府对农业生产的国内支持措施须符合国际规则，特别是WTO《农业协定》的规定，否则对农业的支持范围与力度将会受到影响，不利于我国通过农产品价格政策和生产资料补贴政策来调控市场，控制农产品成本的上涨，调动农民的生产积极性。第三，国际贸易会提高我国对国际农产品市场的依赖性，一旦发生国际贸易摩擦，将会使我国在国际农产品供给关系上处于不利地位。以大豆贸易为例，2018年我国与美国进入贸易摩擦阶段，由于我国大豆市场长期受到来自美国市场的低价大豆冲击，导致国内大豆生产量较低，我国大豆需求长期依靠进口维持，此次由美国的贸易保护主义引起的中美贸易摩擦导致我国进口美国大豆的关税大幅上涨，在此背景下我国被迫选择放弃从美国进口大豆转而选择进口价格更高的巴西大豆，导致我国在农产品进出口贸易方面处于较为被动的局面。

（二）基于国际贸易背景下的我国农业保险政策发展导向

农业保险作为农业生产的重要稳定器，在我国农业生产受到国际局势及国际规则制约时，应在保障农业经营主体个体风险转嫁的同时着眼于保证国家战略安全，通过制定农业保险政策间接影响我国的农业生产及农产品国际贸易等环节，以保证我国农业生产经营在国际局势背景下的可持续发展和国家粮食安全战略的长期落实。

第一，调整对不同标的类别农业保险的政策支持力度，以农业保险辅助调整农产品生产结构，保障农业可持续发展，维护国家粮食安全。从2018年中美贸易摩擦过程中大豆进口局势的变化可以看出，完全依赖国际农业生产比较优势进行农产品国际贸易对于保障本国的粮食安全来说依旧是存在风险的举措。农业保险作为农业生产的风险保障措施，未来必将是政府支农惠农的重要工具，也可通过政策安排在农产品生产结构调整过程中发挥辅助作用，引导农业经营主体提高大宗作物的生产供应量，间接推动粮食安全战略的落实。

第二，基于国际规则及国外先进经验完善农业保险政策法律体系。在我国政府推广农业保险发展的举动受到国际规则限制的当下，指导我国农业保险发展最高层次的法规却只达到了《农业保险条例》的层次，在本国法律体系尚未建成的情况下追求本国农业保险发展符合国际规则可谓舍近求远，我国农业保险的长期发展也难以获得依据。因此，建立并完善符合我国国情的农业保险法律体系迫在眉睫。

　　第三，鼓励农险经营机构积极开发符合国际贸易需求的农业保险产品并逐步纳入政策性农业保险体系。目前我国推广较好的农业保险产品主要集中在政策性农业保险方面，但政策性农业保险多数只能保障农产品在生产阶段所面临的农业风险，对于在农产品生产环节之后流入国际市场时面临的风险便难以起到有效转嫁的作用，且保障水平有限。因此，应鼓励农业保险经营机构积极开发能够服务于国际贸易的农业保险产品。

第二节　我国农业保险政策的未来发展方向

　　我国的农业保险政策一直都处于调整和完善之中。为探索农业保险政策的未来发展方向，首先要考察农业保险发展所处的环境变化。这种变化就是农业保险进一步调整和完善的依据。

　　这些环境变化首先体现在深化农业和农村变革，部署乡村振兴计划，持续进行农业供给侧改革，以及加快推动农业现代化步伐之中，凸显了农业保险的重要作用。其中，最重要的方面包括：第一，随着土地流转的加快，农户经营规模不断扩大，新型农业经营主体快速增加；第二，农户已经不满足于成本保障的农业保险产品；第三，由于农业产业链已经逐步从生产延伸到农产品初加工和流通领域，因此农户已经不满足于只承保生产环节风险的保险；第四，农业现代化需要强有力的金融支持，而提升金融服务的瓶颈在于信贷风险，农业保险可以做出贡献；第五，扶贫攻坚的战略任务，不仅仅需要资金和项目，也需要风险保障。

　　其次，环境变化会导致我国农业保险政策目标的调整。由最初"提高农业的抗风险能力"这种单一目标，向粮食安全、农业现代化、农民收入、农产品市场竞争力、农业供给侧改革等多目标扩展。2004—2018 年间，中央连续发布的"一号文件"清楚地体现了中央对农业保险的要求不断增多。例如，配合农村金融体制改革，要求农业保险提供配套服务；配合林地制度改革，要求农业保险加快发展林业保险；配合加快土地流转的目标，要求农业保险提供相应的土地流转履约保证保险；根据新型农业经营主体发展需要，试验完全成本保险；配合大宗农产品定价机制的改革，要求探索试验农业价格保险、收入保险；配合扶贫攻坚战略的实施，要求积极开展农业扶贫保险等。

　　中央越来越重视农业保险在乡村振兴和农业现代化发展中发挥的积极作用，故环境变化和政策目标的调整是我们判断国家农业保险政策走向的主要依据，基于此，预测我国农业保险政策在今后几年会有重要发展，可能的变化主要包括以下几点：

　　第一，在农业保险制度建设方面，从中央到地方将设立农业保险的统一管理机构，同时将进一步支持农业保险制度创新，适当发展合作保险，将农业保险的市场化经营与合作组织经营的不同机制有机结合起来。

第二，逐步增加中央财政补贴的农业保险标的种类，不断适应新的发展要求。在现有主要给予粮棉油糖作物和奶牛、肉猪、能繁母猪等保险的政策支持基础上，肉牛、肉羊、家禽、水产养殖、水果种植、蔬菜种植等保险将逐步纳入中央财政补贴保险费的目录。

第三，进一步发挥农业保险在乡村振兴和农业现代化市场化建设中的重要功能和作用，将加大对农业保险的财政补贴作为支农惠农政策的首要选择，调整现行农业直补方式，将很大一部分直接补贴变成农业保险间接补贴。

第四，从监管层面来说，尽管目前监管规则（如市场准入规则、市场竞争规则、费用管理规则、市场退出规则等）缺项，但随着实践的发展，监管政策会进一步完善。这将使农业保险的市场监管不断加强，市场竞争规则逐步完善，使市场乱象得到进一步治理，农业保险的经营效率将得到提升，农业保险的政策目标能够顺利实现。

第五，把物化成本全覆盖作为现阶段农业保险的首要目标，确保农民一旦遭灾，能够具备兜底性的保障和恢复基本的再生产能力。完全成本保险是在完全保障物化成本基础上，将地租和劳动力成本纳入保障范围，就是在现行政策性保险和大灾保险试点基础上做加法。随着农产品价格形成机制改革的不断深化，为确保种粮农户收入稳定，必将加快探索建立种粮收入保险制度，由传统的政府通过保底价收购直接干预大宗农产品市场向利用保险等市场化手段调整转变，通过合理设定收入保险的保障水平，构建种粮收入的安全体系。

第六，创新完善"基本险+附加险"多层次农业保险，满足小农户和新型经营主体多元化的农业保险需求。例如，为小农户提供基本免费的低保障"基本险"，为新型农业经营主体提供较高保障水平的"附加险"，并且有不同档次的选择。

第七，加快建设农业保险经营的大灾风险管理制度。在目前公司级别大灾风险管理制度的基础上，国家层面的大灾风险分散制度正在加速建立，筹建农业再保险公司的意见已经得到批准，再保险的最后"屏障"也会逐步明确。

总之，农业保险政策会越来越丰富，越来越完善，越来越有利于农业保险的快速发展。

第三节　构建适合中国发展战略的农业保险制度

一、加强农业保险基本法律制度构建

农业保险作为世界各国普遍采用的支农工具，其使用方式受到国际社会规则框架的严格限制，我国政府在重视农业保险并运用农业保险手段支持农业发展的同时，也受到了来自国际组织的审视。农业保险本身风险高、回报低，在很大程度上需要具体规范的法律制度进行引导，才能保证其长远稳定发展。

加强我国农业保险法律制度构建，应从完善农业保险基本法开始，国务院应组织有关部门，充分借鉴国外立法的先进经验以及国际社会公认的农业保险政策实施规范，加快农业保险立法进程，在现行的《农业保险条例》的基础上，制定并颁布实施《农业保险法》，保障农业保险在法制化轨道上前行，以期达到同时满足国内外农业保险发展实施规范及要求的目的。按照政府主导和政策性定位加强农业保险立法工作，构建适合我国国情的特色农业保险法律制度，为完善农业保险制度、加快推进农业保险工作提供可靠的法制支撑。从优化农业保险监督管理机制、细化保险补贴的法律制度、完善农业保险大灾风险分散机制等几个方面对农业保险提供法律支持。同时，由于我国幅员辽阔，国务院在组织有关部门构建我国特色农业保险法律制度的同时，也应鼓励各地方政府依据区域内农业保险与农业发展的具体情况，出台地方特色农业保险管理办法，有针对性地为具体开展农业保险提供法律保障。此外，还应考虑在金融支农过程中通过完善相关法律体系有效发挥农业保险风险管理职能，通过完善《物权法》等相关法律提高三权抵押合规性，夯实物权抵押贷款保证保险业务的实施基础，以保障农地经营权、农民住房财产权抵押贷款保证保险等业务的合规开展。

二、完善农业保险财政支持制度

为适应深入推进农业供给侧结构性改革和努力培育农业农村发展新动能的需要，农业保险的进一步发展势在必行。我国目前的农业保险制度是建立在政府补贴保险费和实行一系列税收优惠政策基础上而发展起来的制度，离开政府的财政支持就不可能有农业保险市场，也不可能建立起政策性农业保险制度。

十几年来，得到政策支持的农、林、牧保险项目在不断增多。目前受到中央财政支持的农作物（包括森林）保险标的有 18 类，牲畜标的有 4 类，地方财政支持的农、林、牧、渔保险标的种类更为丰富。在不同的发展阶段，农业保险财政支持制度也应做出相应调整。标的范围的扩大可以采取差异化支持方式，对关系国计民生的重要农产品实行收入保险保费补贴，保障额度根据国际市场行情变化结合中国各地实际情况进行不断调整。鼓励各地区结合本地实际，紧紧围绕特色产业发展开设险种，探索开展"商业险"，进一步满足各类农业经营主体的保险需求，有针对性地扩大农业保险政策支持范围，差异化扶持各地农业保险发展。加快调整财政支农方式步伐，优化财政支农结构，将农业保险与农业信贷担保作为财政支农的重点方向，最大限度地减少农业直接补贴。

第一，调整财政补贴结构。一方面，财政补贴应尝试从直接补贴向风险补偿转变。选择合适地区尝试从农业直接补贴拿出一部分用于农业保险补贴，或选择拿出一定数额农业目标价格补贴资金用于产量保险或收入保险的探索和推广，真正发挥补贴对农业特别是粮食生产的稳定和促进作用。另一方面，农业保险作为农业生产的风险保障措施，虽不能直接决定农业经营主体的生产意愿，但却可作为政策支持工具参与到我国农业产业调整的工作中来。政府可以以政策性农业保险为手段，通过对不同农产品的保费补贴进行差异化设计，使政策性农业保险成为政府调整农产品生产结构的辅助手段和实现农业风险管理的最佳途径，充分发挥其在保障我国粮食安全、促进我国农业发展过程中的双重作用，进而解决政府对发展国际贸易的后顾之忧。

第二，创新财政支持方式。对财力较强的农业"小省"可以减少支持，对财力较弱的农业"大省"应该增加支持，对贫困农业产区实施倾斜保费补贴；农业保险保费补贴的产品目录要符合各地主导产业发展导向，对"特色"产品特别是重要农产品（如蔬菜、水果、畜牧和水产养殖等）应多加支持；要将涉农产品纳入补贴目录，保费补贴产品目录和数量要由中央按计划进行统一调控，以保障全国农业产业结构调整；对具有国际竞争力的农产品重点实施保费补贴，对国内品牌农产品实施重点支持。当然，财政也可能有财政资金的"普惠性"和"公平性"的考量，差异化财政支持需要有更充分的依据。

第三，引导新型农业经营主体积极参保。在新型农业经营主体大量涌现的背景下，财政补贴可做出适当性调整，逐步从补贴传统农业保险向补贴面向新型农村经营主体的创新型产品倾斜，对易遭自然灾害的适度规模经营主体的农作物重点进行保费补贴，对通过人为能够控制一定风险的养殖产品实施大灾保险保费补贴。通过实施财政保费补贴政策，引导和鼓励农户特别是适度规模经营主体积极参保，做到"愿保尽保"。中央财政的补贴应结合地方财政状况、国家对地方的财政补贴、农民收入状况等相关因素具体分析，灵活调整各方负担比例，扶持产业规模化发展。

第四，支持经营机构开展业务。对于专业农业保险公司，进行一定程度上的亏损补助和税收优惠，确保其金融支农的业务能力。经办机构可实施管理经营费用补贴，保费收入、理赔款项与经营管理费用要分开核算，便于建立全国分区域保险费率的厘定机制，在保障可持续发展的基础上，防止财政支出的不合理性。

第五，采取农业保险财政支持补充手段。对于超出中央财政承诺的补贴责任，中央财政要采取支持农业保险的补充手段，采取以奖代补的方式给予支持，为鼓励规模化种植，对投保面积在一定规模以上的农业经营主体，给予财政补贴保额标准上浮的奖补政策。要求"创新财政资金使用方式，推广政府和社会资本合作，实行以奖代补和贴息，支持建立担保机制，鼓励地方建立风险补偿基金，撬动金融和社会资本更多地投向农业农村"。

第六，鼓励各地区出台补贴政策。各地方应高度重视农业保险工作，根据阶段性目标任务和有关要求，结合本地区财政状况、特色农业发展和农户承受能力等因素，由省级财政筹集安排，研究出台相关特色农业补贴险种，制定切实可行的农业保险补贴政策和相关推动措施，切实提高补贴资金的使用效率。充分调动地方政府和社会资本的积极性，开发更多有各地特色的、适应农业供给侧结构性改革所需的价格保险和收入保险等产品。各地方政府应加强对财政补贴资金使用的监管，严格规范农业保险保费补贴资金预算、结算和清算工作，切实消除风险隐患，避免出现各类操作性风险。

三、完善农业保险监管制度

（一）加强市场组织主体准入监管

在农业保险这个特殊市场上，由于市场主体不断增多、规则体系不完善、监管力量不足等原因，个别地区无序竞争和违规操作的问题时有发生，道德风险和违法犯罪不同程度地存在，这些问题正在影响着农业保险的效率提升，影响政府进一步支持政策的投入。

整顿农业保险市场秩序应从建立一套包括市场进入、市场退出在内的有限竞争、有序竞争的严格规则体系开始，不能把监管商业保险的规则完全套用在农业保险市场上，财产保险机构"进场"之后不需要另设准入门槛，而农业保险不管采取何种方式都必须要设立门槛。经营主体进场之后，也需要加强督导调度和绩效管理，结合经办机构情况，针对经办机构制订考核评价制度，针对专业能力、机构网络、人员配备、信息管理等综合服务能力，进一步细化提出硬性规定和约束性要求，发挥考评"指挥棒"的作用，进一步加强和规范管理，引导经办机构加大投入，切实履行实施主体职责，推动农业保险提质增效。对于经办业务较差的公司，罚没保证金，减少或取消其承保地域；对于经办业务优秀的公司，增加其承保地域；严厉处罚违法违规经营机构，甚至在成本监管方面可以设限，比如对中介费用设定比例和限额；严禁农业保险经营主体通过损害投保农户利益的方式"补回来"。有效提升行业服务水平，实现农业保险支持农业产业发展的社会职责。

（二）完善农业保险经营模式

当前，我国农业保险与农业发展应将侧重点放在扶持产业规模化发展上，支持加快转变经济发展方式，加强标准化生产基地建设，大力发展农产品加工，创新流通方式，不断拓展产业链条，完善新型农业经营主体扶持政策，继续从加强标准化生产基地建设、促进产业优化升级、完善农产品市场体系、加快技术创新等方面着手，助力全面提高农业产业化经营水平。

第一，深化农业保险制度改革的需要。《农业保险条例》第二条指出，"省、自治区、直辖市人民政府可以确定适合本地区实际的农业保险经营模式"。省级农业保险经营模式的要素包括：确定本地区农业保险的发展目标，组建农业保险的组织协调机构，制定适合本地区的特殊支持政策和措施，选择符合本地实际的市场结构，组织各方力量做好本地风险区划，建立省级大灾风险分散制度，做好本地区农业保险发展规划。事实表明，有农业保险模式设计的省份和没有农业保险模式设计的省份，农业保险的发展程度和效果有明显差别。鼓励各地方政府与有关机构设计适合本地的经营模式，已有经营模式设计的省份也需要在实践中不断加以改进和优化，以实现准确契合保险市场实际情况、提高农业保险服务效率的目标。

第二，改进经营方式才能适应农业现代化发展。随着农业现代化步伐加快，土地流转在加速，新型农业经营主体蓬勃发展起来，农户的农业保险需求日益旺盛。从国家粮食安全考虑，农业保险需要从两个方面创新经营方式：一方面，对于新型农业经营主体，要适应他们的迫切要求，提高保障水平，使得他们在保险产品和保障层次方面有更多的选择机会。另一方面，针对广大分散农户，特别是缺乏需求的农户，由财政提供全部保险费补贴，但只提供物化成本的保险保障。这种创新将保证大多数小农户都被纳入国家农业风险管理体系。

第三，经营风险预警和运行监管机制。各地方农业保险监管部门应督促农业保险经营主体建立合理的经营风险预警机制和运行监管机制，从政府层面进行监管与指导，将政府行政力量介入农业保险经营活动中。经办机构应树立防赔结合、统筹平衡的理念，加强与气象、水利等灾害管理预报部门和农业、畜牧兽医、林业等主管部门的合作，建立信息交流和信息共享机制，对风险隐患做到早分析、早预警，将风险防范端口前移，切实提升农业保险经营机构风险管理能力，确保业务合理运行。

四、构建农业保险创新发展体系管理制度

（一）准确定位农业保险职责

现阶段，我国农业保险的制度目标主要考虑"提高农业生产抗风险能力"，即解决农业简单再生产问题。实际上，我国农业保险还需要承担乡村振兴，保证农业现代化和城市化的顺利推进，保障农业扩大再生产的顺利实施，保障农民的收入稳定及深化农村金融体制改革和脱贫攻坚等重要目标的实现。

每一种目标的扩展，每一种角色赋予，都与具体的农业保险发展内容和支持政策相关联。比如，要把扶贫纳入农业保险责任，就需要解决贫困农户的保险费支持问题；要实现为农业全面提供农业风险管理，不能仅保证狭义的粮食安全，还要保证广义的粮食安全，政府必须考虑扩大补贴的标的种类，把蔬菜、水果、水产养殖等标的保险纳入中央财政补贴的目录；要加大对于规模化农业生产的支持，就必须提高保障水平，真正为其提供风险保障。

（二）推动农业保险产品创新

我国农业保险开展初期，保险产品以针对各类农作物和牲畜的"成本保险"为主，这种低保障产品的优势在于它既适应了我国的财力约束，又适应我国缺乏经验的农业保险经营机构对于风险的防控。新时代背景下，我国农业农村发展环境发生重大变化，农业保险发展逐步从供给推动型向需求拉动型转变。我国农业保险长远发展应以政策支持为导向，构建农业保险创新发展体系管理制度，产品创新必须超越传统产品"低保费、低保额"的局限，在确保农业经营主体从事农业生产经营得到基本风险保障的基础上，循序提高农业保险的支撑和保障水平，满足不同区域、不同作物和不同类型农业经营主体对农业保险的差异化需求。

第一，鼓励地方因地制宜地开发多元化的农业保险产品。中央不断以政策创新带动地方，结合各地农业发展的实际情况细化农业保险领域，探索农业保险产品设计的方向，开发多元化的农业保险品种，特别是符合地区生态的地方优势特色创新型农业保险，丰富保险产品"篮子"，加快建立"广覆盖、高保障"的多层次农业保险体系。同时，推动农业保险从产量保险到收入保险以及价格保险的创新，释放出新产品的能量，从而完善农业支持保护制度。借鉴WTO《农业协定》内容，我国可利用已有的产量、价格保险及其补贴机制，积极探索并建立农作物收入保险及其补贴机制，推行相关的试点工作。

第二，鼓励开发符合国际贸易需求的农业保险产品。目前，我国大多数农业保险产品保障农产品在生产阶段所面临的农业风险。在此基础上，政府应鼓励农业保险经营机构积极开发适应于国际贸易的农业保险产品，为进出口农业保险的生产流通全过程提供连续性较强的风险管理工具。此外，由于政策性农业保险产品的推广速度较快，获得的政策优惠也较为优厚，对于有利于国际贸易的农业保险创新型产品，可以通过先试点后推广的方式将其逐步纳入政策性农业保险体系中，以提高新险种对农产品国际贸易的贡献程度，尽早为我国农产品国际贸易活动提供适当的风险保障。

第三，细化农业经营主体类别，实行差异化政策扶持制度。对于从事农业生产的一般小农户，可主要使用政策性收入保险手段，确保专门从事农业生产的小农户的收入水平高于绝对贫困线标准，凡是因自然灾害和市场价格波动导致专门从事农业生产的小农户减收的，都由财政补助到绝对贫困线标准以上水平。而对于新型农业经营主体，可考虑主要使用政策性价格保险手段。农业政策性价格保险是选择性的且需要缴纳保费，新型农业经营主体可以选择参加或不参加政策性价格保险，且可以根据自身实际情况选择缴纳保费金额。同时，对于新型农业经营主体是否具有参加政策性价格保险的资格，需要设置一定的门槛和条件。对不同类型农业经营主体进行差异化扶持，进而实现产品供给与农户需求的高度契合，是顺应农业生产精细化管理、提高农村金融服务效率的必要选择。

（三）促进"政银保"模式落地

农业现代化背景下，促进银保结合，构建农村信用共同体，成为促进农业产业发展的高效手段之一。当前，"政银保"融资模式已逐渐成熟，财政、信贷、保险三轮驱动，共同扶持新型农业经营主体发展，充分发挥信贷支农的引导作用，撬动更多金融资金和社会资本投向农业，并且在一定程度上有效分担各级农担公司所面临的担保风险，与农担公司协力盘活农村资本。"政银保"融资模式让保险公司以主要参与者的身份服务于农村信贷，体现涉农保险的重要社会意义。

2018 年 2 月召开的十九届三中全会拉开了新一轮国家机构改革的大幕，"中国银行保险监督管理委员会"正式挂牌，基于"中国智慧"的金融监管体制初步形成，金融监管开启"新银保时代"，从金融监管的角度拉近了政府、银行业、保险业之间的关系，为"政银保"模式平稳落地提供了支持。除此之外，各级政府应协力推进这一创新模式，从提供法律、法规等宏观背景支持到地方具体实施详细规划，分层次地促进"政银保"模式落地。

（四）建立农业信息数据库

一方面，建立我国农业保险灾害风险地图。由监管部门牵头，组织保险公司形成合力，通过历史出险记录与气象水文等有关部门数据资料的配合叠加，在业内发布共享，共同维护更新。各级气象、水利、农业等部门要抓紧建立农业灾害预警数据库，依法、及时、准确地向农业保险经办机构提供核灾定损所需的气象证明等灾害预警信息和灾害情况文本，建立我国农业保险灾害风险地图，为农业保险的政策制定、承保、查勘、定损提供技术支持。省级主管部门负责建档、备查、复核相关信息，积累与农业有关的丰富资料、信息，同时考虑建立专门农业保险信息数据库，以方便保险公司和农户较为准确地把握农业保险风险，并作为保险灾害核定的依据，准确厘定农业保险费率和赔付率，破解农业保险经营中的技术难题。

另一方面，建立开放、共享、集成的农业保险信息平台。将大数据技术与区块链技术结合应用于农业保险信息采集与存储，建立诚信记录和保险记录的数据中心，健全信息共享机制，搭建"三农"征信平台。借助此平台，保险公司根据较为全面的历史信息，及时发现和预防具体区域范围内可能存在的系统性风险，也能够及时甄别各类投保人的信用水平，促进其承保风险管理水平的提升，降低经营成本。除此之外，在全国建立统一的农作物再保险体系，同样也依赖于互联网、大数据等现代信息技术。省级农业信息数据库建立工作可通过购买服务方式，委托相关机构开发维护与完善农业保险综合信息服务平台，统一全省农业保险承保、理赔、保费补贴等数据口径和标准，完善补贴资金审核、拨付功能。在完成省农业保险综合信息服务平台一期建设的基础上，进一步优化和完善平台的开发建设工作，重点放在农户基础信息采集与维护、数据地图化展示、移动端互联等功能的开发上，统筹国土资源、财政、发展和改革、农业等各部门以及保险公司之间的关于生产、市场等各个方面的数据共享，运用大数据、云计算等技术手段，建立开放共享的农业保险信息平台，进而推动"互联网＋农业"的发展。

五、完善大灾风险分散制度

（一）完善农业保险大灾风险准备金制度

农业保险大灾风险准备金制度与政府的整体利益和长远利益是一致的。为支持农业保险大灾风险准备金发展，政府可从以下几方面开展工作：一是可根据《中华人民共和国农业法》《中华人民共和国保险法》《农业保险条例》等法律法规，加快制定《农业保险大灾风险准备金条例》。二是通过资源整合提高我国农业整体防灾减灾水平，提高农业基础设施设防标准，强化事前风险预防和事中风险控制，进一步完善国家综合防灾减灾体系。三是政府宣传推广，提高全社会大灾风险分散意识，增强全社会的风险管理能力。

除了基金制度本身的规范和约束外，外部还要接受农业保险监管机构的监督，监管部门最根本的任务是促进农业保险大灾风险准备金作为大灾风险分散工具，充分实现其政策目标。当然，农业保险大灾风险准备金作为新事物，需要我们在监督方法和手段上进行不断创新。同时，强化银行、证券、保险业的金融协调监管，在经营活动、信息披露、公司治理和监督控制等方面开展监督互动，建立信息共享制度。

（二）完善农业保险再保险制度

第一，增设农业再保险的具体法律规定。健全的法律体系是保障农业再保险健康发展的基础。目前，世界各国针对农业再保险的立法模式分为单独立法和合并立法两大类，鉴于我国农业再保险法律制度的建设尚处于探索阶段，所以仓促之间实施单独立法似不可取。《农业保险条例》针对农业保险已经做出了相应的法律规范，在此基础上，可先将农业再保险制度纳入《农业保险条例》当中，针对农业再保险的经营主体、再保险基金建立模式和再保险费率确立等做出相应的法律规定，并随着农业再保险实践的不断深入，逐步过渡到单独立法模式，可设想由财政部、农业农村部和银保监会共同制定《农业再保险管理规章》，并制定《农业再保险协议》来规范农业经营主体和再保险经营机构之间的权责关系。

第二，细化农业再保险财政补贴的法律制度。一是要明确补贴主体。划清中央和地方政府各自的职责范围，由于农业再保险属于一种准公共产品，因而应进一步提高中央财政补贴的比例。同时，地方政府要结合所管辖区域的农业特色和经济结构等有针对性地开展农业再保险财政补贴工作，中央要对地方政府的相关工作进行考核，以激励地方政府扶持农业再保险发展的积极性。二是扩大补贴范围。中央除了要稳定现有的纳入农业再保险的农产品种类之外，还要尽快建立全国范围的统保机制。要适时增加农业再保险标的的种类数量（如茶叶种植和枣树种植等），并适度考虑将动植物新品种和农产品加工销售环节等纳入农业再保险体系中，最终建立一个开放性的有进有出的体系平台。三是加大政策优惠力度。由于农业再保险经营机构帮助政府实现了相关的农业政策，因而不具有营利性质，故而政府应对符合条件的农业再保险经营机构免除一切税收，在特殊情况下为其提供紧急财政援助，并通过发行金融债券等手段为其筹集资金提供支持。

第三，优化农业再保险的监管机制。一是确立监管主体。农业再保险与商业保险二者之间的差异明显，这也导致了农业再保险的监管方式具有一定的特殊性。目前比较理想的做法是设立国务院直接管辖的监管机构，专职负责农业再保险的监督管理，以法律或规章的形式赋予该部门权力和责任。如此一来，这个独立的监管机构可以获得更为充分的资源支持。二是明确监管内容。农业再保险的监管内容主要包括：农业再保险人的准入和退出，审核农业原保险人的经营状况，制订农业再保险行业的规范运行制度，监督再保险合同的履行状况以及建立农业再保险资料数据库等。监管对象不但包括原保险人和再保险人，还可扩展到整个再保险市场的相关主体。同时，建立农业再保险经营机构评估系统，对资金状况、偿付能力及经营模式等进行动态监测，如果发现问题，应督促其及时进行修正，促进其业务水平的提升。

（三）建立农业保险超赔补偿机制

目前，我国全面推广的农业保险大灾风险管理层级仅有两层，即农业保险经营机构层面的农业保险大灾风险准备金制度和农业保险再保险制度。当农业保险大灾风险准备金难以补偿农业大灾造成的农业风险损失时，农业再保险就成为我国现有农业保险制度下的最后一道风险防护网。当农业保险再保险资金难以负荷相应损失时，农业经营主体、农业保险经营机构及农业再保险组织都将遭受严重的冲击，此时迫切需要对再保险之后的超赔责任做出进一步的安排，为农业保险大灾风险管理兜底。未来，我国农业保险大灾风险管理制度深层次发展主要可采取两类模式，即筹建政府层面的农业保险大灾风险准备金模式及农业保险经营机构融资模式。

筹建政府层面的农业保险大灾风险准备金模式亦可称为"政府兜底"模式，是指当农业保险经营机构出现超赔且农业再保险公司无力承担超额赔付而需要外部补偿资金时，由政府筹集的大灾风险准备金为其支付所需超赔款。该模式能够为农业保险经营机构提供充足的外部补充资金，但会对政府财政造成较大负担，同时也需要考虑建立几级大灾风险准备金、由哪一层或哪几层政府负责出资筹建大灾风险准备金、筹资渠道的选择等问题。

农业保险经营机构通过一定融资手段并借助政府增信获得外部补偿资金的模式，可称为"融资预案"模式，是指由中央财政担保，由农业保险经营机构贷款或发行农业保险大灾风险债券并偿还本金，中央和地方政府按一定比例筹资建立政府层级大灾准备金，以该部分资金为农业保险经营机构补贴支付融资利息。该模式在开展贷款和发行农业保险大灾债券过程中的运营成本可能会高于"政府兜底"模式，但其对各级政府财政造成的筹资压力明显低于"政府兜底"模式，且能够有效提高政府和保险公司的资金利用效率。故"融资预案"模式可被视为未来我国农业保险大灾风险管理制度深层次发展的方向之一。

本章小结

本章主要讨论了国际背景下中国农业保险政策发展导向，包括WTO《农业协定》对中国农业保险政策发展的导向与国际贸易对中国农业保险政策发展的导向，明确中国农业保险政策的未来发展方向，并提出构建适合中国发展战略的农业保险制度的建议，为中国农业保险制度与政策的进一步发展提供参考。

重点概念

"绿箱"政策　农业生产及贸易　农业保险政策目标　农业保险法律制度　财政支持　市场组织主体准入　"政银保"模式　农业保险大灾风险准备金

思考与练习

1. 我国政策性农业保险与"绿箱"政策存在哪些差异？
2. 国际贸易对我国农业生产及贸易产生了哪些影响？
3. 简述在今后几年，我国农业保险政策发展可能的变化。
4. 如何完善农业保险财政支持制度？
5. 简述完善农业保险经营模式的方法。
6. 简述建立农业信息数据库的意义。
7. 简述完善农业再保险制度的策略。

参考文献

[1] 史岩. 美国农业保险补贴规避WTO规则约束的策略研究[J]. 世界农业, 2018（1）: 65-71.

[2] 齐皓天, 徐雪高, 朱满德, 等. 农业保险补贴如何规避WTO规则约束: 美国做法及启示[J]. 农业经济问题, 2017（7）: 101-109, 112.

[3] 孙东升. 经济全球化与中国农产品贸易研究[D]. 北京: 中国农业科学院, 2001.

[4] 衰振华. 全球化退潮背景下国际贸易发展前瞻[J]. 商业经济研究, 2018（19）: 118-121.

[5] 程国强. WTO 农业规则和中国农业发展[M]. 北京：中国经济出版社，2001.

[6] 庹国柱，张峭. 论我国农业保险的政策目标[J]. 保险研究，2018（7）：7-15.

[7] 庹国柱，谢小亮. 十年农业保险发展特点和未来期望[J]. 中国保险，2017（7）：18-21.

[8] 庹国柱. 打造农险 2.0 版本需要突破的瓶颈问题（一）[N]. 中国保险报，2017-05-09.

[9] 庹国柱. 打造农险 2.0 版本需要突破的瓶颈问题（二）[N]. 中国保险报，2017-05-23.

[10] 庹国柱. 打造农险 2.0 版本需要突破的瓶颈问题（三）[N]. 中国保险报，2017-06-13.

[11] 庹国柱. 加快培育农业发展新动能 农业保险大有作为[J]. 甘肃农业，2017（7）：42-44.

[12] 刘惠明，耿春丽. 我国农业保险法律制度存在的问题与对策[J]. 贵州农业科学，2017（3）：155-158.

[13] 李国祥. 新时代的农业发展急需政策性农业保险[J]. 农经，2018（9）：14-16.

[14] 徐良. 试论我国农业再保险法律体系的构建[J]. 农业经济，2017（12）：78-79.

[15] 庹国柱. 试论农业保险创新及其深化[J]. 农村金融研究，2018（6）：9-13.

[16] 李彦. 我国农业巨灾风险基金制度构建研究[D]. 泰安：山东农业大学，2018.

[17] 吕晓英，蒲应奏，李先德. 中国农业保险"政府兜底"和"融资预案"大灾风险分散方式的模拟和比较[J]. 中国软科学，2016（4）：22-33.

历年农业保险政策附录

1. 1981 年 6 月 27 日，中国共产党十一届六中全会一致通过《中国共产党中央委员会关于建国以来党的若干历史问题的决议》

2. 1981 年 11 月 21 日，中国人民保险公司发布《国内渔船保险条款》

3. 1982 年 2 月 11 日，国务院发布《国务院批转中国人民银行关于国内保险业务恢复情况和今后发展意见的报告的通知》

4. 1982 年 9 月 1 日，中国共产党第十二次全国代表大会报告《全面开创社会主义现代化建设的新局面》

5. 1983 年，农业部、中国人民保险公司联合颁布《关于开展国内渔船保险工作的通知》

6. 1984 年 2 月 27 日，国务院印发《关于农民个人或联户购置机动车船和拖拉机经营运输业的若干规定》

7. 1984 年 10 月 20 日，中国共产党第十二届中央委员会第三次全体会议通过《中共中央关于经济体制改革的若干决定》

8. 1984 年 11 月 3 日，国务院颁布《国务院批转中国人民保险公司关于加快发展我国保险事业的报告的通知》

9. 1985 年 1 月 1 号，中央一号文件《中共中央、国务院关于进一步活跃农村经济的十项政策》成文

10. 1985 年 10 月 18 日，国务院办公厅发布《国务院办公厅转发农牧渔业部关于改进大中城市农牧渔业工作的报告的通知》

11. 1986 年 1 月 1 日，中央一号文件《中共中央、国务院关于一九八六年农村工作的部署》成文

12. 1987 年 1 月 22 日，中央五号文件《把农村改革引向深入》通过并发布

13. 1987 年 8 月 13 日，国务院发布《国务院批转全国牧区工作会议纪要的通知》

14. 1988 年 10 月 12 日，浙江省政府通过并发布《浙江省乡镇渔业船舶安全管理暂行办法》

15. 1988 年 11 月 12 日，保监会发布《中国人民保险公司、公安部、农业部关于实施拖拉机第三者责任法定保险的通知》，并于 1989 年 2 月 1 日开始执行

16. 1989 年 7 月 22 日，黑龙江省第七届人民代表大会常务委员会第十次会议通过并发布《黑龙江农民负担管理条例》

17. 1990 年 2 月 3 日，国务院发布《国务院关于切实减轻农民负担的通知》

18. 1990 年 3 月 27 日，甘肃省人民政府通过并发布《甘肃省农机事故处理暂行规定》

19. 1991 年 10 月 15 日，青海省人民政府第 40 次常务会议通过并发布《青海省农机事故处理办法》

20. 1991 年 11 月 29 日，中国共产党第十三届中央委员会第八次全体会议通过《中共中央关于进一步加强农业和农村工作的决定》

21. 1991 年 12 月 7 日，国务院发布《农民承担费用和劳务管理条例》

22. 1992 年 7 月 13 日，吉林省第七届人民代表大会常务委员会第二十九次会议通过并发布《吉林省农民负担管理条例》

23. 1992 年 7 月 23 日，《国务院办公厅关于进一步做好农民承担费用和劳务监督管理工作的通知》发布

24. 1992 年 9 月 2 日，安徽省人民政府水产局通过并发布《安徽省渔业船舶安全管理暂行办法》

25. 1992 年 9 月 7 日，国务院办公厅印发《国务院办公厅关于加强对拖拉机运输交通管理的通知》

26. 1992 年 10 月 26 日，吉林省人民政府令第 64 号文件《吉林省农机事故处理规定》通过并发布

27. 1992 年 10 月 26 日，天津市人民政府令第 54 号文件《天津市农业机械安全监理规定》通过并发布

28. 1993 年 7 月 2 日，第八届全国人民代表大会常务委员会第二次会议通过并颁布《中华人民共和国农业法》，2002 年 12 月 28 日、2012 年 12 月 28 日先后进行修订

29. 1993 年 7 月 13 日，贵州省人民政府通过并发布《贵州省实施〈农民承担费用和劳务管理条例〉办法》

30. 1993 年 11 月 14 日，中国共产党第十四届中央委员会第三次全体会议通过《中共中央关于建立社会主义市场经济体制若干问题的决定》

31. 1994 年 9 月 19 日，江西省人民政府令第 34 号文件《江西省农业机械安全监督管理办法》通过并发布

32. 1994 年 11 月 4 日，辽宁省人民政府令第 48 号文件《辽宁省农民承担费用和劳务管理实施办法》通过并发布

33. 1995 年 8 月 17 日，四川省第八届人民代表大会常务委员会第十六次会议通过并颁布《四川省农业机械管理条例》

34. 1995 年 11 月 17 日，内蒙古自治区第八届人民代表大会常务委员会第十七次会议通过并颁布《内蒙古自治区农牧民负担监督管理条例》

35. 1996 年 7 月 26 日，湖北省人民政府令第 104 号通过并发布《湖北省农业机械安全监督管理办法》

36. 1996 年 8 月 2 日，贵州省第八届人民代表大会常务委员会第二十三次会议通过并颁布《贵州省农业机械管理条例》

37. 1996 年 8 月 22 日，国务院发布《关于农村金融体制改革的决定》

38. 1996 年 12 月 30 日，安徽省人民政府令第 79 号文件《安徽省农业机械安全监督管理办法》发布

39. 1996 年 12 月 30 日，中共中央、国务院印发《中共中央、国务院关于切实做好减轻农民负担工作的决定》

40. 1996 年 12 月 31 日，安徽省第八届人民代表大会常务委员会第二十八次会议通过并颁布《安徽省农民负担管理条例》

41. 1997 年 1 月 27 日，国务院印发《国务院批转农业部关于进一步加快渔业发展意见的通知》

42. 1997 年 8 月 4 日，浙江省水产局通过并发布《浙江省国际鲜销渔船安全管理暂行规定》

43. 1997 年 12 月 19 日，安徽省第八届人民代表大会常务委员会第三十五次会议通过并发布《安徽省农业机械管理条例》

44. 1998 年 1 月 7 日，浙江省水产局通过并发布《〈中华人民共和国渔业船舶登记办法〉浙江省实施办法》

45. 1998 年 5 月 30 日，内蒙古自治区第九届人民代表大会常务委员会第三次会议通过并颁布《内蒙古自治区农业机械管理条例》

46. 1999 年 3 月 22 日，《国务院办公厅转发农业部、监察部、财政部、国家计委、法制办关于 1998 年农民负担执法检查情况报告的通知》发布

47. 1999 年 11 月 25 日，辽宁省第九届人民代表大会常务委员会第十二次会议通过并颁布《辽宁省农民承担费用和劳务管理条例》

48. 2000 年 3 月 2 日，中共中央、国务院印发《关于进行农村税费改革试点工作的通知》

49. 2002 年 8 月 13 日，中共浙江省委办公厅、浙江省人民政府办公厅出台《关于加强农村经营服务价格和收费管理的意见》

50. 2002 年 8 月 13 日，中共浙江省委办公厅、浙江省人民政府办公厅出台《关于严格执行农村税费改革有关纪律的若干意见》

51. 2003 年 10 月 14 日，中国共产党第十六届中央委员会第三次全体会议通过《中共中央关于完善社会主义市场经济体制若干问题的决定》

52. 2003 年 11 月，保监会完成《建立农业保险制度的初步方案》

53. 2003 年 11 月 20 日，山东省农机管理办公室通过并发布《山东省农机跨区作业中介组织管理暂行办法》

54. 2004 年 2 月 8 日，中央一号文件《中共中央国务院关于促进农民增加收入若干政策的意见》

55. 2004 年 2 月 20 日，国务院办公厅印发《关于落实中共中央国务院关于促进农民增进收入若干政策意见有关政策措施的通知》

56. 2005 年 1 月 30 日，中央一号文件《中共中央国务院关于进一步加强农村工作提高农业综合生产能力若干政策的意见》

57. 2005 年 2 月 17 日，国务院办公厅印发《关于落实中共中央国务院关于进一步加强农村工作提高农业综合生产能力若干政策意见有关政策措施的通知》

58. 2005 年 4 月 4 日，国务院出台《关于 2005 年深化经济体制改革的意见》

59. 2005 年 10 月 11 日，中国共产党第十六届中央委员会第五次全体会议通过并出台《中共中央关于制定国民经济和社会发展第十一个五年规划的建议》

60. 2006 年 2 月 10 日，国务院办公厅印发《关于落实中共中央国务院关于推进社会主义新农村建设若干意见有关政策措施的通知》

61. 2006 年 2 月 21 日，中央一号文件《中共中央国务院关于推进社会主义新农村建设的若干意见》

62. 2006 年 3 月 9 日，浙江省人民政府通过并发布《浙江省人民政府关于开展政策性农业保险试点工作的通知》

63. 2006 年 6 月 15 日，国务院出台《关于保险业改革发展的若干意见》

64. 2006 年 7 月 3 日，农业部印发《全国农业和农村经济发展第十一个五年规划（2006—2010 年）》

65. 2006 年 9 月 11 日，农垦局出台《全国农垦经济与社会发展第十一个五年规划（2006—2010 年）》

66. 2006 年 9 月 21 日，保监会印发《中国保险业发展"十一五"规划纲要》

67. 2007 年 1 月 26 日，国务院颁布《关于促进畜牧业持续健康发展的意见》

68. 2007 年 1 月 29 日，中央一号文件《中共中央、国务院关于积极发展现代农业扎实推进社会主义新农村建设的若干意见》

69. 2007 年 2 月 10 日，国务院办公厅发布《关于落实中共中央国务院关于积极发展现代农业扎实推进社会主义新农村建设若干意见有关政策措施的通知》

70. 2007 年 4 月 13 日，财政部发布《关于印发〈中央财政农业保险保费补贴试点管理办法〉的通知》

71. 2007 年 6 月 27 日，财政部发布《关于财政农业保险保费补贴国库集中支付有关事项的通知》

72. 2007 年 7 月 18 日，财政部发布《关于印发〈能繁母猪保险保费补贴管理暂行办法〉的通知》

73. 2007 年 7 月 30 日，国务院出台《关于促进生猪生产发展稳定市场供应的意见》

74. 2007 年 7 月 30 日，财政部通过《能繁母猪补贴资金管理暂行办法》

75. 2007 年 8 月 2 日，保监会印发《关于建立生猪保险体系促进生猪生产发展的

紧急通知》

76. 2007 年 8 月 8 日，保监会、农业部联合发布《关于做好生猪保险和防疫工作的通知》

77. 2007 年 9 月 14 日，保监会印发《关于进一步贯彻落实国务院促进能繁母猪保险和生猪保险发展有关要求的通知》

78. 2007 年 9 月 22 日，国务院办公厅出台《关于促进油料生产发展的意见》

79. 2007 年 9 月 27 日，国务院出台《关于促进奶业持续健康发展的意见》

80. 2007 年 9 月 30 日，国务院办公厅发布《关于落实促进油料生产发展有关措施的通知》

81. 2007 年 11 月 15 日，保监会发布《关于印发〈农业保险统计制度〉的通知》

82. 2007 年 12 月 7 日，保监会发布《关于印发农业保险统计制度分析指标和分析图表的通知》

83. 2007 年 12 月 9 日，国务院办公厅印发《关于加强抗旱工作的通知》

84. 2007 年 12 月 20 日，国务院办公厅印发《关于进一步扶持生猪生产稳定市场供应的通知》

85. 2007 年 12 月 31 日，中央一号文件《中共中央、国务院关于切实加强农村基础建设进一步促进农业发展农民增收的若干意见》

86. 2008 年 1 月 10 日，保监会发布《关于进一步加强能繁母猪保险工作有关要求的紧急通知》

87. 2008 年 2 月 26 日，财政部通过《中央财政种植业保险保费补贴管理办法》

88. 2008 年 2 月 26 日，财政部通过《中央财政养殖业保险保费补贴管理办法》

89. 2008 年 3 月 29 日，国务院发布《关于印发 2008 年工作要点的通知》

90. 2008 年 4 月 7 日，保监会出台《关于做好 2008 年农业保险工作保障农业和粮食生产稳定发展的指导意见》

91. 2008 年 4 月 28 日，河北省财政厅出台《河北省养殖业保险保费财政补贴管理办法》

92. 2008 年 4 月 28 日，安徽省政府出台《关于开展政策性农业保险试点工作的实施意见》

93. 2008 年 4 月 29 日，河北省财政厅出台《河北省种植业保险保费财政补贴管理办法》

94. 2008 年 5 月 7 日，河南省财政厅《河南省开展水稻棉花保险试点工作实施方案》

95. 2008 年 5 月 29 日，河南省财政厅通过《河南省开展水稻棉花种植业保险保费补贴管理暂行办法》

96. 2008 年 6 月 2 日，内蒙古自治区人民政府办公厅颁布《内蒙古自治区 2008 年农业保险保费补贴实施方案》

97．2008 年 6 月 8 日，中共中央、国务院出台《关于全面推进集体林权制度改革的意见》

98．2008 年 6 月 10 日，宁夏回族自治区政府颁布《2008 年宁夏政策性农业保险试点实施方案》

99．2008 年 7 月 16 日，保监会发布《中国保险监督管理委员会关于加强政策性农业保险各项政策措施落实工作的通知》

100．2008 年 7 月 22 日，国务院办公厅转发发展改革委《关于 2008 年深化经济体制改革工作意见的通知》

101．2008 年 8 月 29 日，保监会印发《中国保监会关于进一步规范财产保险市场秩序工作方案》

102．2008 年 9 月 7 日，国务院出台《关于进一步促进宁夏经济社会发展的若干意见》

103．2008 年 9 月 7 日，国务院出台《关于进一步推进长江三角洲地区改革开放和经济社会发展的指导意见》

104．2008 年 10 月 12 日，国务院办公厅印发《关于加强渔业安全生产工作的通知》

105．2008 年 10 月 12 日，中国共产党第十七届中央委员会第三次全体会议通过《中共中央关于推进农村改革发展若干重大问题的决定》

106．2008 年 11 月 25 日，新疆维吾尔自治区人民政府办公厅发布《关于印发新疆维吾尔自治区政策性农业保险保费补贴资金管理暂行办法的通知》

107．2008 年 12 月 1 日，国务院颁布《森林防火条例》

108．2008 年 12 月 8 日，国务院办公厅出台《关于当前金融促进经济发展的若干意见》

109．2008 年 12 月 31 日，中央一号文件《中共中央、国务院关于促进农业稳定发展农民持续增收的若干意见》

110．2009 年 1 月 16 日，农业部出台《关于做好 2009 年农业农村经济工作的意见》

111．2009 年 1 月 26 日，国务院出台《关于推进重庆市统筹城乡改革和发展的若干意见》

112．2009 年 2 月 26 日，国务院颁布《中华人民共和国抗旱条例》

113．2009 年 2 月 28 日，第十一届全国人民代表大会常务委员会第七次会议修订通过《中华人民共和国保险法》（2009 年修订）

114．2009 年 4 月 13 日，保监会印发《关于规范政策性农业保险业务管理的通知》

115．2009 年 5 月 10 日，国务院颁布《关于当前稳定农业发展促进农民增收的意见》

116. 2009 年 5 月 25 日，中国人民银行、财政部、银监会、保监会、国家林业局联合出台《关于做好集体林权制度改革与林业发展金融服务工作的指导意见》

117. 2009 年 5 月 27 日，农业部发布《关于下拨中央财政种植业保险保费补贴资金的通知》

118. 2009 年 5 月 27 日，财政部发布《财政部关于中央财政森林保险保费补贴试点工作有关事项的通知》

119. 2009 年 8 月 3 日，保监会、农业部联合印发《关于进一步加强生猪保险和防疫工作促进生猪生产发展的通知》

120. 2009 年 8 月 21 日，财政部、国家税务总局联合印发《关于保险公司提取农业巨灾风险准备金企业所得税税前扣除问题的通知》

121. 2009 年 9 月 1 日，保监会发布《关于进一步做好农业保险发展工作的通知》

122. 2009 年 9 月 9 日，保监会发布《关于切实做好东北地区农业保险旱灾理赔工作的紧急通知》

123. 2009 年，江苏省保监局通过《江苏省政策性农业保险实务规程（试行）》

124. 2009 年 9 月 9 日，国务院印发《关于进一步实施东北地区等老工业基地振兴战略的若干意见》

125. 2009 年 12 月 15 日，财政部、林业局、保监会联合发布《关于做好森林保险试点工作有关事项的通知》

126. 2009 年 12 月 31 日，中央一号文件《中共中央、国务院关于加大统筹城乡发展力度进一步夯实农业农村发展基础的若干意见》成文

127. 2010 年 1 月 13 日，农业部颁布《关于做好 2010 年农业农村经济工作的意见》

128. 2010 年 3 月 9 日，国务院办公厅出台《关于统筹推进新一轮"菜篮子"工程建设的意见》

129. 2010 年 3 月 21 日，国务院出台《关于落实〈政府工作报告〉重点工作部门分工的意见》

130. 2010 年 3 月 26 日，保监会印发《关于做好西南地区旱灾理赔和防灾减灾工作的通知》

131. 2010 年 4 月 22 日，保监会、银监会联合出台《关于加强涉农信贷与涉农保险合作的意见》

132. 2010 年 5 月 7 日，保监会印发《关于进一步做好 2010 年农业保险工作的通知》

133. 2010 年 5 月 19 日，人民银行、银监会、证监会、保监会联合颁布《关于全面推进农村金融产品和服务方式创新的指导意见》

134. 保监会发布《关于加强农业保险监管切实保障秋粮生产有关工作的通知》保监厅发〔2010〕67 号

135. 2010 年 5 月 31 日，财政部发布《关于 2010 年度中央财政农业保险保费补贴工作有关事项的通知》

136. 2010 年 6 月 7 日，财政部发布《关于进一步做好农业保险保费补贴工作有关事项的通知》

137. 2010 年 6 月 23 日，保监会《关于做好应对暴雨洪涝灾害工作的紧急通知》

138.《关于报送暴雨洪涝灾害农业保险理赔情况的通知》

139. 2010 年 7 月 5 日，国务院出台《关于促进农业机械化和农机工业又好又快发展的意见》

140. 2010 年 7 月 5 日，四川省财政厅印发《四川省特色农业保险工作奖补方案》

141. 2010 年 8 月 4 日，福建省林业厅、财政厅联合发布《关于印发〈森林保险理赔操作规程（试行）〉及〈森林保险灾害损失认定标准〉的通知》

142. 2010 年 8 月 27 日，国务院印发《关于进一步促进蔬菜生产保障市场供应和价格基本稳定的通知》

143. 2010 年 10 月 11 日，国务院办公厅印发《关于促进我国热带作物产业发展的意见》

144. 2010 年 11 月 30 日，国务院办公厅转发发展改革委、农业部《关于加快转变东北地区农业发展方式建设现代农业指导意见的通知》

145. 2010 年 12 月 31 日，中央一号文件《中共中央、国务院关于加快水利改革发展的决定》

146. 2011 年 1 月 6 日，农业部通过《关于做好 2011 年农业农村经济工作的意见》

147. 2011 年 3 月 20 日，国务院办公厅出台《关于开展 2011 年全国粮食稳定增产行动的意见》

148. 2011 年 4 月 1 日，保监会印发《关于进一步做好 2011 年农业保险工作的通知》

149. 2011 年 4 月 7 日，保监会发布《关于加强农业保险承保管理工作的通知》

150. 2011 年 4 月 10 日，国务院出台《关于加快推进现代农作物种业发展的意见》

151. 2011 年 6 月 1 日，国务院出台《关于促进牧区又好又快发展的若干意见》

152. 2011 年 7 月 27 日，国务院办公厅印发《关于促进生猪生产平稳健康持续发展防止市场供应和价格大幅波动的通知》

153. 2011 年 9 月 28 日，国务院出台《关于支持河南省加快建设中原经济区的指导意见》

154. 2011 年 10 月 31 日，农业部办公厅通过《农业部办公厅关于各地贯彻落实〈国务院关于促进农业机械化和农机工业又好又快发展的意见〉情况的通报》

155. 2011 年 12 月 13 日，国务院办公厅出台《关于加强鲜活农产品流通体系建设的意见》

156. 2011 年 12 月 26 日，国务院办公厅印发《关于加强林木种苗工作的意见》

157. 2011 年 12 月 31 日，中央一号文件《中共中央、国务院关于加快推进农业科技创新持续增强农产品供给保障能力的若干意见》

158. 2012 年 1 月 12 日，保监会印发《关于加强农业保险理赔管理工作的通知》

159. 2012 年 1 月 12 日，国务院出台《关于进一步促进贵州经济社会又好又快发展的若干意见》

160. 2012 年 1 月 13 日，国务院发布《关于印发全国现代农业发展规划（2011—2015 年）的通知》

161. 2012 年 1 月 20 日，财政部印发《关于进一步加大支持力度 做好农业保险保费补贴工作的通知》

162. 2012 年 3 月 6 日，国务院出台《关于支持农业产业化龙头企业发展的意见》

163. 2012 年 3 月 22 日，国务院通过《关于落实〈政府工作报告〉重点工作部门分工的意见》

164. 2012 年 4 月 25 日，保监会印发《关于进一步做好 2012 年农业保险工作的通知》

165. 2012 年 5 月 20 日，国务院办公厅发布《关于印发国家中长期动物疫病防治规划（2012—2020 年）的通知》

166. 2012 年 8 月 18 日，广西保监局发布《2012 年进一步推进田东县"三农"保险试点工作方案》

167. 2012 年 11 月 12 日，国务院印发《农业保险条例》

168. 2012 年 12 月 1 日，国务院发布《关于印发服务业发展"十二五"规划的通知》

169. 2012 年 12 月 5 日，农业部、财政部联合发布《关于选择部分国家现代农业示范区开展农业改革与建设试点的通知》

170. 2012 年 12 月 26 日，国务院办公厅发布《关于印发全国现代农作物种业发展规划（2012—2020 年）的通知》

171. 2012 年 5 月 24 日，内蒙古自治区人民政府出台《关于加快自治区农牧业机械工业发展的实施意见》

172. 2012 年 12 月 31 日，2013 年中央一号文件《中共中央、国务院关于加快发展现代农业进一步增强农村发展活力的若干意见》成文

173. 2013 年 2 月 19 日，财政部印发《关于 2013 年度农业保险保费补贴工作有关事项的通知》

174. 2013 年 4 月 7 日，保监会发布《关于加强农业保险条款和费率管理的通知》

175. 2013 年 4 月 7 日，保监会发布《关于加强农业保险业务经营资格管理的通知》

176. 2013 年 5 月 29 日，保监会发布《关于进一步贯彻落实〈农业保险条例〉做

好农业保险工作的通知》

177．2013 年 7 月 1 日，国务院办公厅出台《关于金融支持经济结构调整和转型升级的指导意见》

178．2013 年 7 月 31 日，财政部印发《关于 2013 年度中央财政农业保险保费补贴有关事项的通知》

179．2013 年 8 月 15 日，保监会印发《关于进一步加强农业保险业务监管规范农业保险市场秩序的紧急通知》

180．2013 年 8 月 4 日，国务院办公厅印发《关于做好当前高温干旱防御应对工作的通知》

181．2013 年 12 月 8 日，财政部发布《农业保险大灾风险准备金管理办法》

182．2014 年 1 月 19 日，中央一号文件《关于全面深化农村改革加快推进农业现代化的若干意见》

183．2014 年 2 月 28 日，财政部发布《农业保险大灾风险准备金会计处理规定》

184．2014 年 3 月 5 日，2014 年《政府工作报告》通过并公布

185．2014 年 4 月 9 日，保监会、财政部联合发布《关于开展 2014 年农业保险检查的通知》

186．2014 年 4 月 20 日，国务院办公厅印发《关于金融服务"三农"发展的若干意见》

187．2014 年 5 月 26 日，国务院办公厅出台《关于进一步加强林业有害生物防治工作的意见》

188．2014 年 8 月 10 日，国务院发布《国务院关于加快发展现代保险服务业的若干意见》（又称保险业新"国十条"）

189．2014 年 9 月 19 日，国家发展改革委印发《国家应对气候变化规划（2014—2020 年）》

190．2014 年 10 月 20 日，国务院办公厅出台《关于建立病死畜禽无害化处理机制的意见》

191．2014 年 11 月 21 日，中共中央办公厅、国务院办公厅印发《关于引导农村土地经营权有序流转发展农业适度规模经营的意见》

192．2014 年 12 月 26 日，国务院办公厅印发《关于加快木本油料产业发展的意见》

193．2014 年 12 月 30 日，国务院办公厅印发《关于引导农村产权流转交易市场健康发展的意见》

194．2014 年 12 月 31 日，国务院发布《国务院关于建立健全粮食安全省长责任制的若干意见》

195．2015 年 2 月 1 日，中央一号文件《关于加大改革创新力度加快农业现代化建设的若干意见》

196. 2015 年 2 月 4 日，农业部发布《关于扎实做好 2015 年农业农村经济工作的意见》

197. 2015 年 2 月 17 日，农业部发布《关于进一步调整优化农业结构的指导意见》

198. 2015 年 2 月 15 日，保监会、财政部和农业部联合发布《关于进一步完善中央财政保费补贴型农业保险产品条款拟定工作的通知》

199. 2015 年 3 月 5 日，2015 年《政府工作报告》通过并公布

200. 2015 年 3 月 9 日，国家发展改革委办公厅印发《国家应对气候变化规划（2014—2020 年）重点工作部门分工》

201. 2015 年 3 月 17 日，保监会印发《农业保险承保理赔管理暂行办法》

202. 2015 年 3 月 25 日，中国保监会发布《关于中央财政保费补贴型农业保险产品条款清理工作的通知》

203. 2015 年 4 月 14 日，国务院办公厅转发《中药材保护和发展规划（2015—2020 年）》

204. 2015 年 5 月 7 日，农业部、财政部联合发布《关于选择部分国家现代农业示范区实施以奖代补政策的通知》

205. 2015 年 7 月 9 日，财政部、农业部联合发布《关于支持多种形式适度规模经营促进转变农业发展方式的意见》

206. 2015 年 7 月 30 日，国务院办公厅发布《国务院办公厅关于加快转变农业发展方式的意见》

207. 2015 年 7 月 31 日，保监会发布《农业保险数据规范（JR/T0128-2015）》

208. 2015 年 8 月 10 日，国务院出台《关于开展农村承包土地的经营权和农民住房财产权抵押贷款试点的指导意见》

209. 2015 年 10 月 29 日，中国共产党第十八届中央委员会第五次全体会议通过《中共中央关于制定国民经济和社会发展第十三个五年规划的建议》

210. 2015 年 11 月 2 日，中共中央办公厅、国务院办公厅印发《深化农村改革综合性实施方案》

211. 2015 年 11 月 29 号，中共中央、国务院通过《关于打赢脱贫攻坚战的决定》

212. 2015 年 12 月 24 日，国务院发布《关于支持沿边重点地区开发开放若干政策措施的意见》

213. 2015 年 12 月 30 日，国务院办公厅发布《关于推进农村一二三产业融合发展的指导意见》

214. 2015 年 12 月 31 日，国务院印发《推进普惠金融发展规划（2016—2020）》

215. 2015 年 12 月 31 日，2016 年中央一号文件《中共中央国务院关于落实发展新理念加快农业现代化实现全面小康目标的若干意见》成文

216. 2016 年 1 月 8 日，财政部出台《关于加大对产粮大县三大粮食作物农业保

险支持力度的通知》

217. 2016 年 1 月 18 日，农业部发布《关于扎实做好 2016 年农业农村经济工作的意见》

218. 2016 年 2 月 6 日，国务院通过《关于修改部分行政法规的决定》

219. 2016 年 3 月 5 日，2016 年《政府工作报告》通过并公布

220. 2016 年 3 月 15 日，《关于印发〈农民住房财产权抵押贷款试点暂行办法〉的通知》

221. 2016 年 3 月 15 日，《关于印发〈农村承包土地的经营权抵押贷款试点暂行办法〉的通知》

222. 2016 年 3 月 16 日，《关于金融助推脱贫攻坚的实施意见》

223. 2016 年 3 月 16 日，第十二届全国人民代表大会第四次会议通过《中华人民共和国国民经济和社会发展第十三个五年规划纲要》

224. 2016 年 5 月 11 日，保监会、财政部联合印发《建立城乡居民住宅地震巨灾保险制度实施方案》

225. 2016 年 5 月 24 日，中国保监会发布《关于印发〈新增农业保险和财产保险投资型保险统计指标〉的通知》

226. 2016 年 5 月 26 日，保监会、国务院扶贫开发领导小组办公室联合发布《关于做好保险业助推脱贫攻坚工作的意见》

227. 2016 年 7 月 11 日，中国保监会、贵州省人民政府联合出台《关于在贵州建设"保险助推脱贫攻坚"示范区的实施方案》

228. 2016 年 10 月 17 日，国务院发布《关于印发〈全国农业现代化规划（2016—2020 年）〉的通知》

229. 2016 年 11 月 1 日，中国保险行业协会发布《农业保险服务通则（T/IAC0001-2016）》团体标准

230. 2016 年 11 月 16 日，国务院办公厅发布《关于完善集体林权制度的意见》

231. 2016 年 11 月 18 日，国务院办公厅发布《关于支持返乡下乡人员创业创新促进农村一二三产业融合发展的意见》

232. 2016 年 11 月 24 日，国务院办公厅发布《关于完善支持政策促进农民持续增收的若干意见》

233. 2016 年 12 月 17 日，国务院办公厅发布《关于进一步促进农产品加工业发展的意见》

234. 2016 年 12 月 19 日，财政部发布《关于印发〈中央财政农业保险保险费补贴管理办法〉的通知》

235. 2016 年 12 月 31 日，2017 年中央一号文件《中共中央、国务院关于深入推进农业供给侧结构性改革加快培育农业农村发展新动能的若干意见》成文

236. 2017 年 3 月 5 日，2017 年《政府工作报告》通过并公布

237. 2017 年 3 月 23 日，农业部、财政部联合出台《2017 年重点强农惠农政策》

238. 2017 年 3 月 31 日，国务院印发《关于建立粮食生产功能区和重要农产品生产保护区的指导意见》

239. 2017 年 4 月 1 日，《内蒙古自治区财政厅、农牧业厅、保监局关于印发〈内蒙古自治区 2017 年农业保险保费补贴实施方案〉的通知》

240. 2017 年 5 月 4 日，保监会发布《关于保险业支持实体经济发展的指导意见》

241. 2017 年 5 月 16 日，农业部办公厅印发《关于开展 2017 年度金融支农服务创新试点的通知》

242. 2017 年 5 月 17 号，财政部会同农业部、保监会印发《关于在粮食主产省开展农业大灾保险试点的通知》

243. 2017 年 5 月 19 日，保监会印发《2017 年农业保险承保理赔专项检查工作方案》

244. 2017 年 5 月 31 日，中共中央办公厅、国务院办公厅印发《关于加快构建政策体系培育新型农业经营主体的意见》

245. 2017 年 6 月 9 日，财政部、国家税务总局联合发布《关于延续支持农村金融发展有关税收政策的通知》

246. 2017 年 8 月 3 日，农业部畜牧业司印发《关于加快东北粮食主产区现代畜牧业发展的指导意见》

247. 2017 年 9 月 1 日，国务院办公厅发布《关于加快推进农业供给侧结构性改革大力发展粮食产业经济的意见》

248. 2017 年 10 月 13 日，国务院办公厅印发《关于积极推进供应链创新与应用的指导意见》

249. 2017 年 10 月 26 日，农业部、国家发展改革委、财政部、国土资源部、人民银行、税务总局联合印发《关于促进农业产业化联合体发展的指导意见》

250. 2017 年 12 月 13 日，中国保监会发布《关于印发〈保险扶贫统计制度（试行）〉的通知》

251. 2017 年 12 月 13 日，农业部发布《关于启动第一批国家农业可持续发展试验示范区建设开展农业绿色发展先行先试工作的通知》

252. 2018 年 1 月 3 日，广西壮族自治区财政厅发布《关于开展 2018 年政策性农业保险工作的通知》

253. 2018 年 1 月 15 日，中国人民银行、银监会、证监会、保监会联合印发《关于金融支持深度贫困地区脱贫攻坚的意见》

254. 2018 年 1 月 18 日，农业部发布《关于大力实施乡村振兴战略加快推进农业转型升级的意见》

255. 2018 年 2 月 4 日，中央一号文件《中共中央、国务院关于实施乡村振兴战略的意见》

256. 2018 年 3 月 6 日，宁波市农业局发布《宁波市政策性农业保险工作协调小组关于做好 2018 年度政策性农业保险工作的通知》

257. 2018 年 3 月 19 日，保监会印发《关于保险业支持深度贫困地区脱贫攻坚的意见》

258. 2018 年 4 月 8 日，贵州省人民政府金融工作办公室印发《贵州省 2018 年政策性农业保险工作实施方案》

259. 2018 年 4 月 10 日，武汉市农业委员会和武汉市财政局联合发布了《市农委、市财政关于印发〈武汉市 2018 年政策性农业保险实施方案〉的通知》

260. 2018 年 4 月 26 日，内蒙古自治区财政厅办公室印发了《内蒙古自治区财政厅、农牧业厅、林业厅、保监局关于明确 2018 年农业保险相关政策的通知》

261. 2018 年 5 月 4 日，辽宁省营口市政府发布了《2018 年营口市种植业保险工作实施方案》

262. 2018 年 7 月 24 日，甘肃省人民政府办公厅发布《关于印发〈甘肃省 2018—2020 年农业保险助推脱贫攻坚实施方案〉的通知》

263. 2018 年 7 月 30 日，财政部、农业农村部、银保监会联合发布《关于将三大粮食作物制种纳入中央财政农业保险保险费补贴目录有关事项的通知》

264. 2018 年 8 月 12 日，海南省财政厅办公室印发了《2018 年海南省农业保险工作实施方案》

265. 2018 年 8 月 20 日，财政部、农业农村部、银保监会联合发布《关于开展三大粮食作物完全成本保险和收入保险试点工作的通知》并印发《三大粮食作物完全成本保险和收入保险试点工作方案》

266. 2019 年 2 月 11 日，人民银行、银保监会、证监会、财政部、农业农村部联合发布《关于金融服务乡村振兴的指导意见》

267. 2019 年 2 月 19 日，《中共中央 国务院关于坚持农业农村优先发展做好"三农"工作的若干意见》发布